101 historische Schätze in und um Hagen

herausgegeben von
Ralf Blank, Stephanie Marra
und Gerhard E. Sollbach

KLARTEXT

Grußwort

Fünfzig Dinge sind es, die ein Nordrhein-Westfale angeblich gemacht haben muss. Ein echter Hagener kann mehr tun. 101 Orte mit Tradition führt dieses Buch über Hagen und Umgebung auf. Orte, die versteckte Schätze sind. Die schon viele Generationen vor uns gesehen haben. Die uns stolz machen, uns Orientierung geben in der Landschaft und ihrer Geschichte. Orte, die mit der Zeit weiter an Bedeutung gewinnen. Denn diese 101 Landmarken, Häuser, Kirchen oder Schlösser geben Auskunft darüber, woher wir kommen, was unsere Stadt einst war und wie sie sich entwickelt hat. 101 Plätze mit Tradition. Sie haben zu tun mit dem, was wir Heimat nennen.

Wobei Heimat ein großes Wort ist. Denn Heimat ist sicher viel mehr als ein Ort. Es ist ein Gefühl - eines, das mit Geborgenheit und Mentalität beschrieben wird. Doch Heimat steht auch für Erinnerungen. Für solche, die sich eingebrannt haben ins unterbewusste Gedächtnis. Erinnerungen an Begegnungen, Gerüche, Geräusche. Erinnerungen an den Geschmack von Bratkartoffeln und den Duft von Bratwurst und geschmorten Zwiebeln. Heimat ist da, wo wir wurzeln und wo wir Leidenschaft entwickeln.

Dieser Heimat fühlt sich die Westfalenpost besonders verpflichtet. Wir wissen um die Stärken der bisweilen noch unterschätzten Region und führen aus gutem Grund seit vielen Jahrzehnten den Slogan „Stimme der Heimat" im Zeitungstitel. Jetzt, da der Begriff Heimat nicht mehr verbunden ist mit Miefigkeit und Spießbürgertum, werden wir um diese Orientierung beneidet. Denn Orientierung ist es, die die Menschen anstreben. Orientierung im Durcheinander der täglichen Nachrichten. Orientierung innerhalb der Gesellschaft. Und Orientierung in der Geschichte und in der Landschaft.

Bei dieser Orientierung hilft der vorliegende Hagen-Führer. Er nimmt Einheimische und Fremde mit zu diesen bedeutungsvollen Stätten entlang von Volme, Lenne und Ennepe. Er macht Orts-Geschichte und Geschichten erlebbar, anfassbar und nachvollziehbar. Das Kartenmaterial hilft, Ausflüge oder Wanderungen zu planen. Vielleicht solche, die sich einbrennen in unser Gedächtnis, weil sie ein Stück mehr Orientierung gebracht haben. Und damit ein Stück mehr Heimat-Verständnis.

Torsten Berninghaus
stellvertr. Chefredakteur Westfalenpost
April 2013

Vorwort

Immer mehr Menschen entdecken derzeit ihr heimatliches Umfeld neu. Zugleich wächst damit auch das allgemeine Interesse an der Lokal- und Regionalgeschichte, wie die rege Aktivität und große Attraktivität gerade von örtlichen Geschichtsvereinen bezeugt. Geschichte vor Ort ist wieder „in". Das hat auch etwas mit der rasanten Globalisierung in der heutigen Zeit zu tun. Auf die Vorstellung einer weltweiten Grenzenlosigkeit reagiert das menschliche elementare Bedürfnis nach Sicherheit und Überschaubarkeit mit dem Wunsch nach einer „Verortung". Diese „Verortung" bietet auch und besonders die Orts- und Regionalgeschichte als Geschichte des lokalen und engeren Lebens- und Erfahrungsbereichs. Am wirksamsten geschieht sie jedoch durch die Begegnung mit konkreten, anschau- oder gar anfassbaren Zeugnissen der Ortsgeschichte: einem historischen Bauwerk, einer Örtlichkeit von lokalgeschichtlicher Bedeutung oder einem am Ort entstandenen oder gefundenen alten Gegenstand.

Vielfach sind die historischen Sehenswürdigkeiten aber sogar Einheimischen unbekannt oder es fehlt an zuverlässiger Sachinformation über sie. Hier bietet der „Führer" Ortsansässigen wie auch interessierten Besuchern eine Hilfe. Die 101 ausgewählten Stätten von historischer Bedeutung in Hagen und in der unmittelbaren Umgebung sind in Sachgruppen zusammengefasst. Jedes Objekt wird in einem knappen, aber alles Wesentliche bietenden Artikel hinsichtlich seiner Geschichte und/oder historischen Bedeutung für den Ort oder die Region vorgestellt. Die Beiträge wurden jeweils von ausgewiesenen Fachleuten und Sachkennern verfasst, jedoch allgemeinverständlich geschrieben. Eine vor jeder Sachgruppe stehende Einleitung ermöglicht es zudem, die einzelnen historischen Objekte in den größeren geschichtlichen Zusammenhang einzuordnen. Mit Hilfe dieses „Führers" können sowohl längere als auch kürzere Ausflüge und Wanderungen zu historischen Zielen im Großraum Hagen geplant und unternommen werden. Karten, auf denen die Sehenswürdigkeiten eingetragen sind, liefern dabei eine Orientierungshilfe.

Die Herausgeber, im April 2013

GEOLOGIE

Schicht für Schicht werden im früheren Ziegelei-Steinbruch in Hagen-Vorhalle die anstehenden Schiefer untersucht. Sie enthalten Fossilien aus dem unteren Oberkarbon vor 318 Millionen Jahren. (Foto: Lothar Schöllmann, 1997; LWL-Museum für Naturkunde in Münster)

Der Boden – eine Reise in die Erdgeschichte

von Ralf Blank

Der geologische Untergrund in und um die Stadt Hagen besteht aus unterschiedlichen Gesteinen. Sie entstanden vorwiegend während des Erdaltertums im Devon vor etwa 417 bis 359 Millionen Jahren sowie im Karbon vor 359 bis 303 Millionen Jahren.

Im Raum Hagen treten vielfältig ausgebildete Schichten aus diesen Zeitaltern entlang des Ruhrtals zutage. Sie bilden ein geschlossenes Gesteinspaket von mehr als zehn Kilometern Umfang. In den Ablagerungen sind die fossilen Überreste von Tieren und Pflanzen enthalten, die hier einen Zeitraum von rund 80 Millionen Jahren Erd- und Naturgeschichte überliefern.

Das rechtsrheinische Schiefergebirge, an dessen Nordrand sich die Stadt Hagen befindet, ist der Sockel eines ursprünglich wesentlich höheren Gebirges. Es bildete sich hauptsächlich im Verlauf des Karbons und wurde im darauf folgenden Erdzeit-

„Höhle zu Sundwich". (Stahlstich nach einer Vorlage von Carl Schlickum. Aus: Freiligrath, Ferdinand/Schücking, Levin; Das malerische und romantische Westphalen. Barmen/Leipzig 1841.)

alter Perm bereits wieder weitgehend abgetragen. Dieses „Variskische Gebirge" entstand durch gewaltige kontinentale Bewegungen. Im Raum Hagen sind die damals wirkenden Kräfte an vielen Aufschlüssen als stark aufgefaltete und schräg gestellte Schichten immer noch gut zu erkennen.

Im Bereich des Rumpfgebirges lagerten sich in den nachfolgenden Erdzeitaltern Kreide, Paläogen und Neogen vor ca. 145 bis 2,5 Millionen Jahren die Sedimente von Meeres-, Flussbereichen und Landmassen ab. Diese Schichten wurden im südwestfälischen Raum durch Erosion und Klimaeinflüsse immer wieder und schließlich nahezu vollständig abgetragen. Im Sauerland blieben sie nur in tiefen Höhlen und Spalten erhalten. Nördlich der Ruhr, im Hellweg-Raum und in der Westfälischen Bucht bilden Meeresablagerungen aus der oberen Kreide-Zeit das „Deckgebirge" über den mit zahlreichen Steinkohleflözen durchsetzten Schichten des Oberkarbons.

Vor etwa 2,5 Millionen Jahren kam es zu einer globalen Eiszeit, die im nördlichen Mitteleuropa bis vor 11.600 Jahren, vermutlich jedoch – aktuell als Warmphase – bis zur Gegenwart andauert. Zeitweise reichte die Südgrenze der vordringenden arktischen Gletscher bis zur Ruhr. Der oft schnelle Wechsel teils extremer Kaltzeiten mit wärmeren Klimaphasen hatte eine starke Erosion zur Folge. Durch das hohe Aufkommen von Schmelzwasser und starker Schotterzuführung schufen die Flüsse tief in das Grundgebirge eingeschnittene Täler und abgestufte Terrassenflächen. Sie prägen noch heute die Landschaft an Ruhr, Lenne und Volme.

Im Gebiet des devonischen Massenkalks als Überrest gewaltiger, unter subtropischen Klimabedingungen entstandener Korallenriffe bildeten sich durch Verkarstung zahlreiche

Höhlen, Felsdächer und -spalten. Hagen liegt in einem der höhlenreichsten Gebiete in Europa. In den oft auf viele Meter hoch angewachsenen Sedimenten der Höhlenräume sowie auf ihren Vorplätzen sind gelegentlich archäologische Relikte seit der Altsteinzeit erhalten geblieben. Andere Höhlen zeichnen sich durch eine Vielzahl von Tropfsteinen und anderen Sinterbildungen aus. Sie wirken auf die Menschen seit jeher wie unterirdische Zauberreiche und geheimnisvolle Orte.

Auf den Flussterrassen von Ruhr, Lenne und Volme lagerte sich im Verlauf der letzten Eiszeit umfangreicher Lößlehm ab. Diese fruchtbaren, teils kalkreichen Böden am Nordrand des Mittelgebirges dienten bereits den ersten jungsteinzeitlichen Bauern vor rund 7.000 Jahren als landwirtschaftliche Anbauflächen. In den breiten Flussauen und in den Hochgebieten des niedersauerländischen Berglands nahm die Bewaldung durch die Klimaerwärmung seit dem Ende der Eiszeit immer mehr zu.

Die dichten Wälder ähnelten in der späten Mittelsteinzeit vor rund 8.000 Jahren und vermutlich auch noch in der Römischen Kaiserzeit vor rund 2.000 Jahren stellenweise einem Urwald. Doch spätestens seit dem Frühmittelalter führten in Südwestfalen die ausgeprägte Waldwirtschaft, zahllose Holzkohlenmeiler und vor allem der intensive Betrieb von Verhüttungs- und Schmiedeöfen zur großflächigen Abholzung der Wälder. Eine Erholung der bedrängten Naturräume ist erst seit den letzten beiden Jahrzehnten des 20. Jahrhunderts festzustellen, obwohl nun die Einflüsse der Umweltverschmutzung stärker hervortreten.

Im Stadtgebiet und im näheren Umkreis von Hagen sind zahlreiche geologische Aufschlüsse, Lagerstätten von Mineralien und Erzen sowie Fossilien enthaltende Schichten zu finden. Einige Fundorte haben wegen ihres Fossilienreichtums sogar eine internationale Bedeutung erlangt. Da die Aufschlüsse und Steinbrüche unter Bodendenkmalschutz stehen, ist dort das Sammeln von Fossilien nicht erlaubt.

Das städtische Museum für Ur- und Frühgeschichte Wasserschloss Werdringen in Hagen-Vorhalle bietet nicht nur eine informative Ausstellung, sondern organisiert auch regelmäßig von Fachleuten geleitete Exkursionen zu geologischen Aufschlüssen in der Region.

Geopfad Kaisberg

1 Der Geopfad Kaisberg

Der Geopfad am Kaisberg ist eine Teiletappe der GeoRoute Ruhr, die zum GeoPark Ruhr gehört. Start- und Zielpunkt des 5,5 Kilometer langen Rundwegs ist der Parkplatz am Wasserschloss Werdringen in Hagen-Vorhalle. Sowohl der Geopfad als auch die landschaftlich reizvolle Gegend um den Harkortsee und das Wasserschloss Werdringen mit seiner sehenswerten Ausstellung liegen in einem bevorzugten Naherholungsgebiet Südwestfalens. Auf den Infotafeln – so genannten Geostopps – entlang des Geopfads wird den Besuchern die Vielfalt der Aufschlüsse und ihrer geologischen Merkmale auf verständliche Art und Weise näher gebracht.

Der von Sagen und Mythen umwobene Kaisberg erhebt sich direkt östlich des Wasserschlosses Werdringen über das Ruhrtal. Sein Name steht für die Gesteine zu Beginn des kohleführenden Oberkarbons vor etwa 320–296 Millionen Jahren – die Kaisberg-Schichten. Sie enthalten vier dickbankige Sandsteinlagen sowie einige dünne Kohleflöze. Das am Kaisberg stellenweise zutage tretende Flöz Sengsbank gehört zu den ältesten abbauwürdigen Steinkohleflözen im Ruhrgebiet. Am östlichen Hang des Kaisbergs sind dann auch Relikte des einstigen Bergbaues zu sehen. Eine dort aufgestellte Tafel informiert über die frühe Bergbaugeschichte in dieser Gegend.

Unterhalb des Freiherr-vom-Stein-Turms führt ein teils überwachsener Fahrweg zu einem alten Steinbruch. Dieser besteht aus mehreren Teilen, in denen vor allem der Kaisberg-

Sandstein und der Grenzsandstein gut zu sehen sind. Der Kaisberg-Sandstein bildete sich vor etwa 317 Millionen Jahren in einem großen Delta an der Küste eines Meeres. Hier mündete ein Fluss, der Schlamm, Geröll und Sand aus einem im Süden gelegenen Gebirge heranführte.

In der Steinbruchwand am Kaisberg erkennt man große Baumstämme, die als Treibholz in den sandigen Grund des damaligen Flusses eingebettet wurden. Diese Bäume besaßen keine feste Holzsubstanz. Vielmehr waren die Stämme hohl oder mit einem faserigen Material gefüllt, das fossil selten erhalten geblieben ist. Deshalb findet man von diesen Pflanzen meist nur die als Abdrücke erhaltenen Reste ihrer Rinde sowie Blätter, Äste und Zweigabschnitte.
Wie sind diese Flüsse im geologischen Aufschluss zu erkennen? Meeressedimente werden in der Regel horizontal abgelagert. Sie verändern ihre Lage erst durch tektonische Ereignisse. Dagegen sind fließende Ablagerungen an der so genannten Schrägschichtung zu erkennen. Teilweise verwitterten bereits abgelagerte Flusssedimente wieder, so dass die älteren Rinnen im oberen Bereich „abgeschnitten" werden.

Die aufgelassenen Steinbrüche und geologischen Aufschlüsse am Kaisberg sind auch kulturgeschichtlich interessant. Sie erinnern an den Abbau von Ruhrsandstein, der als Werkstoff für beispielsweise Getreidemühlen seit der prähistorischen Zeit genutzt wurde. Als Baumaterial fand er seit dem Mittelalter u. a. für Burgen und Kirchen, später auch für private und öffentliche Gebäude weite Verbreitung. Im Ruhrtal gibt es noch mehrere Unternehmen, die den Karbonsandstein in großen Steinbrüchen gewinnen und verarbeiten.

▶ WEITERE INFORMATIONEN (Karte 1, S. 358)

GeoPark Ruhrgebiet e. V.
Tel. 0 21 51 / 89 74 57, geoparkinfo@gd.nrw.de, www.geopark-ruhrgebiet.de

Gehzeit: ca. 2,5–3 Stunden
Weglänge: 5,5 km (90 Höhenmeter)
Der Geopfad verläuft entlang ausgeschilderter Wanderwege, die jedoch nicht mit Rollstühlen befahrbar sind. Festes Schuhwerk ist erforderlich.

Die von Sagen und Mythen umwobene Felsgruppe ‚Pater und Nonne‘ am Burgberg im Lennetal bei Letmathe-Oestrich, Märkischer Kreis. Am Fuß der Felsgruppe liegt die Grürmannshöhle, aus der alt- und mittelsteinzeitlichen Steinwerkzeuge und eiszeitliche Tierknochen bekannt sind. (Foto: Ralf Blank)

2 Massenkalk – Überrest eines Korallenriffs

Die Vorkommen des Massenkalks im Stadtgebiet Hagen gehören zu einem ausgedehnten Kalkgebiet, das sich am Nordrand des rechtsrheinischen Schiefergebirges am Saum des so genannten Remscheid-Altenaer Sattels erstreckt. Der Massenkalk reicht dabei vom Neandertal bei Düsseldorf bis nach Wuppertal und Schwelm, dann weiter über Hagen und Iserlohn bis in das Hönnetal zwischen Menden und Balve sowie anschließend bis nach Brilon und Warstein.

Nach einer fast vollständigen Unterbrechung im Verlauf der so genannten Wuppertaler Kalksenke östlich von Schwelm durch die Ennepe-Verwerfung, findet der Massenkalk erst im Flusstal der Volme bei Hagen wieder eine Fortsetzung.

Im Raum Hagen wird der Massenkalk in der Donnerkuhle bei Halden von der Firma Rheinkalk und im Oeger Steinbruch in Hohenlimburg durch die Hohenlimburger Kalkwerke industriell abgebaut. Es handelt sich um ein äußerst kompaktes Gesteinspaket, das mehr als 600 Meter stark ist und sich aus den fossilen Überresten zahlloser Meerestiere

links: Gehäuse eines Kopffüßlers *(Orthoceras)* aus dem Massenkalk.
Oberes Mitteldevon vor rund 380 Millionen Jahren, Durchmesser 12 cm, gefunden im Oeger Steinbruch in Hohenlimburg, 1985.
(Foto: Heike Wippermann; Museum für Ur- und Frühgeschichte Wasserschloss Werdringen)
rechts: Knochenplatte eines Panzerfischs *(Holonema)* aus dem Massenkalk.
Oberes Mitteldevon vor rund 380 Millionen Jahren, Länge 15 cm, gefunden auf der Halde der früheren Eisenerzgrube bei Hagen-Haßley, 1934.
(Foto: Heike Wippermann; Museum für Ur- und Frühgeschichte Wasserschloss Werdringen)

zusammensetzt. Das graue Gestein besteht aus fast reinem Kalk, kommt aber örtlich – wie in der Donnerkuhle und in Hohenlimburg – auch als Dolomit vor.

Der Massenkalk bildete sich im höheren Mitteldevon vor etwa 380 Millionen Jahren aus einem über lange Zeiträume gewachsenen Korallenriff. Bei seiner Entstehung unter subtropischem Klima lag das Riff in einem flachen Randmeer zwischen dem heutigen Nordeuropa und dem herandriftenden südlichen Kontinent. Durch das Auf-

Blick in einen Teil des Steinbruchs Oege der Hohenlimburger Kalkwerke.
Gut erkennbar ist der mit zahlreichen Klüften und Spalten durchsetzte Massenkalk.
(Foto: Antje Selter)

falten des Variskischen Gebirges sind die Überreste des Riffs im Verlauf des Karbon trocken gefallen. Im Lennetal, in Holthausen und Oege bei Hagen-Hohenlimburg, und in Oestrich und Letmathe bei Iserlohn entstanden durch die Verkarstung und Erosion kleine Seitentäler, auffällige Felsgruppen und steile Klippen. Bekannte Beispiele sind der Weißenstein und die Hünenpforte bei Holthausen, der Oeger Stein in Hohenlimburg und die Felsgruppe Pater und Nonne am Burgberg bei Iserlohn-Letmathe. Das östlich von

Iserlohn zwischen Hemer und Balve liegende Hönnetal ist eine weitere Landschaft mit zahlreichen Höhlen entlang der den kleinen Nebenfluss der Ruhr flankierenden Felsklippen.

In Hohenlimburg und Emst wurden Bernstein, Pflanzenreste und Haizähne aus dem Paläogen aufgefunden. Eingestürzte Höhlen und Spalten in Steinbrüchen bei Balve und Brilon enthielten u. a. Skelettreste von Sauriern aus der unteren Kreide-Zeit. Solche Funde sind jederzeit auch in Höhlenresten und tiefen Schloten in den Hagener Steinbrüchen zu erwarten.

Der in den beiden großen Hagener Steinbrüchen in Hohenlimburg-Oege und in der Donnerkuhle bei Halden vorkommende Massenkalk ist reich an Fossilien, da die Riffe den unterschiedlichsten Lebewesen Raum boten, wie z. B. Korallenkolonien, Stromatoporen und Schwämmen. In den zahlreichen Spalten und Rissen der Riffe sowie auf dem Grund der Lagune siedelten großwüchsige Armfüßer, Muscheln und Schnecken. Freischwimmend im Riffbereich bewegten sich Kopffüßler und Fische.

Fossiler Koniferenzapfen, inkohlt und mineralisiert, Höhe 5 cm. Gefunden in einer vermutlich mit Sedimenten des Paläogen vor rund 50 Millionen Jahren gefüllten Schlote des Massenkalks. Oeger Steinbruch in Hohenlimburg. (Fundverbleib: Hohenlimburger Kalkwerke GmbH).

Am besten zugänglich sind die häufig gut erhaltenen Fossilien im Steinbruch der Hohenlimburger Kalkwerke in Oege. In den Klüften des Massenkalks finden sich zahlreiche Mineralien, vor allem Calcit in mehreren Varianten, aber auch Quarz, Pyrit, Baryt, Malachit, Mangan, Limonit und Hämatit. Der Steinbruch Donnerkuhle machte vor einigen Jahren durch Funde des Minerals Millerit bis 20 Zentimeter Kristalllänge in Sammlerkreisen die Runde. Doch solche gigantischen Exemplare wurden dort schon lange nicht mehr geborgen.

Da Dolomit eine wichtige Zugabe für die Stahlherstellung in Hochöfen ist, setzte während der Industrialisierung ein umfassender Abbau ein. Bereits gegen Ende des 19. Jahrhunderts waren im Bergischen Land und im Sauerland ganze Täler und Berge – beispielsweise das bekannte Neandertal bei Mettmann – in riesigen Steinbrüchen verschwunden. Heute bemühen sich die Unternehmen um einen Ausgleich zwischen wirtschaftlichen Interessen und dem notwendigen Umwelt- und Naturschutz.

▸ WEITERE INFORMATIONEN (Karte 7, S. 364)

Hohenlimburger Kalkwerke GmbH
Oeger Straße 39, 58119 Hagen

FÜHRUNGEN UND EXKURSIONEN

Museum für Ur- und Frühgeschichte Wasserschloss Werdringen
Werdringen 1, 58089 Hagen, Tel. 02331 / 306 72 66, (Museumskasse)
Tel. 02331 / 207 31 29, (Verwaltung), www.museum-werdringen.de

GeoTouring UG, Agentur für Eventmanagement
Steinruther Straße 13, 58093 Hagen, Tel. 0 23 31 / 5 16 92
info@geotouring.de, www.geotouring.de

3 Das Hasselbachtal – Spuren eines Massenaussterbens

In Gesteinsablagerungen der letzten 600 Millionen Jahre sind weltweit sechs große und mehrere kleinere globale Massensterben überliefert. Das bekannteste zum Ende der Kreidezeit, dem auch die meisten Dinosaurier zum Opfer fielen, ist dabei noch nicht einmal das größte! Die wiederholten Massensterben zählen zu den spannendsten und rätselhaftesten Ereignissen in der Erdgeschichte, deren Erforschung die Wissenschaft vor zahlreiche Probleme stellt. So sind ihre Ursachen, aber auch ihre genauen Auswirkungen vielfach ungeklärt. Doch solche Bio-Events gelten mittlerweile als wichtige Weichensteller der Evolution. Ohne sie hätte die Entwicklung des Lebens auf der Erde vielleicht einen völlig anderen Verlauf genommen.

In den Gesteinen im Harz und des Rheinischen Schiefergebirges finden sich Hinweise auf zwei große Massensterben: das oberdevonische Kellwasser-Event und das Hangenberg-Event an der Grenze vom Erdzeitalter Devon zum Karbon vor etwa 358 Millionen Jahren. Beiden Ereignissen fielen weltweit jeweils mehr als 50 Prozent aller Gattungen zum Opfer. Damals setzten einschneidende paläoklimatische und ozeanographische Veränderungen ein. Sie spiegeln sich in einem der bedeutendsten globalen Aussterbeereignisse in der Erdgeschichte wider – dem Hangenberg-Event.

Die Gründe für dieses Massenaussterben an der Grenze vom Devon zum Karbon sind derzeit noch nicht sicher geklärt. Es kann ein katastrophales Ereignis gewesen sein, wie der Einschlag eines oder mehrerer großer Meteoriten. Doch am Ende des Erdzeitalters Devon könnte es auch zu Veränderungen des Klimas und der Nahrungsketten gekommen sein. Eine Theorie besagt, dass die rasche Entwicklung und umfangreiche Verbreitung von Landpflanzen zu ungünstigen klimatischen Veränderungen und Problemen im Ökosystem geführt habe. Diese Krise gipfelte in einem weltweiten ökologischen Zusammenbruch.

Auch eine Übersäuerung des Meeres sowie eine Periode besonders starken Vulkanismus aufgrund tektonischer Ereignisse werden als Erklärung herangezogen.

Die Devon-Karbon-Grenze lässt sich besonders gut durch Überreste von Lebewesen und dabei vor allem Kleinstlebewesen definieren. Für bestimmte Zeitabschnitte in der Erdgeschichte sind derartige „Leitfossilien" kennzeichnend und treten weltweit auf. Derartige fossile Faunenreste im Grenzbereich von Devon und Karbon wurden auch in den Gesteinsschichten des Hasselbachtals bei Hohenlimburg-Reh gefunden und hätten beinahe weltweite Wissenschaftsgeschichte geschrieben.

Der seit den 1920er Jahren bekannte Aufschluss blieb lange unbeachtet, bis in den siebziger Jahren eine Arbeitsgruppe der Internationalen Stratigraphischen Kommission eingesetzt wurde. Sie suchte nach einem prägnanten Aufschluss für die Devon-Karbon-Grenze. Das ausgewählte Schichtenprofil sollte weltweit den Standard für diese

Der international bedeutende Aufschluss im Hasselbachtal bei Hohenlimburg-Reh bietet heute einen verwahrlosten, mit Gestrüpp überwucherten Eindruck. (Foto: Antje Selter)

wichtige Zeitmarke definieren. Zur Auswahl standen drei geologische Aufschlüsse: La Serre in der französischen Montagne Noire, Nanbiancun in Süd-China und das Hasselbachtal bei Hagen. Ausgewählt als weltweiter Referenz-Aufschluss wurde das Profil bei La Serre. Dennoch besitzen die beiden anderen Aufschlüsse weiterhin eine große Bedeutung, um die Devon-Karbon-Grenze zu markieren.

Dem Aufschluss im Hasselbach sieht man seine internationale Bedeutung heute nicht mehr an. Es handelt sich um eine Bachböschung von knapp zwei Metern Höhe, in der die Gesteinsschichten auf einigen Metern frei liegen. Durch Nachrutschen des Hanges, Laubfall und den Aufwuchs von Buschwerk verfiel der Aufschluss in den letzten Jahren immer mehr, so dass er heute zeitweise kaum noch zu erkennen ist. Kein Wunder also, dass dieses wissenschaftliche Highlight bei den verantwortlichen Stellen der Stadt Hagen und in der Bevölkerung in Vergessenheit geriet.

Ganz anders präsentieren sich der von offizieller Seite stets gepflegte Aufschluss in Frankreich und vor allem der Aufschluss in Nanbiancun in China. Hier hatte der Stolz der Chinesen über die internationale Anerkennung ihres geologischen Aufschlusses und die zu seiner Erforschung geleistete wissenschaftliche Arbeit nachhaltige Folgen. Der Aufschluss wurde in Art eines Denkmals hergerichtet, wird regelmäßig gepflegt und auf diesem Weg für die Öffentlichkeit erschlossen. Es ist wünschenswert, dass der Aufschluss im Hasselbachtal bei Hagen zukünftig eine ebenso angemessene Würdigung erfährt.

▶ **WEITERE INFORMATIONEN** (Karte 6, S. 363)

Das Hasselbachtal liegt etwa einen Kilometer nordöstlich von Hagen-Henkhausen.

Der Aufschluss am Schiffswinkel zeigt eine Schichtenabfolge im unteren Kohleflöze führenden Oberkarbon. (Foto: GeoTouring Ruhr)

4 Aufschluss am „Schiffswinkel"

Unter Geologen ist diese etwa 250 Meter lange Straßenböschung am „Schiffswinkel" in Herdecke schon lange bekannt. Der Aufschluss wird in vielen wissenschaftlichen Veröffentlichungen beschrieben. Das interessante geologische Profil liegt am Nordufer des Hengsteysees. Die dort aufgestellten Informationstafeln gehören zum „Energiewirtschaftlichen Wanderweg". Auf einer Länge von etwa vier Kilometern führt er vom Cuno-Kraftwerk entlang des Hengsteysees in Richtung des Koepchen-Speicherkraftwerks. Als Geologisches Naturdenkmal steht der Aufschluss am „Schiffswinkel" unter Schutz.

Das bis zu 317 Millionen Jahre in das Erdzeitalter des Oberkarbons zurückreichende Schichtenprofil umfasst die geologische Entwicklung über einen Zeitraum von rund 500.000 Jahren. Es zeigt in anschaulicher Weise die erdgeschichtliche Abfolge der Sedimentbildung des Meeres und einer Küste hin zum Festland.

Der Weg führt von den Schichten der „Ziegelschieferzone" im flözleeren Oberkarbon, die noch in einem flachen

Die Sandsteine aus dem Oberkarbon enthalten zahlreiche Pflanzenreste, teils auch größere Stammteile fossiler Bäume. (Foto: Antje Selter)

Meeresbecken abgelagert wurde, über die in einem Delta abgelagerten Sandsteine der Kaisberg-Formation bis zum ersten auf dem Festland entstandenen Kohlemoor. Aus diesen Sedimenten bildete sich unter hohem Gebirgsdruck das hier rund 50 Zentimeter starke Flöz Sengsbank. Zu sehen sind auch die Relikte des früheren Steinkohle-Bergbaues im Stollen „Gotthilf".

Im Bereich einer Gesteinsfalte in der Nähe des Kraftwerkes treten abwechselnd Ton- und Sandsteinlagen auf. Diese wurden küstennah im Meer abgelagert. Geht der Blick in Richtung Kraftwerk, liegen diese Schichten noch flach. Im so genannten Faltenscharnier biegen sie dann ziemlich abrupt in ein steiles Einfallen um. Diese Faltenstruktur, mit dem flach liegenden Mittelteil, wird als Koffersattel bezeichnet.

Die Sanierungsarbeiten in den vergangenen Jahren legten nicht nur die Gesteinspartie des Aufschlusses frei, sondern sorgten auch noch für eine Überraschung. Hinter Hangschutt verbarg sich ein komplizierter, von einer Überschiebung durchzogener tektonischer Faltenbau, der in dieser Form vorher nicht erkennbar war.

▶ **WEITERE INFORMATIONEN** (Karte 1 und 2, S. 358/359)

Energiewirtschaftlicher Wanderweg Herdecke
Im Schiffswinkel, 58313 Herdecke
www.route-industriekultur.de/themenrouten/18-chemie-glas-und-energie/energiewirtschaftlicher-wanderweg-herdecke.html

Die im Steinbruch Ambrock anstehenden Gesteine
sind für fossile Überreste von Landpflanzen bekannt. (Foto: Antje Selter)

5 Steinbruch Ambrock – Frühe Landpflanzen und Panzerfische

Der große Steinbruch liegt im Volmetal im Hagener Stadtteil Ambrock. Er ist noch in Betrieb, deshalb sind Besichtigungen ausdrücklich nur mit vorheriger Genehmigung der Betriebsleitung möglich. Schon von weitem kann man die Abbauwand sehen. Sie zeigt die unterschiedliche Färbung der Gesteine, die von hellgrau über braun bis rot variiert. Fossilien aus diesem Steinbruch finden seit Jahrzehnten in internationalen Publikationen Beachtung.

Ein großer Anteil mitteldevonischer Schichten am Nordrand des Sauerlandes und des Bergischen Landes wird von sandig-tonigen Schieferfolgen gebildet, früher auch „Lenne-Schiefer" genannt; sie sind reich an fossilen Landpflanzen. Ihre Reste wurden besonders in Aufschlüssen im Aske-Tal, an der Hasper Talsperre, im Lennetal bei Iserlohn-Lasbeck und im Volmetal bei Ambrock gefunden. Sie zählen zu den frühesten Belegen für fossile Landpflanzen in Nordrhein-Westfalen.

Abgelagert wurden die Sedimente vor 389 Millionen Jahren am Südrand eines großen Nordkontinents in Äquatornähe unter küstennahen Bedingungen. So sind auch die geborgenen tierischen Überreste typische Funde: Spurenfossilien, Muscheln, Muschelkrebse, Knochen und Panzerteile von Panzerfischen sowie Schuppen von anderen Fischen.

Blick in den weitläufigen Steinbruch im Volmetal bei Hagen-Ambrock. (Foto: Antje Selter)

Da der Küstenverlauf des Nordkontinents nicht einheitlich war, bildeten sich durch unterschiedliche Wasserstände und ein periodisches Vordringen und Zurückweichen des Meeres vor der Küste Inseln, Wattzonen, Überflutungsbereiche und Flussdeltaräume mit unterschiedlichen Bedingungen in den Übergangsbereichen von Salz- und Süßwasser. Verbunden mit einem durch Äquatornähe gleichmäßig warmen Klima boten diese Zonen günstige Voraussetzungen für die Entwicklung von Landpflanzen und stehen für den Schritt der Pflanzen vom Wasser aufs Land.

Das Museum für Ur- und Frühgeschichte Wasserschloss Werdringen bietet regelmäßig geführte Begehungen des Steinbruches an.

▶ WEITERE INFORMATIONEN (Karte 11, S. 368)

CEMEX Kies & Splitt GmbH, Grauwacke-Steinbruch Ambrock
Im Hamperbach 7, 58091 Hagen, Tel. 0 23 31 / 7 71 69 (Zentrale)

Museum für Ur- und Frühgeschichte, Wasserschloss Werdringen
Werdringen 1, 58089 Hagen, Tel. 0 23 31 / 3 06 72 66 (Museumskasse)
Tel. 0 23 31 / 2 07 31 29 (Verwaltung), www.museum-werdringen.de

6 Ziegeleigrube Vorhalle – Nationaler Geotop

Die Ziegeleigrube in Hagen-Vorhalle wurde bis 1989 von den Vorhaller Klinkerwerken betrieben. Die heute hier erloschene Ziegeleiproduktion entwickelte sich seit Mitte des 19. Jahrhunderts wegen des hohen Bedarfs durch die fortschreitende Industrialisierung und Urbanisierung zu einem wichtigen Wirtschaftszweig. Gegen Mitte des 20. Jahrhunderts existierten im Norden der Stadt Hagen noch mehrere Unternehmen, die Tonstein abbauten, um daraus in großen Ringöfen widerstandsfähige Ziegel zu brennen.

Seit den 1920er Jahren galten die noch vorhandene Ziegeleigrube sowie ein großer, heute aufgefüllter und als Gewerbegebiet genutzter Steinbruch unterhalb des Geotops als reichhaltige Fundstellen für Pflanzenfossilien aus dem tiefen Oberkarbon. In zahlreichen paläobotanischen Veröffentlichungen sind Karbonpflanzen aus Vorhalle beschrieben und abgebildet. Internationale Bedeutung erhielt die Ziegeleigrube besonders aber durch die Entdeckung vollständig erhaltener fossiler Spinnentiere und Insekten. An einigen Fossilien sind sogar Hautreste und Farbmuster vorhanden geblieben.

Die „Kersberg-Wand" mit einem stark aufgefalteten Schichtenprofil in der früheren Ziegeleigrube Hagen-Vorhalle. (Foto: Antje Selter)

Fossile Überreste der Libelle *Namurotypus sippeli*,
Unteres Oberkarbon, Hagen-Vorhalle.
(Foto: LWL-Landesmuseum für Naturkunde, Münster)

Die zahlreichen Fossilfunde und Forschungen führten seit 1982 zu viel beachteten wissenschaftlichen Ergebnissen und zahlreichen Publikationen. Im Mai 2006 wurde der heute unter Bodendenkmalschutz stehende Steinbruch durch die Akademie der Geowissenschaften in Hannover zu einem Nationalen Geotop erklärt und vom Bundesministerium für Bildung und Forschung mit dem Gütesiegel „planeterde" zertifiziert. Der Hagener Aufschluss gehört zu den 77 bedeutendsten Geotopen in Deutschland. Das private Sammeln von Fossilien in der früheren Ziegeleigrube ist aus Gründen des Bodendenkmalschutzes verständlicherweise untersagt.

Die Untersuchung der Sedimente, Schichten und Fossilien aus der Ziegeleigrube ermöglichte eine Rekonstruktion der Entstehungsgeschichte. Vom Festland her wurden Landpflanzen wie Farne, Schachtelhalme, Siegel-, Schuppen- und Cordaitenbäume und Insekten wie Libellen, Urnetzflügler, Urschnabelkerfe, Spinnen, Geißelskorpione und Tausendfüßer eingeschwemmt oder etwa bei einem Sturm eingeweht. Süßwasserfische wie Stachelhaie, Strahlenflosser und Quastenflosser konnten in der Bucht leben, da durch die Vermischung von Süßwasser mit Salzwasser Brackwasser entstand, aus dem auch die wenigen bekannten Überreste von Amphibien stammen. Marine Lebewesen der Bucht waren Kopffüßer, Muscheln, Brachiopoden und Krebstiere.

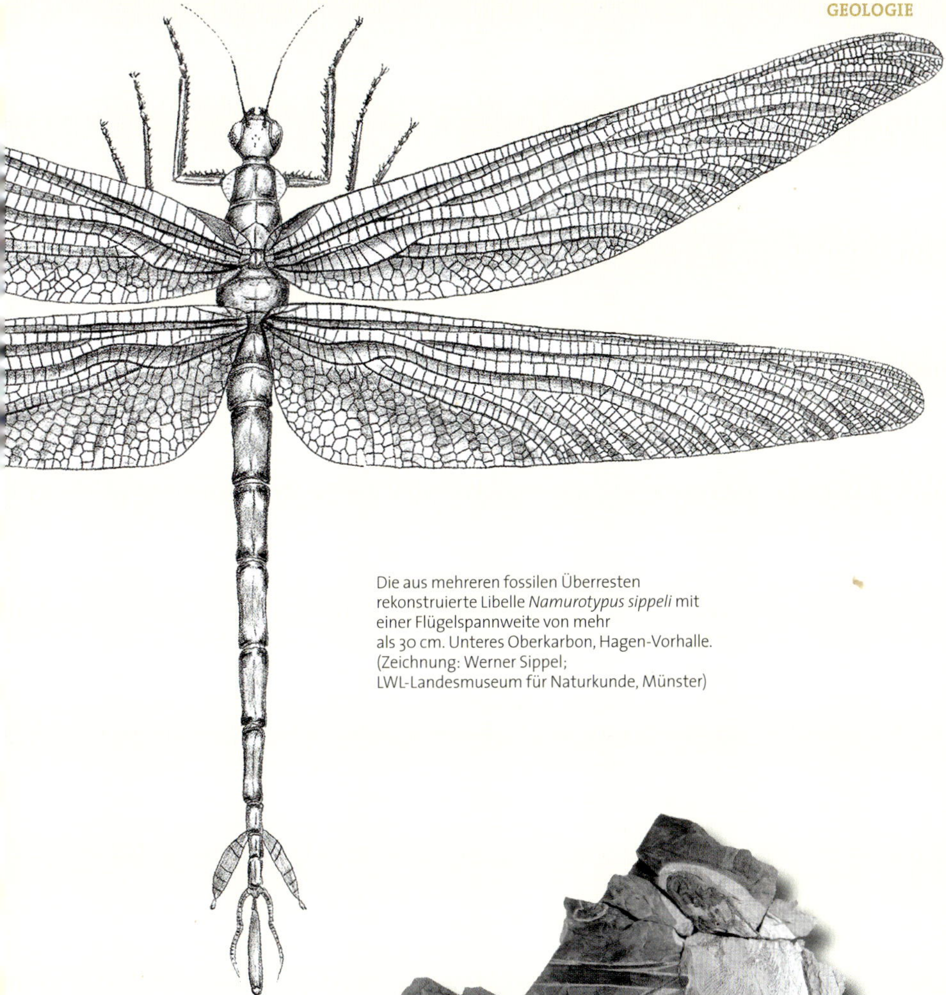

Die aus mehreren fossilen Überresten rekonstruierte Libelle *Namurotypus sippeli* mit einer Flügelspannweite von mehr als 30 cm. Unteres Oberkarbon, Hagen-Vorhalle. (Zeichnung: Werner Sippel; LWL-Landesmuseum für Naturkunde, Münster)

Vollständig erhaltenes Exemplar des rund 150 cm langen Einhornhai *Hagenoselache sippeli*. Unteres Oberkarbon, Hagen-Vorhalle. (Foto: LWL-Landesmuseum für Naturkunde, Münster)

Urnetzflügler *Lithomantis varius* mit einer Flügelspannweite von 14 cm. Auf den Flügeln sind als unregelmäßig angeordnete Flecken die Reste der ursprünglichen Farbmuster zu erkennen. Unteres Oberkarbon, Hagen-Vorhalle. (Foto: LWL-Landesmuseum für Naturkunde, Münster)

International bekannt wurde die Ziegeleigrube Vorhalle jedoch wegen der hier vorkommenden fossilen Landlebewesen, der Insekten und Spinnentiere. Der Stammbaum der Insekten lässt sich 400 Millionen Jahre in die Vergangenheit zurückverfolgen. Erste fossile Insekten waren flügellos und wurden in Ablagerungen des Erdzeitalters Devon entdeckt. Die Funde aus Hagen-Vorhalle zählen weltweit zu den frühesten bisher bekannten Exemplaren mit Flügeln. Ein Beispiel ist *Namurotypus sippeli*, eine urtümliche Libelle mit einfachen Mechanismen ihrer rund 30 Zentimeter langen Flügel. Im Vergleich zu heutigen Libellen waren die urtümlichen Exemplare aus Hagen-Vorhalle riesig. Eine Ursache dafür war der hohe Sauerstoffanteil in der Luft des Karbons. Gleich mehrere Fossilien tragen in ihrer wissenschaftlichen Bezeichnung den Namen ihrer Fundstelle Vorhalle und der Stadt Hagen.

Zwischen 1990 und 1997 unternahm das LWL-Museum für Naturkunde (Münster) mehrere Grabungen in der Ziegeleigrube. Die Präparation der insgesamt 16.000 geborgenen Fossilien dauert bis heute an, die wissenschaftliche Bearbeitung einzelner Fossilgruppen jedoch konnte inzwischen abgeschlossen werden. Das Museum für Ur- und Frühgeschichte Wasserschloss Werdringen bietet regelmäßig fachkundige Führungen im Geotop an.

▶ WEITERE INFORMATIONEN (Karte 2, S. 359)

Museum für Ur- und Frühgeschichte, Wasserschloss Werdringen
Werdringen 1, 58089 Hagen, Tel. 02331 / 306 72 66 (Museumskasse),
Tel. 02331 / 207 31 29 (Verwaltung), www.museum-werdringen.de

7 Die Dechenhöhle

Die Dechenhöhle wurde 1868 von Eisenbahnarbeitern eher zufällig entdeckt. Sie hatten bei Felsarbeiten an der Bahnstrecke von Letmathe nach Iserlohn ihren Hammer in einem Spalt verloren. Unter den Interessierten, die die Höhle unmittelbar nach der Entdeckung aufsuchten, waren auch die bekannten Naturwissenschaftler Heinrich von Dechen (1800–1889), Geologe und Namensgeber aus Bonn, und Johann Carl Fuhlrott (1803–1877) aus Elberfeld, der Entdecker des Neandertalers.

Ende der 70er Jahre des letzten Jahrhunderts begann eine weitere Phase in der Erforschung der Dechenhöhle. Die Neuvermessung durch die Höhlenforscher der „Speläogruppe Letmathe – Verein für Höhlenkunde in Westfalen e. V." ergab eine Länge von beeindruckenden 900 Metern. Erstmals wurde die Höhle nun auch geologisch erforscht, und bis heute besteht eine enge Kooperation mit den Universi-

Die Orgel in der Dechenhöhle. (Foto: Dechenhöhle / Deutsches Höhlenmuseum)

Dermoplastik zweier Höhlenbären im Deutschen Höhlenmuseum. (Foto: Dechenhöhle / Deutsches Höhlenmuseum)

täten in Bochum und Heidelberg. 2006 wurde mit Unterstützung des Fördervereins Dechenhöhle e. V. und den Geldgebern der Nordrhein-Westfalen-Stiftung für Naturschutz, Heimat- und Kulturpflege in den Räumen der ehemaligen Gaststätte das Deutsche Höhlenmuseum Iserlohn eingerichtet. Damit befindet sich an der Dechenhöhle ein Zentrum für Höhlenforschung.

Die Dechenhöhle befindet sich in der Iserlohner Kalksenke mit etwa 370 Millionen Jahre alten Kalksteinschichten. Zu Beginn der Entstehung der Höhle gruben sich Flüsse in den Talboden ein und der Grundwasserspiegel sank ab. In den Warmzeiten blieben die Talauen und somit der Grundwasserspiegel weitgehend unverändert, und kohlensäurehaltiges Grundwasser löste Risse im Kalkstein auf, die sich im Folgenden zu Höhlen erweiterten. Durch das Absinken des Wasserspiegels in der nachfolgenden Kaltzeit fiel die entstandene Höhle trocken, so dass sich auf einem unteren Niveau im Berg später ein neues Gangsystem entwickeln konnte. Die Dechenhöhle ist ein Teilstück eines ehemals riesigen Höhlensystems, das mindestens eine Gesamtlänge von 30 Kilometern aufwies.

Die Dechenhöhle diente lange Zeit als unterirdischer Entwässerungskanal. Vermutlich bildete sie sich in ihrer heutigen Gestalt vor mehr als 800.000 Jahren. Heute fließt das Wasser in der 25 Meter tiefer gelegenen Knitterhöhle. In den trockengefallenen Gängen der Dechenhöhle begann die Tropfsteinbildung in der nachfolgenden Warmzeit. Am Höhlenboden lagerten sich Lehmschichten ab. In zwei Höhlenbereichen kam es infolge von Erdbeben oder Frostsprengung in den Eiszeiten zu Deckeneinbrüchen. Viele alte Tropfsteine wurden dabei zerstört oder beschädigt. Mittels der aufwändigen physikalischen Uran-Thorium-Methode wurde das Alter einiger Tropfsteine bestimmt. Die älteste Datierung ergab einen Wert von etwa 490.000 Jahren. Die jüngsten Tropfsteine sind nach der letzten Eiszeit gewachsen. Das Tropfsteinwachstum schreitet heute weiter fort. Wissenschaftler versuchen, anhand der Tropfsteine dem Klima der letzten Jahrtausende auf die Spur zu kommen.

In den mehrere Meter tief herabreichenden Bodenschichten der Dechenhöhle wurden tausende Knochen

Historische Postkarte der Dechenhöhle um 1900. (Foto: Dechenhöhle / Deutsches Höhlenmuseum)

und Zähne der Tierwelt des Eiszeitalters entdeckt. Sie gelangten zum Teil durch früher vorhandene Spalten oder Eingänge in die Höhle. Der Höhlenbär hat während der Eiszeit viele Jahrtausende in der Höhle überwintert. Vorherrschend sind Überreste des Höhlenbären, vertreten sind daneben Höhlenlöwe, Höhlenhyäne, Rentier, Riesen- und Rothirsch, Mammut und wollhaariges Nashorn. 1993 entdeckten Höhlenforscher einen vollständig erhaltenen Oberschädel des seltenen Waldnashorns in einer Nebenhöhle der Dechenhöhle. Dieses Nashorn lebte im Gegensatz zu seinen behaarten Verwandten in den Warmzeiten. Im Jahr 2000 wurde bei einer geologischen Grabung in der Königshalle der Dechenhöhle das fast vollständige Skelett eines 28 Zentimeter langen Höhlenbärenbabys gefunden. Die Datierung von Tropfsteinlagen in den Bodenschichten ergab, dass die meisten eiszeitlichen Tierknochen vor 200.000 bis 300.000 Jahren in die Höhle gelangt sind.

▶ WEITERE INFORMATIONEN (Karte 7, S. 364)

Dechenhöhle, Tropfsteinhöhle und Deutsches Höhlenmuseum Iserlohn
Dechenhöhle 5, 58644 Iserlohn, Tel. 0 23 74 / 7 14 21
dechenhoehle@t-online.de, www.dechenhoehle.de

FÜHRUNGEN
Bitte beachten, dass die Höhle nur im Rahmen einer Führung besichtigt werden kann. Nach vorheriger Absprache können auch individuelle Führungen vereinbart werden.

8 Die Kluterthöhle

Im Stadtgebiet von Ennepetal sind derzeit 30 Höhlen mit einer Gesamtganglänge von rund 14 Kilometern bekannt, wovon sich allein zwölf im Klutertberg befinden. Mit ihrer auf über 5,6 Kilometern bisher vermessenen Gesamtlänge ist die Kluterthöhle unter ihnen die größte Höhle. Sie liegt in einer nach Norden abfallenden mitteldevonischen Kalklinse von nur 12 Metern Mächtigkeit auf einer Grundfläche von 400 mal 200 Metern.

Die Gänge der Kluterthöhle bilden ein weit verzweigtes Labyrinth. Beeindruckend sind die verschiedenen Raumformen. Größere Hallen wechseln sich ab mit mehr oder weniger engen Gängen, weiten Galerien – mal höher, mal niedriger –, Wassertümpeln, Seen und Bachläufen. Überall gibt es Abzweigungen, Quer- und Parallelgänge. Spektakulär sind die an den Höhlenwänden erkennbaren Riff-Fossilien. Verschiedene ausgestorbene Korallenarten und Stromatoporen sind fast überall an den oft wild zerklüfteten Wänden und der Höhlendecke zu sehen.

Bekannt war die Höhle bei der einheimischen Bevölkerung schon vor vielen hundert Jahren. Chronisten vom 17. bis 19. Jahrhundert und Kirchenbucheinträge berichten, dass sich in Kriegszeiten die Bewohner der Umgebung mit ihren Wertgegenständen hier vor den marodierenden und brandschatzenden Soldaten der frühneuzeitlichen Heere versteckten. Der damals mit ca. einem Meter Höhe und 70 Zentimetern Breite sehr enge Eingang, der erst nach etwa 16 Metern wieder ein aufrechtes Gehen erlaubte, machte es möglich, dass ein einzelner Mensch auch eine große Anzahl eindringender Söldner abwehren konnte. In einem der größeren Höhlenräume wurden in der Vergangenheit auch Gottesdienste abgehalten.

Die ersten schriftlichen Nachrichten über die Kluterthöhle finden sich im 17. Jahrhundert: 1630 „Mons Cluiterts" (Klutertberg) auf einer geografischen Karte, 1666 die erste Erwähnung der „Höle Clutert" und 1698 die erste ausführlichere Beschreibung der „Spelunca Svelmiana" in lateinischer Sprache. Im 18. und 19. Jahrhundert wurde die Kluterthöhle in zahlreichen wissenschaftlichen Publikationen sowie in Reisebeschreibungen erwähnt und beschrieben.

Von der Mitte des 18. Jahrhunderts bis um 1850 wurde die Höhle auch von Kur- und Badegästen des damals überregional bekannten Schwelmer Heil- und Gesundbrunnens besucht. Die Führungen übernahmen dann Einheimische, die sich gut oder manchmal auch weniger gut in der Höhle auskannten. Wegen ihres labyrinthartigen Charakters, der stellenweise einem unterirdischen Irrgarten gleicht, gibt es eine Reihe von Berichten über Irrfahrten, die auch zuweilen tragisch endeten. Die spektakulärste war die eines Mannes aus Barmen, der 1883 sieben Tage und acht Nächte ohne Licht und Nahrung in der Höhle umherirrte, bis er – durch einen glücklichen Zufall – den Ausgang wieder fand.

Der „Orkus", ein See in der Kluterthöhle, wird vermessen. (Foto: W. Hölken)

Die systematische speläologische Erforschung der Höhle begann ab 1910 durch einen Wuppertal-Elberfelder Höhlenverein. Die gesamte Höhle wurde dabei vermessen und erstmals ein brauchbarer Plan erstellt. Zwischen den Weltkriegen war die Klutert das Ziel vieler Wander- und Naturfreunde, aber auch die Erforschung schritt weiter voran mit Neuentdeckungen und neuen Höhlenplänen. Ab 1943 und bis zum Ende des Zweiten Weltkriegs diente die Kluterthöhle wieder als Unterschlupf, diesmal zum Schutz vor Fliegerbomben. Dabei hielten sich manchmal bis zu 3.000 Menschen in den Höhlengängen auf. Nach dem Krieg richtete man die Höhlengänge für den Besucherbetrieb her. 1950 wurde die Heilwirkung der Höhlenluft bei Atemwegserkrankungen entdeckt. 1976 gründete sich der „Arbeitskreis Kluterthöhle", der nach vielen Neuentdeckungen 1995 einen neuen Höhlenplan erstellte. Die bis heute andauernde Erforschung der Höhlengewässer durch Taucher zeigt, dass die Höhle noch für einige Überraschungen gut ist.

Heute ist die Kluterthöhle beliebt durch ihr reichhaltiges Angebot an Höhlenführungen. Von Normal- über Erlebnis- bis zu Extremtouren, Schatzsuche und Geburtstagsführungen für Kinder und vieles andere mehr, ist für alle Altersgruppen und Interessen etwas dabei. Nach wie vor gibt es gute Therapiemöglichkeiten für Atemwegserkrankte, die durch einen Arzt betreut werden.

WEITERE INFORMATIONEN (Karte 14, S. 371)

Kluterthöhle, Haus Ennepetal
Gasstraße 10, 58256 Ennepetal, Tel. 0 23 33 / 9 88 00
info@kluterthoehle.de, www.kluterhoehle.de

ARCHÄOLOGIE

Prähistorischer Grabhügel in einem Waldstück bei Hagen-Hohenlimburg.
Der mit großen Steinblöcken abgedeckte, unter Bodendenkmalschutz stehende Grabhügel hat einen erhaltenen Durchmesser von über 25 m und eine Resthöhe von 1,20 m. (Foto: Horst Klötzer)

Einleitung: Fundlandschaft

von Ralf Blank

Auf dem Stadtgebiet und in der Umgebung von Hagen werden immer wieder archäologische Bodenfunde und Fundstellen entdeckt. Aufgrund ihrer Vielfalt, Qualität und teilweise auch überregionalen Bedeutung gilt die Region als eine der herausragenden Fundlandschaften in Nordrhein-Westfalen.

Die bislang frühesten Hinweise auf Menschen in der Region stammen aus der mittleren Altsteinzeit. Es handelt sich um steinerne Werkzeuge, die im Stadtgebiet Hagen auf den Flussterrassen bei Garenfeld und Herbeck sowie in der Martinshöhle am Burgberg bei Iserlohn-Letmathe gefunden wurden. Die dort entdeckten Steinartefakte haben ein Alter von mehr als 65.000 Jahren und stammen aus der letzten großen Eiszeit. Sie deuten auf die Anwesenheit von Neandertalern, benannt nach ihrer ersten bekannten Fundstelle in der kleinen Feldhofer Grotte im Neandertal bei Mettmann.

Die Funde belegen, dass diese von der Jagd lebenden Menschen nicht nur die Vorplätze von Höhlen, sondern auch das Freiland für ihre Jagdlager nutzten. Allerdings weiß die Forschung schon seit langem, dass es sich bei den Eiszeitjägern nicht um „Höhlenmenschen“ gehandelt hat. An vielen Stellen in Westfalen und im Rheinland wurden in Flusstälern wie der Lippe und Emscher und auch auf Hochflächen, etwa im Sauerland und Bergischen Land die Spuren von Jagdlagern der Neandertaler entdeckt. Im weiträumigen Eingangsbereich der Balver Höhle im Hönnetal hatten sich die Siedlungsschichten aus der Altsteinzeit im Verlauf von über 80.000 Jahren viele Meter hoch aufgetürmt. Neben den Steinwerkzeugen fanden sich auch die Überreste der Jagdbeute: Mammute, Wollnashörner, Rentiere, Wildpferde und vermutlich auch Höhlenbären.

Jäger und Sammler

In der letzten Eiszeit kam es zu einem raschen Wechsel von wärmeren Abschnitten hin zu kalten, teilweise sogar arktischen Phasen. Seit etwa 11.600 Jahren leben wir anscheinend in einer Warmzeit. Sie wird jedoch immer wieder von kürzeren und längeren kalten Klimaphasen, wie die der „Kleinen Eiszeit“ vom 15. bis 19. Jahrhundert, unterbrochen. Doch auch Vulkanausbrüche, Änderungen der Meeresströmung, kosmische Ereignisse und – wie gegenwärtig – Umwelteinflüsse durch den Menschen können zu einem Klimawandel führen.

Mehrere Fundplätze belegen, dass der heutige Raum Hagen auch gegen Ende der letzten Eiszeit, vor rund 14.000 bis 11.600 Jahren, als Jagdgebiet genutzt wurde. Nach den typischen steinernen Projektilen ihrer Bogenwaffen werden diese Eiszeitjäger als „Federmesser“- und „Stielspitzen“-Gruppen bezeichnet. Die Menschen der „Federmesser“-Gruppe lebten in einer Warmzeit vor rund 13.500 Jahren, im so genannten Alleröd-Interstadial. Damals bildeten sich erste Wälder mit einer vielfältigen Tierwelt. Der Ausbruch des Laachersee-Vulkans in der Eifel vor rund 12.920 Jahren und Änderungen der Meeresströmung im Atlantik sorgten dann aber für eine neue Kälteperiode. Die Jäger der „Stielspitzen“-Gruppe folgten in der arktisch kalten jüngeren Dryaszeit, der letzten größeren Vereisung im nördlichen Mitteleuropa.

Die Jägergruppen der späten Altsteinzeit waren sehr mobil, besaßen ein weites Aktionsgebiet und folgten den großen Tierherden im jahreszeitlichen Wechsel. Vermutlich boten die Täler der Ruhr und der Lenne sowie die damals nicht bewaldeten Hochflächen den im Winter in den Mittelgebirgsraum ziehenden Tierherden gute Lebensbedingungen. In der Oeger Höhle bei Hohenlimburg wurden die Geweihreste hunderter Rentiere entdeckt.

Auf den Vorplätzen von Höhlen, auf den Flussterrassen und auf Hochflächen an Ruhr, Lenne und Volme errichteten die späteiszeitlichen Jäger ihre aus transportablen Zeltbauten bestehenden Lagerplätze. Dabei wurden für die Jagd günstig gelegene Orte wiederholt aufgesucht, wie in typischer Weise bearbeitete Steingeräte beweisen. Ein seltener Fund ist das noch sechs Zentimeter lange Fragment einer aus Rentier-Geweih gefertigten Harpune. Sie wurde in der Oeger Höhle entdeckt und datiert in die späte Altsteinzeit.

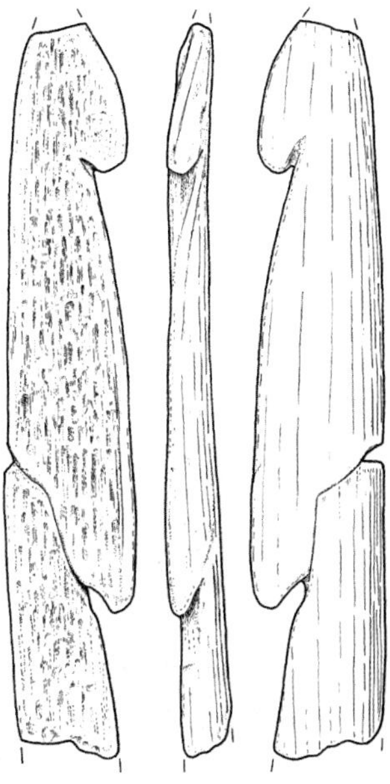

Fragment einer spätpaläolithischen Widerhakenspitze aus Ren-Geweih, etwa 12.500 Jahre alt, gefunden 1932 in der Oeger Höhle.
(Zeichnung: Andreas Müller; LWL-Archäologie, Außenstelle Olpe; Museum für Ur- und Frühgeschichte Wasserschloss Werdringen)

Nach der Eiszeit

Die (vorerst) letzte größere Eiszeit endete vor etwa 11.600 Jahren. Das sich daraufhin allmählich erwärmende Klima führte in den folgenden Jahrhunderten zu einer immer dichter werdenden Bewaldung. In den frühen nacheiszeitlichen Klimaphasen Präboreal und Boreal entwickelte sich eine zunächst noch lichte Vegetation mit Hasel, Kiefern und Birken. Doch beginnend im feuchtwarmen Atlantikum ab 9.200 Jahren vor heute wurden die besonders aus Eichen und Erlen bestehenden Wälder immer dichter.

Die Jäger und Sammler der Mittelsteinzeit waren noch nicht sesshaft. Vermutlich besaßen sie aber eigene Jagdterritorien, in denen sie mobil lebten und an bestimmten Plätzen für einige Zeit ihre Lager aufschlugen. Im Raum Hagen sind zahlreiche Oberflächenfundplätze mit typischen Steinwerkzeugen und Waffenprojektilen, den so genannten Mikrolithen, aus der Mittelsteinzeit bekannt.

In der seit 2004 erforschten Blätterhöhle bei Hagen-Holthausen wurden im Innenraum mutmaßliche Bestattungen und Deponierungen aus der frühen Mittelsteinzeit entdeckt. In einem derzeit fassbaren Zeitraum von rund 11.300 bis 10.200 Jahren, im Präboreal und Boreal, erfolgte in der Höhle immer wieder die Deponierung von menschlichen Überresten, darunter auch von Kindern. Es handelt sich um die frühesten bekannten Menschenreste aus der Nacheiszeit in Europa. Gleichzeitig sind es die bisher ältesten Überreste anatomisch moderner Menschen in Westfalen und im Ruhrgebiet. Drei große Wildschweinschädel sind vermutlich als Beigaben dieser wohl kultischen Deponierungen zu deuten.

Auf dem Vorplatz der Blätterhöhle konnten Schichten von der ausgehenden Altsteinzeit bis zur späten Mittelsteinzeit freigelegt werden; ein im Mittelgebirgsraum und in Nordrhein-Westfalen einmaliger Befund. Sie enthielten neben zahlreichen Steinartefakten und den Resten von Beutetieren auch mehrere Feuerstellen. Aus den Fundschichten stammen auch kleine Schmuckperlen, darunter auch eine verzierte Perle. Der Einsturz des überhängenden Felsdaches vor etwa 9.000 Jahren beendete dann aber die Nutzung des Vorgeländes der Blätterhöhle als Lagerplatz. Bis dahin hatten sich mehr als sieben Meter Sediment wie ein riesiger Schuttkegel auf dem Vorplatz und im Eingangsbereich der Höhle abgelagert. Er enthält die gesamte Geschichte dieser Höhle und ihrer Nutzung durch den Menschen seit der Altsteinzeit.

Seit 2006 erschließen archäologische Grabungen dieses auch international bedeutende Bodenarchiv. Da die Skelett-Teile wegen der in der Höhle vorherrschenden Bedingungen ausgezeichnet erhalten geblieben sind, haben seit 2011 laufende naturwissenschaftliche Untersuchungen, wie z. B. genetische Vergleiche und die Analyse von Spurenelementen, zu bemerkenswerten Ergebnissen geführt.

Schädel einer etwa 17- bis 22-jährigen Frau. Jungneolithikum, datiert auf rund 5.600 Jahre vor heute. Blätterhöhle in Hagen-Holthausen. (Foto: Heike Wippermann; Museum für Ur- und Frühgeschichte Wasserschloss Werdringen)

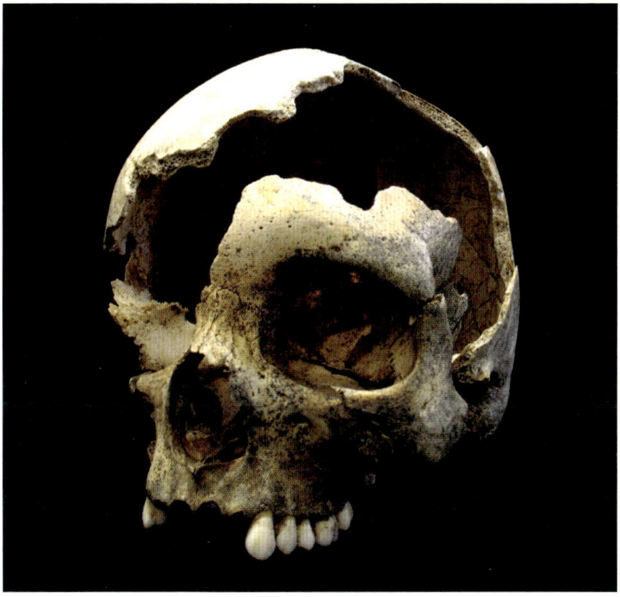

Erste Bauern

Vor rund 7.500 Jahren vor heute wanderten erste Ackerbau und Viehzucht treibende Gemeinschaften in die an Rhein und Ruhr gelegenen Landschaften ein. Sie ließen sich vor allem auf den mit fruchtbarem Lößlehm bedeckten Gebieten nieder. Die Hellwegzone zwischen Ruhr und Lippe war nach den bisherigen archäologischen Befunden ein offenbar bevorzugtes Siedlungsgebiet der nach ihrem Gefäßdekor benannten Bandkeramiker. Die Böden südlich der Ruhr und die vermutlich dichte Bewaldung im sauerländischen Bergland boten dagegen nur wenig Siedlungsraum.

Die einzigen sicheren Hinweise auf eine Besiedlung des heutigen Raumes um Hagen durch Menschen der Bandkeramischen Kultur geben Keramikscherben und Steinartefakte, die auf den Lenneterrassen bei Herbeck und Garenfeld aufgefunden wurden. Allerdings ermöglichen diese Lesefunde keine weitergehenden Aussagen über Art und Umfang der früheren Besiedlung.

Erst im so genannten Mittelneolithikum werden die Besiedlungsspuren dichter. Doch handelt es sich immer noch im Wesentlichen um Steinartefakte sowie um steinerne Axt- und Beilklingen, die nur bedingt eine genauere

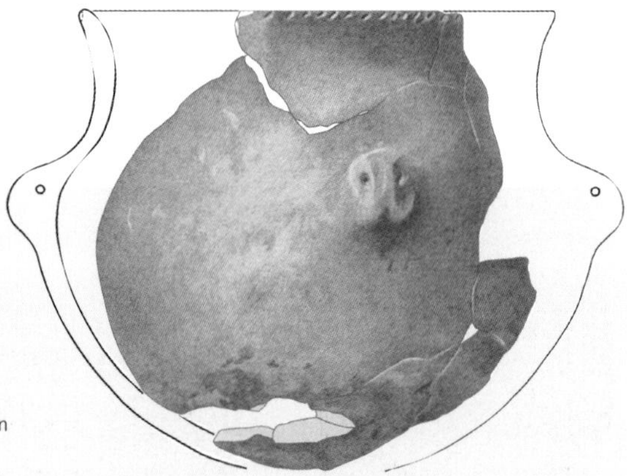

Gefäß mit durchlochten Ösen und rundem Boden der Bischheimer Kultur. Oeger Höhle in Hagen-Hohenlimburg. (Zeichnung: Andreas Müller; LWL-Archäologie, Außenstelle Olpe; Museum für Ur- und Frühgeschichte Wasserschloss Werdringen)

Datierung zulassen. Auf dem Burgberg bei Oestrich wurden charakteristische Dechsel aus Felsgestein, Werkzeuge aus Feuerstein sowie Keramikscherben entdeckt. Sie deuten darauf hin, dass die exponiert über dem Lennetal liegende Hochfläche des Burgbergs in der Rössener Kultur, etwa 6.500 bis 6.300 Jahren vor heute, besiedelt wurde. In der Oeger Höhle wurde dagegen Keramik entdeckt, die in die Bischheimer Kultur vor rund 6.200 Jahren und damit an die Grenze zum Jungneolithikum eingeordnet werden kann.

Aus dem folgenden Jung- und Spätneolithikum stammen im Raum Hagen zahlreiche steinerne Geräte und Beilklingen, die aus weit entfernt anstehenden Gesteinen hergestellt wurden. Es handelt sich vor allem um westeuropäischen Feuerstein und süddeutschen Hornstein. Sie wurden in der Jungsteinzeit bergmännisch abgebaut und über weite Entfernungen transportiert.

Die Blätterhöhle in Hagen diente in der Jungsteinzeit für mehrere Jahrhunderte immer wieder als Bestattungsort. Bei den laufenden Ausgrabungen wurden die Überreste von zahlreichen Menschen jeder Altersgruppe und beiderlei Geschlechts entdeckt. Sie stammen aus einen einem durch Radiokarbondaten belegten Zeitraum von 5.800 bis 5.000 Jahren vor heute.

Beilklinge aus Jadeit, gefunden um 1830 vom Lehrer Heinrich Wilhelm Thiel (1781–1851) in Elsey bei Hohenlimburg. Jungneolithikum, etwa 5.800 Jahre alt. Der Jadeit stammt aus dem Abbaugebiet am Monte Viso in den italienischen Westalpen, rund 740 km Luftlinie von Hagen entfernt. (Foto: Heike Wippermann; Museum für Ur- und Frühgeschichte Wasserschloss Werdringen)

Metallzeiten

Vor rund 5.500 Jahren kamen die ersten Metallobjekte aus Kupfer und später auch aus Bronze in Umlauf. Frühe Beilklingen aus Kupfer wurden auch im Raum Hagen gefunden. Ein Teil von ihnen könnte noch in die späte Jungsteinzeit datieren. Während der Bronzezeit war der Raum Hagen ebenfalls besiedelt. Darauf deuten zahlreiche Grabhügel und mehrere Fundstücke, vor allem bronzene Beilklingen und Lanzenspitzen hin.

Arm- und Halsreif aus Gold, gefunden 1928 beim Straßenbau unterhalb der Felsgruppe Pater und Nonne am Burgberg im Lennetal bei Letmathe-Oestrich. (Foto: LWL-Museum für Archäologie, Herne)

Am Kaisberg im Ruhrtal bei Hagen wurden drei bronzene Langschwerter aus der jüngeren Bronzezeit entdeckt. Sie zählen zu den archäologischen Kostbarkeiten in Nordrhein-Westfalen. Siedlungsspuren aus der jüngeren Bronzezeit, die sich über die ältere und jüngere Eisenzeit bis in die germanische Zeit fortsetzten, wurden 2010–2012 auf der Flussterrasse der Lenne in Herbeck untersucht.

Eine Anzahl von Fundobjekten, wie Münzen, Statuetten, Keramik und Schmuck, sowie auch Siedlungsspuren belegen, dass im Raum Hagen während der Römischen Kaiserzeit ebenfalls Menschen lebten. Im Vorgelände des im 13. Jahrhunderts erstmalig urkundlich erwähnten Adelssitzes Herbeck wurde bei Grabungen auch eine Siedlung aus dem frühen Mittelalter entdeckt. Sie datiert in die fränkisch-merowingische Zeit des 6. und 7. Jahrhunderts. Aus dieser Zeit sind in Westfalen vor allem Gräber und selten auch Siedlungen bekannt.

Es ist völlig ungewiss, ob die im Frühmittelalter im Raum Hagen ansässige Bevölkerung den germanischen „Stämmen" der Sachsen oder der Franken zugeordnet werden kann. Als der fränkische Herrscher Karl 775 die Sigiburg (Hohensyburg) im Ruhrtal eroberte, war diese Wallanlage nach den Reichsannalen von Truppen des sächsischen Anführers Widukind besetzt. Fraglich ist aber, wie sich die Bevölkerungsstruktur im Raum Hagen in karolingischer Zeit tatsächlich gestaltete. Doch das kann derzeit weder über historische Urkunden, noch mittels archäologischer Befunde, erst recht nicht durch Gewässer- und Flurnamenforschungen geklärt werden.

Das Museum für Ur- und Frühgeschichte Wasserschloss Werdringen im Hagener Stadtteil Vorhalle bietet einen ausführlichen und interessanten Überblick über die Archäologie in der Region. Die Bodendenkmalpflege erforscht und schützt die zahlreichen Fundplätze im Raum Hagen vor ihrer Zerstörung durch „Raubgräber" und „Schatzsucher". Vorträge zu archäologischen Themen, Exkursionen zu Ausgrabungsstätten und die umfangreiche Dauerausstellung bieten viel Raum für eigene Forschungen und spannende „Zeitreisen".

Ein Teil der Grabungsfläche in Hagen-Herbeck. (Foto: Horst Klötzer)

9 Prähistorischer Siedlungsplatz in Herbeck

Von 2008 bis 2012 fanden in Hagen-Herbeck, in unmittelbarer Nachbarschaft des Adelssitzes Haus Herbeck, archäologische Untersuchungen auf einem fast zehn Hektar großen, als Gewerbegebiet ausgewiesenen Gelände östlich des Ölmühlbaches statt. Die mit fruchtbarem Lößlehm bedeckten Lenneterrassen und die sanfte Hanglage in direkter Nähe zum Fluss zogen immer wieder Menschen an.

In der direkten Nachbarschaft des Grabungsgeländes liegen weitere bekannte Fundplätze, wie der Barmer Baum und das Sudfeld. Sie liefern bis heute eine sehr große Anzahl von Steinartefakten, die von der mittleren Altsteinzeit bis zur Jungsteinzeit datieren. Zahlreiche Gefäßscherben und andere Funde können von der Bronze- und Eisenzeit über das Mittealter bis in die Frühe Neuzeit eingeordnet werden. Nach Südwesten grenzt das Fundgebiet an das Felsmassiv Weißenstein, das mit der Blätterhöhle einen überregional herausragenden Fundort besitzt.

Auf dem eigentlichen Grabungsgelände wurden bereits gegen Mitte des 20. Jahrhunderts erste Funde entdeckt. Neben Steinartefakten fand sich auch immer wieder Keramik unterschiedlicher Epochen. Doch sichere Siedlungsbefunde, wie Gruben und Pfostenspuren, kamen erst im Sommer 2008 bei Erschließungsarbeiten für das geplante Gewerbegebiet zutage. Die LWL-Archäologie für Westfalen unternahm daraufhin Notgrabungen, um die in großer Zahl zutage tretenden Befunde zu sichern und zu dokumentieren.

Bei der 2010 begonnenen und zwei Jahre später abgeschlossenen Flächengrabung wurden zahlreiche Befunde freigelegt. Dabei handelt es sich hauptsächlich um die Bodenspuren von Vertiefungen, die wahrscheinlich als Abfall-

Auswahl von Grabungsfunden:
1 – Steinerne Pfeilspitze des Endneolithikums oder Bronzezeit;
2 – „Dortmunder Pfennig" (Rudolf v. Habsburg, 1273–1291), Durchmesser 1,5 cm;
3 – Gefäßscherben aus einer Siedlungsgrube. Jüngere Bronzezeit, Durchmesser an der Schulter ca. 18 cm;
4 – Fragment eines gerippten Glasarmreifes mit gelber Schlangenfadenauflage. Jüngere Eisenzeit, 2,5 × 2 cm;
5 – Denar des römischen Kaisers Commodus, 177–192 n. Chr.;
6 – Pfostengruben eines über 10 m langen Gebäudes, Frühmittelalter, 6./7. Jahrhundert.
(Foto/Zeichnung: 1, 2, 4–6 Dr. Kai Bulka, Archbau, Essen; 3 Artemus, Frechen)

und Vorratsgruben sowie als Pfostengruben für Holzbauten gedient haben. Sie lassen sich teilweise mehreren Gebäuden unterschiedlicher Zeiten zuordnen. Diese Siedlungsplätze besaßen neben einem Wohnstallhaus auch auf Pfosten stehende Getreidespeicher mit höher liegendem Boden.

Aufgrund der Hanglage des Geländes und die dadurch verursachten Bodenerosion ist die Erhaltung der Siedlungsspuren nicht in allen Bereichen gleich gut. So wurden alle hochmittelalterlichen Siedlungsspuren bei den Erosionsvorgängen und durch die landwirtschaftliche Nutzung des Areals fast vollständig zerstört. Lediglich die Keramikscherben und mehrere Münzen aus dieser Zeit geben uns noch Auskunft über die Siedlungsaktivitäten vom 11. bis zum 14. Jahrhundert. Sie stehen vermutlich im Zusammenhang mit den beiden benachbarten Adelssitzen Nieder- und Ober-Herbeck.

Die Spuren der älteren Siedlungsperioden blieben unterhalb der Erosionszone und Pflugschicht jedoch erhalten. Einige Befunde stammen aus der jüngeren Bronzezeit und sind bis zu 2.800 Jahre alt. Für die nachfolgende frühe bis mittlere Eisenzeit, rund 2.300 bis 2.600 Jahre vor heute, lassen sich deutlich mehr Siedlungsspuren nachweisen. Das untersuchte Areal scheint zu dieser Zeit vollständig besiedelt gewesen zu sein. Einige Gruben und Gebäudespuren lassen sich aufgrund der darin enthaltenen germanischen Keramik in die frühe Römische Kaiserzeit einordnen. Abgesehen von einer bislang einzelnen kaiserzeitlichen Brandbestattung aus dem zweiten nachchristlichen Jahrhundert und mehreren römischen Münzen konnten erst wieder Befunde aus dem Frühmittelalter freigelegt werden.

Das derzeit geborgene Fundmaterial aus der jüngeren Bronzezeit und vorrömischen Eisenzeit besteht aus Metall, Keramik, Silex, Felsgestein, Rotlehm, Schlacke sowie Holzkohle. Die Funde stammen überwiegend aus den Siedlungs-

Auswahl von Keramik aus Siedlungsgruben, Grabung Hagen-Herbeck.
Frühe und mittlere vorrömische Eisenzeit. (Foto/Zeichnung: Artemus, Frechen)

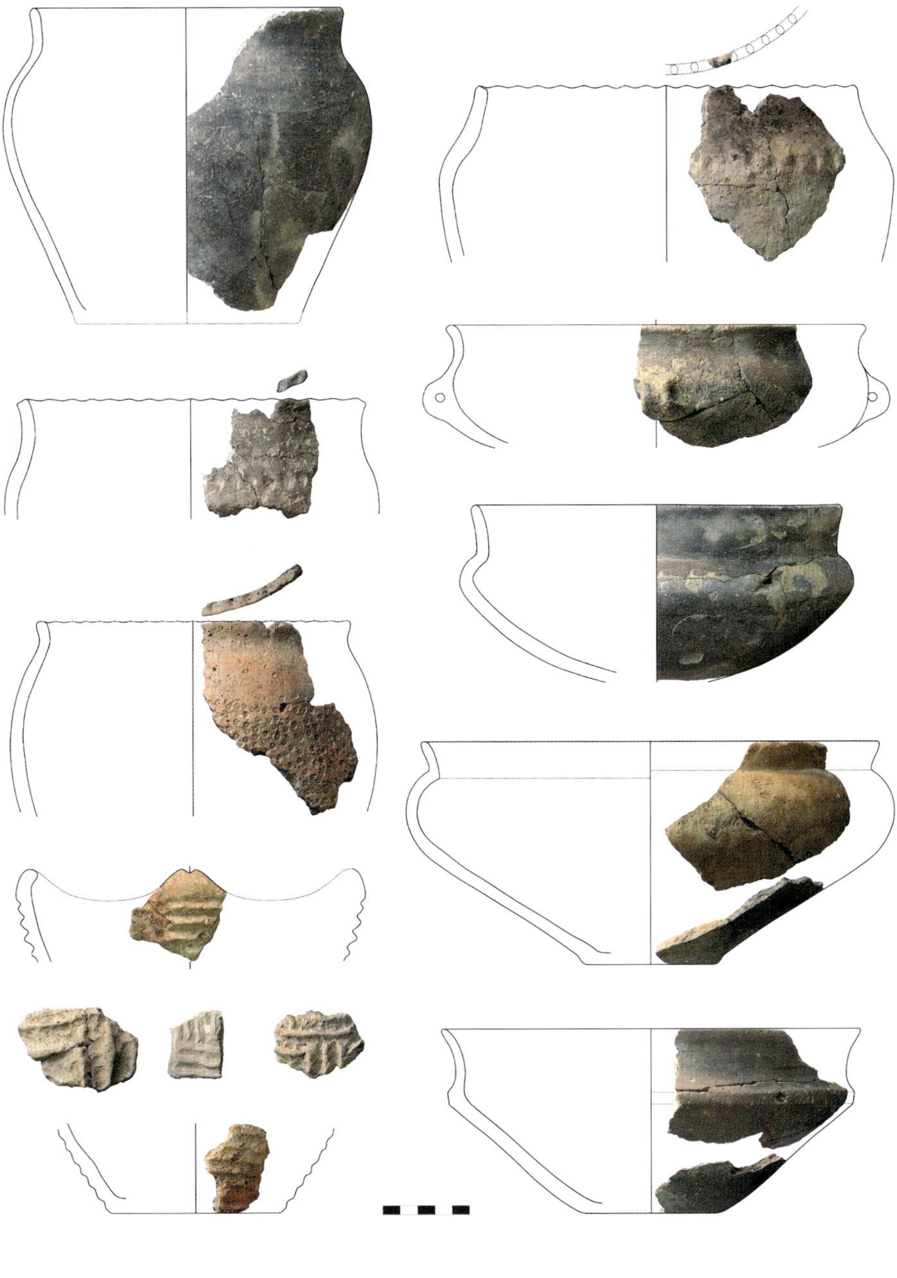

gruben. Weitaus am häufigsten ist Grobkeramik vertreten wie Topf- und Fassformen, deren Ränder teilweise mit Fingertupfenreihen verziert sind. Seltener sind geglättete Gefäße, die als gegliederte oder als einfache konische Schalen vorliegen. Andere Gefäße tragen kreisaugenförmige und riefenartige Verzierungen. Reste einer ähnlich verzierten, von Brandeinwirkung gezeichneten Schale wurden bereits 1952 in Blickweite am Barmer Baum beim Anlegen einer Runkelmiete nicht weit von der Grabungsstelle geborgen.

Eine Grube enthielt auch einige Steinartefakte, darunter eine flächig retuschierte Pfeilspitze sowie ein als Schlagstein oder Schleuderkugel genutzter Flusskiesel. Ebenfalls aus einer eisenzeitlichen Grube stammt das große Läuferfragment ei-

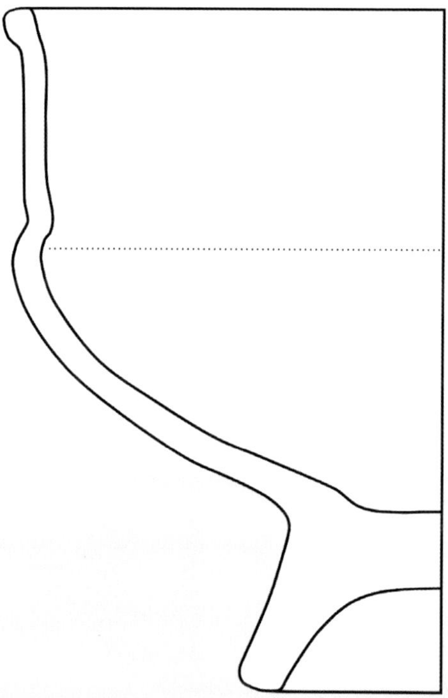

Als Urne benutztes Gefäß wesergermanischer Machart, Höhe 15 cm, Durchmesser 30 cm. Jüngere römische Kaiserzeit, 2./3. Jahrhundert. (Foto/Zeichnung: Artemus, Frechen).

ner Handmühle aus Ruhrsandstein, das deutliche Bearbeitungsspuren zeigt. Bei den Grabungen wurden mehrere solcher Mahlsteine und Bruchstücke von ihnen entdeckt.

Das bisher als Einzelfund nachgewiesene Brandschüttungsgrab mit Leichenbrand kann durch das beigegebene und vollständig erhaltene Gefäß wesergermanischer Machart in das 2. bis 3. nachchristliche Jahrhundert datiert werden. Bei Bauarbeiten auf dem benachbarten Sudfeld und auf den umliegenden Feldern wurden seit den 1930er Jahren immer wieder einzelne römische Gefäßscherben, darunter auch „Terra Sigillata" und ein kleiner „Schuppenbecher" sowie Münzen und germanische Keramik gefunden.

Der westliche Bereich des Geländes entlang des Ölmühlenbaches wurde anscheinend vor allem im Frühmittelalter genutzt. Hier fanden sich große Gruben, die mit verbranntem Lehm und Holzkohle gefüllt waren. Auffallenderweise handelt es sich bei der dort geborgenen Keramik zum großen Teil um Drehscheibenkeramik aus dem 6. und 7. Jahrhundert. Diese Gefäßform macht sonst aber auf frühmittelalterlichen Fundplätzen Westfalens immer nur einen verschwindend geringen Anteil aus. Die ungewöhnliche Fundsituation in Herbeck lässt eventuell darauf schließen, dass in diesen Gruben Abfälle einer einheimischen Töpfereiproduktion entsorgt wurden. Ein direkter Nachweis, etwa in Gestalt von Brennöfen, steht bislang jedoch noch aus.

Notbergung: Während bereits der Bagger im Hintergrund das Regenrückhaltebecken aushebt, werden die Abfallgruben im Vordergrund, die zahlreiche Funde aus dem Frühmittelalter enthielten, vor ihrer endgültigen Zerstörung untersucht. (Foto: Beck, LWL-Archäologie für Westfalen).

Weitere Funde aus der Umgebung könnten ein Hinweis darauf sein, dass die weitläufigen Flussterrassen entlang der unteren Lenne umfangreicher besiedelt waren, als bisher vermutet wurde. Das untersuchte Areal in Herbeck stellt vermutlich nur einen Ausschnitt des ursprünglich größeren Siedlungsgebiets dar.

▶ **WEITERE INFORMATIONEN** (Karte 5, S. 362)

Museum für Ur- und Frühgeschichte Wasserschloss Werdringen
Werdringen 1, 58089 Hagen
Tel. 0 23 31 / 3 06 72 66 (Museumskasse), Tel. 0 23 31 / 2 07 31 29 (Verwaltung)
www.museum-werdringen.de

Blick von der Burgruine Volmarstein in das Ruhrtal mit dem Kaisberg in der Bildmitte.
(Foto: Margrit Sollbach-Papeler, Sommer 2012)

10 Der Kaisberg im Ruhrtal bei Hagen

An Ruhr, Lenne, Ennepe und Volme gibt es mehrere sagenhafte, von Mythen, Legenden und Sagen umwobene Orte. Der Kaisberg im Hagener Stadtteil Vorhalle gehört dazu. Mit 185 Metern erhebt sich der aus Karbonsandstein aufgebaute, weithin sichtbare Berg im mittleren Ruhrtal. Am Fuße dieser auffälligen Landmarke liegt das Wasserschloss Werdringen, gegenüber finden wir in Sichtweite die geschichtsträchtige Freiheit und Burg Wetter sowie das mittelalterliche Kloster und neuzeitliche Stift Herdecke. Nicht weit entfernt vom Kaisberg sind die frühere Freiheit und die Ruinen der Burg Volmarstein zu finden.

Seit 1869 erhebt sich auf dem Kaisberg der Gedenkturm für den Reichsfreiherrn Karl Friedrich vom Stein. Ein Geopfad mit mehreren Informationsstationen erschließt die interessante Geologie des Kaisbergs. Der Radfahrweg und Wanderrouten entlang der Ruhr sowie die historische Ruhrtalbahn machen den Kaisberg zum Mittelpunkt eines Naherholungsgebiets an der Seenplatte im Norden von Hagen.

Sagen und Legenden zufolge soll der römische Feldherr Varus im Jahr 9 n. Chr. am Kaisberg sein Lager aufgeschlagen haben. Doch auch der fränkische Herrscher Karl habe den Kaisberg als Kastell bei der Belagerung der sächsischen Sigiburg (Hohensyburg) im Jahr 775 genutzt. Nach dem Dortmunder Chronisten Detmar Mulher in seinen Annales Tremonsienses soll auf dem Kaisberg außerdem der Grabstein eines römischen Arztes entdeckt worden sein. Archäologische Belege für diese und andere Überlieferungen wurden bislang jedoch nicht gefunden. Offenkundig handelt es sich um Mythen, die sich um diesen exponiert liegenden Berg ranken.

Im Bereich des Kaisbergs sind jedoch einige Bodendenkmäler erhalten geblieben. Neben Relikten frühen Bergbaues auf Steinkohle, Pingen und Stollen, lassen sich im Gelände auch mindestens zwei mutmaßliche prähistorische Grabhügel lokalisieren, deren genaue Zeitstellung allerdings unbekannt ist. Alte Wegtrassen und geologische Verwerfungen, die sich entlang der Bergkuppe ziehen, wurden von Heimatforschern irrtümlich als Wälle und Gräben einer Befestigungsanlage gedeutet.

Auf den am Kaisberg bewirtschafteten Ackerflächen finden sich immer wieder archäologische Funde. Neben steinernen Beilklingen, Pfeilspitzen und anderen Geräten, die auf eine Besiedlung während der Jungsteinzeit hindeuten, wurden auch einige Werkzeuge aus der späten Altsteinzeit und Mittelsteinzeit entdeckt. Keramikscherben lassen den Rückschluss zu, dass dieses Gebiet auch in der vorrömischen Eisen-

Drei bronzene Langschwerter, entdeckt 1876 beim Eisenbahnbau am Kaisberg in Hagen-Vorhalle. Länge 90 cm. Jüngere Bronzezeit, rund 2.750 Jahre vor heute. (Foto/Zeichnung: LWL-Archäologie, Aussenstelle Olpe)

zeit sowie im Früh- und Hochmittelalter nicht ungenutzt blieb. Am Südhang des Kaisbergs, auf dem Gelände des früheren Stahlwerks Brünninghaus, wurde in den 1950er Jahren eine Goldmünze des römischen Kaisers Theodosius I. (reg. 379–395) gefunden. Wie und wann genau sie in den Boden gelangte, bleibt allerdings ein Rätsel.

Von herausragender und deutlich überregionaler Bedeutung ist allerdings ein Fund, der 1876 vermutlich am Nordost- bzw. Osthang des Kaisbergs beim Bau der über den Eisenbahnviadukt nach Herdecke führenden Gleisstrecke entdeckt wurde. Arbeiter fanden hier drei bronzene Langschwerter. Der genaue Fundpunkt, denkbare Beifunde und die Begleitumstände sind leider unbekannt. Nach der Fundmeldung an die Behörden, die erst einige Zeit nach der Entdeckung erfolgte, gelangte jeweils ein Exemplar in den Besitz der Altertumskommission für Westfalen in Münster, in das Ruhrlandmuseum in Essen und in das Museum der Grafschaft Mark in Altena.

Die drei bronzenen, mit Ornamenten reich verzierten Langschwerter wurden vor einigen Jahren wissenschaftlich untersucht. Sie können in die jüngere Bronzezeit eingeordnet werden und sind etwa 2.750 Jahre alt. Es stellte sich auch heraus, dass sie kulturelle Stilelemente aus der nördlichen und südwestlichen Bronzezeit aufweisen. Beschädigungen an den Schwertschneiden werden als Gebrauchsspuren gedeutet. Der in Nordrhein-Westfalen einmalige Fund wirft viele Fragen auf. Warum wurden diese drei Langschwerter gerade am exponiert liegenden Kaisberg deponiert? Gab es weitere Funde, die auf einen Verwahrfund verweisen könnten, oder handelte es sich um Grabbeigaben? Doch die Fragen, die sich um die drei Langschwerter vom Kaisberg ranken, werden wohl immer ein Geheimnis bleiben.

▶ WEITERE INFORMATIONEN (Karte 1, S. 358)

Museum für Ur- und Frühgeschichte Wasserschloss Werdringen
Werdringen 1, 58089 Hagen
Tel. 0 23 31 / 3 06 72 66 (Museumskasse), Tel. 0 23 31 / 2 07 31 29 (Verwaltung)
www.museum-werdringen.de

Archäologische Grabung eines mittelalterlichen Gebäudes aus dem 9./10. Jahrhundert auf der Kuhweide bei Hagen-Delstern, 1989. (Foto: Hermann Menne, LWL-Archäologie, Außenstelle Olpe)

11 Mittelalterlicher Siedlungsplatz in Delstern

Auf der Volmeterrasse an der Kuhweide bei Höinghausen befand sich ein mittelalterlicher Siedlungsplatz. Lesefunde belegen eine Besiedlung des im 20. Jahrhundert landwirtschaftlich genutzten Flurstücks bereits in der Mittel- und Jungsteinzeit sowie in der vorrömischen Eisenzeit. In zwei Grabungskampagnen 1987–1989 wurden durch die LWL-Archäologie für Westfalen die Überreste von zwei Häusern und eines Werkstattbereichs sowie die Reste einer Zaunpfostenreihe untersucht. Dabei fanden sich verschiedene Gegenstände, darunter zahlreiche Keramikscherben und eiserne Messerklingen.

Bei dem größeren Haus handelte es sich um einen Pfostenbau von neun Metern Länge und 6,5 bis 7,5 Metern Breite mit einer Kellergrube. Das zweite Haus besaß die Ausmaße von sechs mal 3,6 Metern und wurde als Grubenhaus mit einem Steinfundament identifiziert. Der Werkstattbereich war ein rundlicher Befund von 2,5 mal 2,5 Metern und 25 Zentimetern

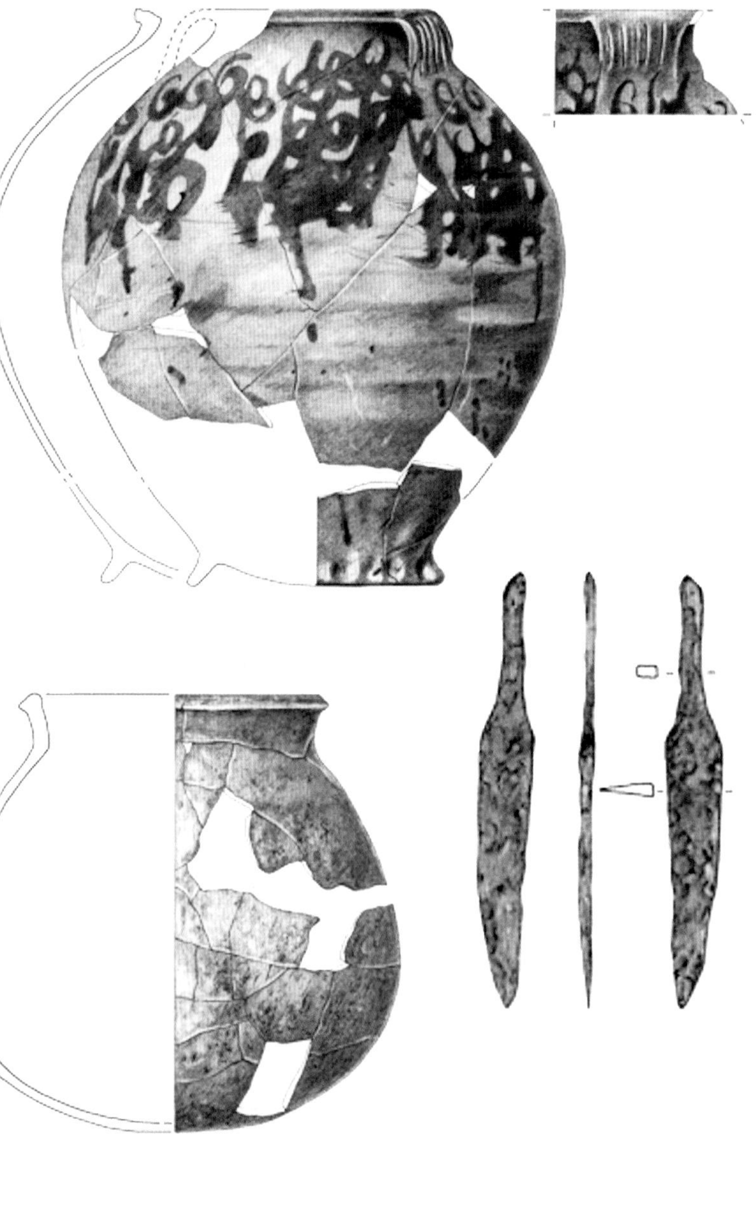

Doppelhenkelgefäß aus Pingsdorfer Keramik mit Bemalung,
Kugeltopf aus Irdenware und eiserne Messerklinge, 9./10.–12. Jahrhundert. Grabungsfunde Hagen-Delstern.
(Zeichnung: Andreas Müller, LWL-Archäologie für Westfalen, Außenstelle Olpe)

Tiefe. Die dort gefundenen Metallgegenstände, vor allem Messerklingen und Schnallenrahmen, sowie insgesamt 14,5 Kilo Eisenschlacke bezeugen, dass es sich um einen Werkstattplatz für Metallverarbeitung handelt. Derartige Werkstattplätze befanden sich häufig in mittelalterlichen Siedlungen.

Der als Bodenspur überlieferte frühere Pfostenzaun im östlichen Bereich der Grabungsfläche bildete eine in versetzter Doppelreihe stehende Folge von Pfosten und wurde als Umzäunung gedeutet. Solche Umzäunungen mit Flechtwerk legte man damals als Schutz vor Vieh und Wild um eine Hofanlage an.

Die archäologischen Befunde verweisen weniger auf ein Einzelgehöft. Vielmehr zeichnet sich eine größere Siedlung ab, die nur in Teilen archäologisch untersucht werden konnte. Die ursprüngliche Ausdehnung und Beschaffenheit dieses Siedlungsplatzes lässt sich bisher nicht rekonstruieren.

Die Masse der bei den Grabungen gefundenen Keramik aus dem 11. und 12. Jahrhundert entspricht den gebräuchlichen Formentypen der rheinischen Töpferorte Paffrath und Pingsdorf. Daher kann die Siedlung grob in den Zeitraum vom 10. bis ins frühe 13. Jahrhundert datiert werden. Allerdings sind vom Grabungsgelände und der Flur Kuhweide auch Keramikscherben aus dem 8. und 9. Jahrhundert bekannt.

Die Siedlung existierte nach den Befunden vom Frühmittelalter bis zum Hochmittelalter, folglich über einen Zeitraum von etwa 400 Jahren. Welche Gründe für die vermutlich gegen Ende des 12. Jahrhunderts oder im frühen 13. Jahrhundert erfolgte Aufgabe der Siedlung verantwortlich waren, ist unbekannt. Auch liegen keine mittelalterlichen Schriftquellen vor, die Hinweise auf diese Siedlung enthalten. Das benachbarte Gut Kuhweide wird erstmalig 1453 urkundlich erwähnt.

▶ **WEITERE INFORMATIONEN** (Karte 11, S. 368)

Museum für Ur- und Frühgeschichte Wasserschloss Werdringen
Werdringen 1, 58089 Hagen
Tel. 0 23 31 / 3 06 72 66 (Museumskasse), Tel. 0 23 31 / 2 07 31 29 (Verwaltung)
www.museum-werdringen.de

Archäologen bei der Arbeit:
Grabungen in der Blätterhöhle.
(Foto: Heike Wippermann)

12 Die Blätterhöhle

Die Entdeckung einer neuen und unbekannten Höhle ist eine besondere Herausforderung. Denn entgegen einer weit verbreiteten Meinung enthalten nur die wenigsten Höhlen auch archäologische Relikte. Der Massenkalkzug zwischen Mettmann und Brilon zählt weltweit zu den höhlenreichsten Gebieten. Doch die meisten archäologische Funde enthaltenden Höhlen wurden bereits im 19. und im Verlauf des 20. Jahrhunderts systematisch ausgeräumt. Viele Höhlen sind auch durch Steinbrüche und beim Straßenbau zerstört worden. Eine neu entdeckte Höhle mit ungestörten Fundschichten ist deshalb ein Glücksfall für die Archäologie.

1983 war zum ersten Mal die Aufmerksamkeit vom Arbeitskreis Kluterthöhle e. V. aus Ennepetal auf eine kleine unscheinbare Spalte am Felsmassiv des Weißenstein im Lennetal bei Hagen-Holthausen gefallen. Wegen der großen Laubmengen im Eingang der Felsspalte wurde die Spalte „Blätterhöhle" genannt. Sie liegt am Eingang eines kleinen, sich nach Südwesten öffnenden Seitentales der Lenne. Unmittelbar gegenüber, an der „Hünenpforte", befinden sich die Reste einer großen eingestürzten Höhle. Dort wurden Steinartefakte und Überreste von Rentieren aus der späten Altsteinzeit gefunden. In Blickweite sind auf den Flussterrassen der Lenne mehrere Oberflächenfundplätze mit Funden seit der mittleren Altsteinzeit vorhanden.

Im April 2004 wurden die Untersuchungen durch die Höhlenforscher fortgesetzt. Im Inneren der Höhle fanden sich dabei zahlreiche Skelettreste, die als menschliche Knochen erkannt wurden. Sofort wurde das Ausräumen des auf rund sechs Meter verfolgten Höhlengangs gestoppt. Nun widmeten sich die eingeschalteten Archäologen der Blätterhöhle und ihren Funden.

Nach ersten Radiokarbondatierungen einiger Knochen war im September 2004 die Sensation perfekt. Unter den menschlichen Resten befanden sich das Schädeldach eines etwa 35-jährigen Mannes mit einem Alter von 10.700 Jahren vor heute und ein nur etwas älterer Rippenknochen. Damit lagen bereits zu Beginn der archäologischen Untersuchungen der Hagener Blätterhöhle gleich zwei in Europa sehr seltene menschliche Reste aus der frühen Mittelsteinzeit vor.

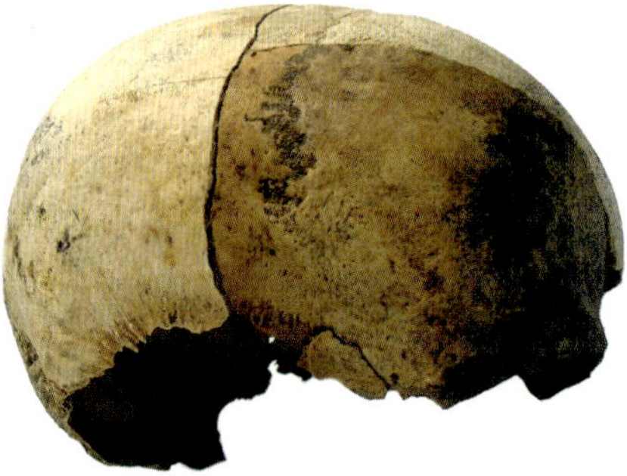

Schädeldach eines etwa 35-jährigen Mannes aus der frühen Mittelsteinzeit vor rund 10.700 Jahren (14C-Datierung: 8.680 +/-50 B.C.) vor heute. (Foto: Jörg Orschiedt; Museum für Ur- und Frühgeschichte Wasserschloss Werdringen)

Kleine, mehrfach durchlochte Schmuckperle aus Quarzit, 4 mm Durchmesser, gefunden auf dem Vorplatz der Blätterhöhle. Grabungsfund in der Nähe einer Feuerstelle, die in die Zeit um 7.300 v. Chr. datiert ist. (Foto: Jörg Orschiedt; Museum für Ur- und Frühgeschichte Wasserschloss Werdringen)

Von 2006 bis 2009 unternahm das Historische Centrum Hagen in Kooperation mit der LWL-Archäologie für Westfalen, ab 2010 dann als Projekt der Deutschen Forschungsgesellschaft die Universität Köln mehrere archäologische Grabungen in der Höhle sowie auf ihrem Vorplatz. Durch die Grabungen war sehr bald klar, dass die Blätterhöhle eine bis zur ihrer heutigen Decke mit mehreren Metern hohem Sediment gefüllte größere Höhle ist. Aus dem Innenraum der Höhle wurden bei Grabungskampagnen weitere Skelett-Teile von verschiedenen Menschen aus der frühen Mittelsteinzeit geborgen. Drei große Wildschweinschädel fanden sich zusammen mit den Menschenresten. Eine solche Deponierung stellt einen in Europa bislang einzigartigen Befund dar.

Die bislang frühesten Datierungen von Menschenresten aus der Blätterhöhle sind derzeit rund 11.300 Jahre alt. Darunter befindet sich der Schädelknochen eines Jugendlichen von etwa zwölf Jahren. Es handelt sich um die derzeit ältesten Menschenreste aus der Nacheiszeit in Europa. Erst knapp 300 Jahre zuvor

Grabungsarbeiten im Bereich mittelsteinzeitlicher Fundschichten auf dem Vorplatz der Blätterhöhle, 27.8.2008. (Foto: Jörg Orschiedt)

hatten sich die eiszeitlichen Gletscher aus dem nördlichen Teil des Kontinents zurückgezogen. Radiokarbon-Daten und Steinartefakte verweisen jedoch auf noch ältere Fundschichten aus der späten Altsteinzeit auf dem Vorplatz der Blätterhöhle.

Aber auch aus der späten Jungsteinzeit zwischen 5.900 und 5.000 Jahren vor heute traten zahlreiche Menschenreste zutage. Sie geben Hinweise auf Kollektivbestattungen in der Höhle, wie sie in Mitteleuropa vor allem aus den spätneolithischen Megalithgräbern bekannt sind. Die menschlichen Überreste stammen von Personen jeden Alters und Geschlechts. Wie viele Menschen während des bislang durch Radiokarbon-Datierungen belegbaren Zeitraums von rund 800 Jahren immer wieder in der Blätterhöhle bestattet wurden, ist noch unbekannt. Vermutlich handelte es sich jedoch um eine größere Anzahl.

Auf dem nach Süden ausgerichteten Vorplatz der in der frühen Mittelsteinzeit noch mit einem breiten überhängenden Vordach versehenden Höhle konnten mehrere Feuerstellen freigelegt werden. Die bisher geborgenen Funde von bearbeiteten Ge-

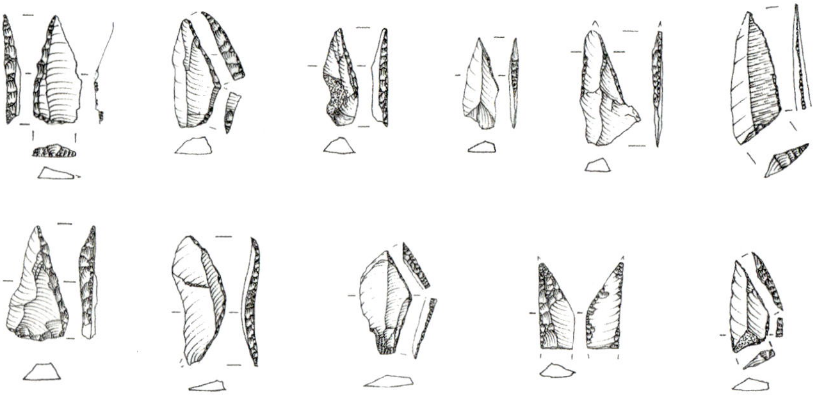

Im Innenraum und auf dem Vorplatz der Blätterhöhle wurden zahlreiche Steinartefakte aus der Alt- und Mittelsteinzeit gefunden, auch die als Pfeilspitzen benutzen „Mikrolithen". (Zeichnung: Birgit Gehlen; Museum für Ur- und Frühgeschichte Wasserschloss Werdringen)

Archäologischer Grabungsbefund im Inneren der Blätterhöhle: Teil eines menschlichen Schädeldaches (oben auf dem Stein) aus der frühen Mittelsteinzeit sowie ein großer Wildschweinschädel, der zusammen mit zwei weiteren aufgefunden wurde. (Foto: Jörg Orschiedt)

röllen, Steingeräten, Waffenprojektilen und Tierknochen belegen die Nutzung des Vorplatzes in der Mittelsteinzeit 11.600 bis ca. 7.500 Jahre vor heute und in der späten Altsteinzeit vor über 12.000 Jahren. Für die Jäger war das günstig gelegene Areal vor der Höhle als Lagerplatz ideal. Von dort aus war ein weiter Blick in das Lennetal und auf die angrenzenden Höhenlagen möglich.

Auf dem Vorplatz der Blätterhöhle konnte die erste mittelsteinzeitliche Schichtenfolge im Bereich der deutschen Mittelgebirge freigelegt werden. Diese Schichtenfolge reicht von den Anfängen der mittelsteinzeitlichen Besiedlung nach dem Ende der Eiszeit bis in die späte Mittelsteinzeit. Mit diesem Befund wird eine Forschungslücke zwischen den gut erforschten mittelsteinzeitlichen Fundstellen in der norddeutschen Tiefebene und Süddeutschlands geschlossen.

Die Blätterhöhle zählt zu den bedeutendsten archäologischen Fundstellen in Nordrhein-Westfalen und in Europa. Bei den Untersuchungen kommen zahlreiche modernste naturwissenschaftliche, technische und physikalische Verfahren zur Anwendung. Die für genetische Analysen aus dem Knochen gewonnene DNA ermöglicht wichtige Erkenntnisse aus der enthaltenden Erbsubstanz. Strontiumisotopen-Analysen lassen dagegen wertvolle Rückschlüsse auf die Ernährung, Lebensweise, Erkrankungen und Bevölkerungsbewegungen zu. So bleibt es um die Blätterhöhle auch dann spannend, wenn aktuell keine Grabungen stattfinden und die Funde ausgewertet werden.

▶ **WEITERE INFORMATIONEN** (Karte 6, S. 363)

www.blaetterhoehle.de

Museum für Ur- und Frühgeschichte Wasserschloss Werdringen
Werdringen 1, 58089 Hagen
Tel. 0 23 31 / 3 06 72 66 (Museumskasse), Tel. 0 23 31 / 2 07 31 29 (Verwaltung)
www.museum-werdringen.de

13 Die Oeger Höhle

Am Südhang des Mühlenbergs, vom Oeger Stein bis zur Strunkschlenke, befanden sich bis gegen Mitte des 19. Jahrhunderts steile Felsklippen. Ähnliche Felsen finden sich entlang der Lenne am Raffenberg, an der Hünenpforte und am Weißenstein in Hagen-Holthausen sowie an der imposanten Felsgruppe Pater und Nonne am Burgberg in Iserlohn-Letmathe. Der Straßenbau und Steinbrüche zerstörten in Oege dieses natürliche Panorama, so dass einzig Gemälde aus dem 18. und frühen 19. Jahrhundert den Eindruck der ursprünglich wild-romantischen Landschaft wiedergeben.

Am Fuße des Mühlenbergs, teilweise wohl nur wenige Meter über dem Lenne-Niveau, befand sich das nach Süden ausgerichtete Eingangsportal der Oeger Höhle. Als Carl Johann Fuhlrott, der Entdecker des Neandertalers, sie gegen 1860 aufsuchte, hatten der Straßenbau und Steinbrüche das Aussehen der Höhle und ihrer Umgebung bereits grundlegend verändert. Wahrscheinlich bestand die Höhle zu dieser Zeit nur noch aus dem hinteren Teil ihres ursprünglichen Eingangs mit dem rückwärtigen Innenraum. Ob die Oeger Höhle in prähistorischer Zeit einen Vorplatz besaß, lässt sich nicht mehr klären, dürfte aber zu vermuten sein.

Im 20. Jahrhundert wurden mehrere Ausgrabungen im erhaltenen Teil der Höhle unternommen. Sie waren absolut unsystematisch und, wie noch im Jahre 1992 geschehen, sogar illegal. 1927 entdeckte der Prähistoriker Karl Brandt aus Herne im vorderen Teil der Oeger Höhle mehrere Knochen eiszeitlicher Tiere und ein Steinartefakt. 1928 entdeckte der Lehrer Fritz Mattes aus Düsseldorf bei einer Fossiliensuche hier einen großen Höhlenbären-Schädel und der Schwerter Heimatforscher Josef Spiegel unternahm 1931 im Innenraum eine erste größere Grabung. Sie förderte neben zahlreichen Geweihresten eiszeitlicher Rentiere sowie Knochen von Höhlenbären, Wollnashörnern und Mammute auch Steinartefakte und prähistorische Keramik zutage.

Im Höhlensediment konnten die Geweihreste von weit mehr als 500 weiblichen Rentieren geborgen werden. Beißspuren deuten darauf hin, dass zumindest ein Teil der Abwurfstangen u. a. durch Hyänen in die Höhle gebracht wurden. Einige wenig typische Steinwerkzeuge und das Fragment einer seltenen Geweihharpune zeigen, dass auch Menschen gegen Ende der Eiszeit die Höhle genutzt haben.

Die bei den bisherigen Grabungen entdeckten Keramikscherben lassen sich zu einem Teil in einen jüngeren Zeitabschnitt der mittleren Jungsteinzeit einordnen. Sie entsprechen Gefäßtypen, wie sie in der Bischheimer Kultur, vor etwa 6.400 bis 6.200 Jahren vor heute, verbreitet waren. Damit sind einige dieser Befunde etwas älter als die derzeit bekannten jungsteinzeitlichen Funde aus der Blätterhöhle. Andere Gefäßkeramik aus der Oeger Höhle datiert in die jüngere Bronzezeit und in die frühe vorrömische Eisenzeit. Gefäßscherben aus dem 12. bis 17. Jahrhundert belegen die Anwesenheit von Menschen in der zu

Bronzene Plattenfibel der Älteren Eisenzeit, rund 2.500 Jahre alt. Importstück aus dem ostalpinen Raum.
Durchmesser 1,8 cm, die Befestigungsnadel fehlt. Lesefund am Hang des Oeger Steins, in unmittelbarer Nähe zur Oeger Höhle.
(Foto: Heike Wippermann; Museum für Ur- und Frühgeschichte Wasserschloss Werdringen)

dieser Zeit schwer zugänglichen Höhle. Vom Hang neben der Oeger Höhle ist eine bronzene Plattenfibel bekannt, möglicherweise ein bei Bauarbeiten im Bereich des früheren Höhlenportals verlagerter Fund. Sie gelangte, auf welchen Wegen auch immer, während der älteren Eisenzeit vor rund 2.500 Jahren aus dem östlichen Alpenraum in die heutige Region Hagen.

1977 wurde die Oeger Höhle mit einer Betonwand verschlossen und ist über ein gesichertes Tor nur noch für Archäologen und Höhlenforscher zugänglich. Die Betonwand zerstörte das seit Mitte des 19. Jahrhunderts ohnehin schon veränderte Erscheinungsbild der Höhle grundlegend. Auf der anderen Seite sind die in der Höhle noch vorhandenen archäologischen Befunde nun vor dem Zugriff durch Sammler und Raubgräber geschützt.

Kugelbecher der jungsteinzeitlichen Bischheimer Kultur. Oeger Höhle in Hagen-Hohenlimburg. (Foto: Ralf Blank; Museum für Ur- und Frühgeschichte Wasserschloss Werdringen)

Der Eingang zur Oeger Höhle in Hagen-Hohenlimburg wurde 1976 durch eine Betonwand verschlossen und ist als Höhle nicht mehr zu erkennen. Nur Archäologen und Höhlenforscher haben heute Zugang in die noch erhaltenen Bereiche der von prähistorischen Menschen genutzten Höhlen, wie hier Studierende und Wissenschaftler der Universität zu Köln am 8.11.2005 auf einer Exkursion. (Foto: Ralf Blank)

▶ **WEITERE INFORMATIONEN** (Karte 6 und 7, S. 363/364)

Museum für Ur- und Frühgeschichte Wasserschloss Werdringen
Werdringen 1, 58089 Hagen
Tel. 0 23 31 / 3 06 72 66 (Museumskasse), Tel. 0 23 31 / 2 07 31 29 (Verwaltung)
www.museum-werdringen.de

BURGEN UND ADELSSITZE

Das gegen 1240 gegründete Schloss Hohenlimburg im Lennetal ist die einzige noch weitgehend in der ursprünglichen Baugestalt erhaltene Höhenburg in Westfalen. (Luftaufnahme: Baoquan Song, Institut für Archäologische Wissenschaften der Ruhr-Universität Bochum)

Einleitung: Landesherrschaft und Präsenz

von Ralf Blank und Stephanie Marra

Burgen und Adelssitze besaßen als befestigte Stützpunkte der Landesherrschaft im Mittelalter und bis in die Frühe Neuzeit eine große Bedeutung. Im Raum Hagen und entlang der Flusstäler von Ruhr, Lenne, Volme und Ennepe finden sich mehrere Wallanlagen, Höhenburgen und Adelssitze. Sie formieren sich zu einer kleinen Burgenlandschaft, deren Geschichte gleichermaßen vielfältig wie spannend ist.

Eine mit Wehrmauern und Türmen stark befestigte, zusätzlich mit einem System von Wällen und Gräben umgebene Höhenburg im 12. bis 14. Jahrhundert war Residenz, Verteidigungsanlage, militärischer Standort und Sitz der landesherrschaftlichen Verwaltung. Die politische und militärische Bedeutung solch einer Burg als Präsenz der Landesherrschaft ging jedoch weit über den lokalen und regionalen Raum hinaus. Vor den Toren der Burgen lagen in der Regel auch Siedlungen und Wirtschaftsbetriebe, aus denen sich oft unsere heutigen Städte und Gemeinden entwickelten. Gute Beispiele dafür sind die Burganlagen Blankenstein, Volmarstein und Wetter sowie die (Hohen-)Limburg im Lennetal.

Die Ruine der Burg Volmarstein im Ruhrtal bei Wetter. Unterhalb der Burg liegt Volmarstein, heute ein Stadtteil von Wetter, der auf die spätmittelalterliche Freiheit zurückgeht. (Luftaufnahme: Baoquan Song, Institut für Archäologische Wissenschaften der Ruhr-Universität Bochum)

Das frühe Mittelalter

Wann die ersten Befestigungen im Raum Hagen errichtet wurden, lässt sich bislang nicht mit Sicherheit sagen. Vermutlich wurden die Vorläufer der über den Flusstälern von Ruhr und Lenne liegenden Wallburgen Hohensyburg und Burgberg bei Oestrich bereits in der vorrömischen Eisenzeit angelegt. Die beiden Wallanlagen existierten jedenfalls mit Sicherheit im Frühmittelalter. Im Jahr 775 wird die „Sigiburg" im Ruhrtal in den karolingischen Reichsannalen erwähnt. Auf dem Burgberg bei Oestrich kam bei den archäologischen Untersuchungen u. a. Keramik aus dem 8. und 9. Jahrhundert zutage.

Von der Wallburg im Volmetal bei Ambrock sind bislang hingegen nur einzelne Gefäßscherben aus dem 8. bis 11. Jahrhundert bekannt. Die Frage, ob die Wälle und Gräben dieser Befestigung im Süden von Hagen damals erbaut wurden oder zu dieser Zeit bereits vorhanden waren, bleibt mangels weiterer Befunde und ausstehender Untersuchungen noch ungeklärt.

Über die Besiedlung des Raumes Hagen im Frühmittelalter und zu Beginn des Hochmittelalters gibt es kaum urkundliche Erwähnungen und nur wenige archäologische Befunde. Grabungen im Umfeld des Adelssitzes Herbeck haben z. B. Siedlungsbefunde aus dem 6. und 7. Jahrhundert bis in karolingisch-ottonische Zeit geliefert. Es gibt keinen Zweifel, dass der Raum Hagen in frühmittelalterlicher Zeit besiedelt war. Wie die gesellschaftlichen und politischen Strukturen ausgebildet waren, ist jedoch eine ungeklärte Frage.

Im Hochmittelalter

Das Gebiet gehörte vom 9./10. bis zum Beginn des 12. Jahrhunderts anscheinend zum Besitz des Grafenhauses Werl (-Arnsberg). Damals lag der Ruhr-Lenne-Volme-Raum im Grenzbereich zu den Territorien der Grafen von Berg und der Kölner Erzbischöfe. Einige Güter und Höfe werden bereits früh in Abgabelisten der Klöster zu Werden und Siegburg

Schrägluftaufnahmen des Bergplateaus des Sybergs in Dortmund-Hohensyburg mit den Resten der frühmittelalterlichen Wallanlage, der als Ruine überlieferten hochmittelalterlichen Höhenburg aus dem 12. Jahrhundert, dem 1893–1902 errichteten und 1935 umgebauten Kaiser-Wilhelm-Denkmal, dem 1857 eingeweihten Vincke-Turm und der im heutigen Bauzustand hochmittelalterlichen Kirche St. Peter, um 1960. (Stadtarchiv Hagen)

verzeichnet. Daneben gab es auch Reichsbesitz, wie den Reichshof Westhofen unterhalb der (Hohen-)Syburg. Nach 1102 mussten die Grafen von Arnsberg in der Folge einer verlorenen Fehde große Teile ihres Besitzes, darunter auch an der mittleren Ruhr, an die Kölner Erzbischöfe abtreten.

Im ersten Drittel des 12. Jahrhunderts wurde die Burg Volmarstein unter dem Kölner Erzbischof Friedrich I. von Schwarzenburg errichtet. Sie ist eine der frühesten belegbaren steinernen Höhenburgen im Rheinland und in Westfalen. Bis 1200 folgten die steinerne Syburg oberhalb der Flussmündung der Lenne in die Ruhr, die Isenburg im Ruhrtal bei Hattingen und die Burg Altena im Lennetal. Gegen Mitte des 13. Jahrhunderts entstanden durch den Landesausbau weitere Höhenburgen. Beispiele im Raum Hagen sind die kölnische Raffenburg, die märkische Burg Wetter und die (Hohen-)Limburg an der Lenne.

Die Entwicklung der Gebietsstrukturen

Im 12. Jahrhundert entwickelten sich unter den Kölner Erzbischöfen und den Grafen von Altena aus dem Hause Berg erste fassbare landesherrschaftliche Gebietsstrukturen. Sie wurden während des 13. und 14. Jahrhunderts durch die Nachfahren der Grafen von Berg und Altena aus den Häusern Isenberg und Mark gestaltet und ausgebaut. Seit 1226 waren die Grafen von der Mark neben den Grafen von Arnsberg und den Kölner Erzbischöfen die wichtigsten Landesherren im südlichen Westfalen.

1368 fiel die Grafschaft Arnsberg an das Erzbistum Köln, das seit 1180 über die Würde und Rechte am Herzogtum Westfalen verfügte. Bereits 1288 und dann 1324 hatten die Grafen von der Mark die kölnische Herrschaft und Freigrafschaft Volmarstein sowie die gleichnamige Burg an der Ruhr eingenommen. Doch erst 1381 wurde dieses Territorium endgültig ein Teil der Grafschaft Mark. Sie gehörte seit 1417 zum Herzogtum Kleve-Mark und nach 1609 zum Kurfürstentum Brandenburg, das 1701 im Königreich Preußen aufging.

Blick auf das um 1240 als Höhenburg gegründete Schloss Hohenlimburg. Gut sichtbar ist der mehrteilige Aufbau dieser Anlage, die trotz umfangreicher baulicher Veränderungen im 17. und 18 Jahrhundert, das Aussehen einer mittelalterlichen Wehranlage weitgehend behalten hat. (Luftaufnahme: Baoquan Song, Institut für Archäologische Wissenschaften der Ruhr-Universität Bochum)

Die Grafschaft Limburg

Gegen Mitte des 13. Jahrhunderts entstand an der unteren Lenne und mittleren Ruhr, im Westen von der damaligen kölnischen Herrschaft Volmarstein, nach Norden und Süden von der Grafschaft Mark und im Osten von der Grafschaft Arnsberg begrenzt, die Grafschaft Limburg. Dieses Gebiet und die dortigen Gerichtsrechte um Elsey und Oestrich gehörten bis 1225/26 zum umfangreichen Besitz der Grafen von Altena-Isenberg. Um 1220 hatte das Isenberger Grafenhaus in Elsey an der Lenne zudem ein Kloster gestiftet. Graf Friedrich II. von Isenberg besaß dort sowohl hoheitliche als auch territoriale Rechte. Getrennt durch die Herrschaft Volmarstein, befand sich entlang der Ruhr bei Hattingen und Essen der zweite und wichtigste Herrschaftsraum des Isenberger Grafenhauses mit der mächtigen Isenburg als Hauptresidenz.

Der Totschlag des Kölner Erzbischofs Engelbert II. von Berg am 7. November 1225 bei Gevelsberg im Zuge einer Adelsverschwörung veränderte die Herrschaftsverhältnisse in Westfalen grundlegend. Die anschließend eingezogenen Besitztümer, Titel und Rechte des an dieser Tat maßgeblich beteiligten Grafen Friedrich II. von Isenberg fielen zum überwiegenden Teil an das verwandte Grafenhaus Mark.

Friedrichs ältester Sohn Dietrich wurde am Hof der Herzöge von Limburg erzogen. Graf Dietrich I. von Isenberg erhielt nach langjährigen Auseinandersetzungen und Verhandlungen nur Teile des einstigen väterlichen Erbes zurück. Gegen 1240 errichtete er im unteren Lennetal in Sichtweite des Klosters Elsey eine Limburg genannte Höhenburg sowie die Neu-Isenburg an der Ruhr bei Essen. Durch den 1242 geschlossenen Lehnsvertrag mit den Grafen von Berg, die damals auch Herzöge von Limburg waren, über die Burg und das Territorium an der unteren Lenne sicherte Graf Dietrich I. sich mächtige Verbündete.

Der Vergleich mit dem Grafenhaus Mark 1243 und der Friedensvertrag mit dem Kölner Erzbischof 1248 sowie die im Gebiet an Ruhr und Lenne seit alter Zeit vorhandenen Gerichts- und Hoheitsrechte ermöglichten Graf Dietrich I. von Isenburg den Aufbau eines eigenen Territoriums – die Grafschaft Limburg. Zugleich wurden seine hoheitlichen Rechte in Verhandlungen neu festgelegt und der aus dem väterlichen Vermögen verstreute Güterbesitz im Rheinland und in Westfalen neu geordnet. Das Graf Dietrich I. auferlegte Befestigungsverbot für Städte und neue Burgen war dennoch eine deutliche Einschränkung seiner Hoheitsrechte. Überdies musste er seine Ansprüche auf die Vogtei-Rechte über die Reichsstifte in Werden und Essen endgültig an den Kölner Erzbischof abtreten. Wahrscheinlich erst danach wurde die Höhenburg im unteren Lennetal die Hauptresidenz und Verwaltungssitz der Grafschaft.

Das Grafenhaus nannte sich schon in der zweiten Generation nach Dietrich I. nicht mehr „von Isenberg“, sondern nach seiner Burg im Lennetal „von Limburg“. Vor 1289 und 1371 entstanden durch Heirat mit zwei Adelsgeschlechtern im Raum Mülheim die Nebenlinien Styrum und Broich. Nach dem Aussterben der familiären Hauptlinie auf der Burg Limburg und einer Fehde fiel der Besitz 1461 je zur Hälfte an die Grafen von Neuenahr sowie an die Grafen von Limburg-Broich und 1509 an ihre Nachfahren aus dem Grafenhaus Daun-Falkenstein.

1542 vereinigten die Grafen von Neuenahr-Alpen durch Heirat mit der Erbtochter aus dem Haus Daun-Falkenstein den Besitz. Über die weibliche Linie des 1589 ausgestorbenen Hauses Neuenahr gelangte die Grafschaft drei Jahre später an die Grafen von Bentheim, die im 17. und 18. Jahrhundert die volle Landeshoheit über das kleine, aber mit vielen Besitztümern, Gütern, Rechten und Titeln ausgestattete Territorium besaßen.

1806 erlosch der reichsunmittelbare Status und die Grafschaft wurde für knapp zwei Jahre ein souveräner Kleinstaat. Auf dem „Wiener Kongress" 1815 erhielt Preußen das Territorium. Heute verteilt sich das Gebiet der früheren Grafschaft Limburg auf die kreisangehörigen Städte Iserlohn und Schwerte, die kreisfreie Stadt Hagen sowie auf die Gebietskörperschaften des Märkischen Kreises und des Kreises Unna.

Der niedere Adel

Der so genannte Niederadel war eine wesentliche Stütze der mittelalterlichen Feudalgesellschaft. Als Ministeriale und Vasallen standen sie in einem Dienst- und Treueverhältnis zu ihren Lehnsherren. Angehörige des Niederadels wurden in der Regel zu Dienstleistungen verpflichtet. Sie übernahmen Ämter in der Landesverwaltung und kümmerten sich um den Hof- und Güterbesitz, aus dem sie auch ihre Einkünfte bezogen. Manche Ämter und Rechte blieben in einer Familie verankert und wurden über Generationen vom Vater auf den Sohn übertragen.

Bei militärischen Konflikten war der abhängige Niederadel zur aktiven Unterstützung ihres Lehnsherrn verpflichtet. Die direkten Kriegslasten, die in Krisenzeiten steigenden Versorgungskosten sowie die hohen Ausgaben für einen standesgemäßen Lebenswandel trieben viele niederadelige

Familien im konfliktreichen Spätmittelalter und in der Frühneuzeit in den wirtschaftlichen Ruin.

Ursprünglich edelfreie Familien, wie die Herren von Syberg und die Herren von Volmarstein, besaßen eine reichsunmittelbare Stellung. Als Inhaber eines Reichs- und Fahnenlehens waren sie formal nur dem Kaiser und König verpflichtet. Hoher Rang und edelfreie Herkunft sicherten jedoch im Mittelalter keineswegs das Überleben der Familie. Edelfreie Familien gehörten deshalb zu den Dienstleuten mächtiger Territorial- und Landesherren. Nur auf diesem Weg konnten der Unterhalt und die Versorgung der häufig nur gering begüterten Familien bestritten werden.

Die Herren von Volmarstein verwalteten in Vertretung der Kölner Erzbischöfe als Ministeriale bis 1324 die gleichnamige Herrschaft und Freigrafschaft an Ruhr, Volme und Ennepe. Als Wohnsitz wurde ihnen schon im 12. Jahrhundert die stark befestigte Burg Volmarstein überlassen. Gleichzeitig waren sie zeitweilig auch Vögte des Klosters Herdecke und mehrerer Oberhöfe. Von der steinernen Syburg aus verwalteten die nach dieser Burg benannten Herren vom 12. Jahrhundert bis 1287/88 den Reichshof Westhofen und die dazu gehörigen Güter. Der Reichshof war vom Kaiser den Kölner Erzbischöfen zur Nutznießung übertragen worden. Als edelfreie Ministeriale gehörten die Herren von Syberg daher zu den kölnischen Dienstleuten.

Doch der überwiegende Teil der niederadeligen Familien bewohnte anders als die Herren von Volmarstein und Syberg keine Höhenburgen. Sie besaßen hauptsächlich kleine, mehr oder weniger stark befestigte Wehranlagen. Häufig sind sie in den Niederungen und auf den unteren Flussterrassen zu finden. Ihnen waren in der Regel ein Versorgungshof und weitere Wirtschaftsbetriebe angeschlossen. Vielfach haben sie sich aus frühmittelalterlichen Siedlungsplätzen entwickelt. Darauf könnten auch archäologische Befunde beim Adelssitz Herbeck in Hagen hinweisen.

Ein gutes Beispiel für das Aussehen eines befestigten Adelssitzes im 12. und 13. Jahrhundert vermittelt Haus Husen an der Ruhr. Er besteht aus einem steinernen Wohnturm von quadratischem Grundriss. Der massive Wohnturm war von mindestens einem tiefen Graben und oft mehreren hohen, häufig mit hölzernen Palisaden zusätzlich befestigten Wällen umgeben. Andere Adelssitze wurden bei ihrer Gründung aus Holzgebälk und in Fachwerkbauweise, später auch aus Stein, aber stets auf einem kegelförmigen, mit Wall und Graben befestigten Hügel errichtet. Diese Motten bzw. Turmhügelburgen finden sich überall im Rheinland und in Westfalen. Die Beschaffenheit solcher Anlagen vermitteln die Reste der Burg Mark bei Hamm, Haus Gerkendahl an der Ruhr bei Iserlohn-Drüpplingsen, in Attendorn-Bürberg und die „Sieben Gräben" bei Hohenlimburg.

Befestigte Wohntürme und Turmhügelburgen waren die Vorgängerbauten vieler Adelssitze im Raum Hagen. Manche von ihnen sind nur urkundlich nachgewiesen, andere blieben als Ruinen und archäologische Befunde überliefert, vereinzelt sind sie auch untergegangen, wie Haus Niedernhof auf dem Grund des Hengsteysees. Einige Adelssitze existieren noch heute als intakte, wenngleich auch im Verlauf von Jahrhunderten mehrfach umgebaute Anlagen. Ihre Baugeschichte ist oft sehr vielfältig und wegen wiederholter Kriegszerstörungen und verheerender Großbrände teilweise auch dramatisch.

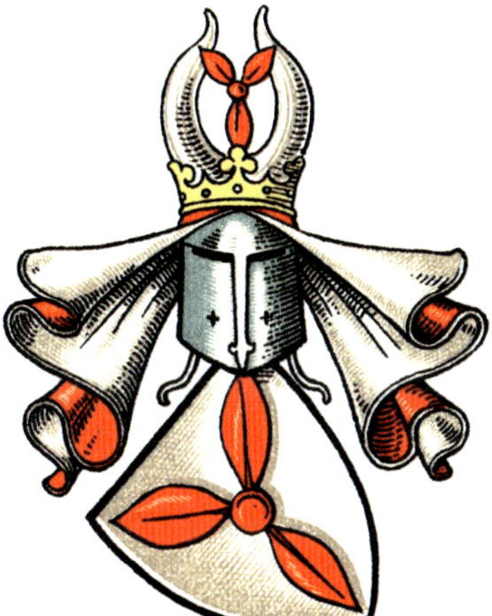

Wappen der Herren von Volmarstein. (aus: Von Spießen, Max; Wappenbuch des Westfälischen Adels, Bd. 1–2, Görlitz 1901–1903, hier Bd. 2, Tafel 130, 5)

Die Wallanlage auf dem Minnerberg im Volmetal bei Hagen-Ambrock. Im Wald und auf den Wiesenflächen sind die Wälle und Gräben zu erkennen. Im Bildvordergrund ist das urkundlich im 11. Jahrhundert belegte Gut Ambrock, der heutige Ribberthof, zu sehen. (Luftaufnahme: Baoquan Song, Institut für Archäologische Wissenschaften der Ruhr-Universität Bochum)

14 Wallburg Ambrock

Auf der Kuppe des fast 220 Meter hohen Minnerbergs im Volmetal bei Ambrock befinden sich die Überreste einer Wallburg. Das bis zu 100 Meter lange und ca. 50 Meter breite Befestigungswerk besteht im Wesentlichen aus einem äußeren und einem inneren Erdwall mit Gräben, die sich dem Gelände anpassend um die Bergkuppe mit Ausnahme der Südseite ziehen. Die Südseite ist deshalb ausgespart worden, weil sie durch den hier vorhandenen hohen Steilhang wohl als genügend geschützt angesehen wurde. Vor dem inneren Ringwall befand sich noch ein so genannter Spitzgraben, der überall dort, wo er auf Felsen stieß, in diesen eingehauen worden ist.

Einzige Zugangs- und Angriffsmöglichkeit der ansonsten durch Abhänge und Sümpfe geschützten Anlage bestand an der nordwestlichen Seite von den hier vorhandenen Hochebenen aus. Diese gefährdete Stelle ist daher auch am stärksten befestigt worden, indem hier der äußere Ringwall durch einen davor liegenden Graben mit Grabenvorwall verstärkt wurde. Zwischen den beiden Ringwällen befand sich zudem noch eine Palisadenwehr. Die Außenseite der Wälle war mit Steinen steil aufgeschichtet worden und danach hatte man von innen den Erdwall aufgeschüttet.

Da systematische archäologische Untersuchungen – abgesehen von einer nur unzureichend dokumentierten Ausgrabung 1935 – bisher an diesem Objekt nicht durchgeführt worden sind, kann die Existenz der Wallburg in Ambrock lediglich an Hand der bei einer Probeschürfung 1955 zutage gekommenen wenigen Keramikscherben zumindest auf einen Zeitraum vom 8. bis 10. Jahrhundert datiert werden. Ob die Befestigungsanlage auch schon in älterer Zeit bestanden hat und wann sie aufgegeben wurde, ist ebenso unbekannt wie ihre historische Einordnung.

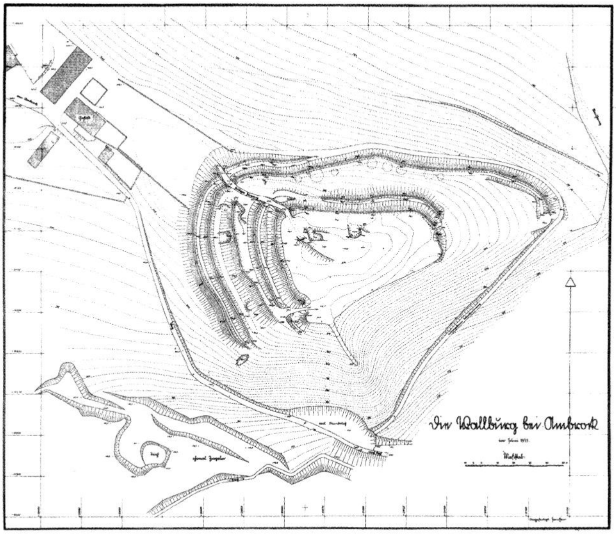

Übersichtsplan der Wallburg bei Hagen-Ambrock nach der Vermessung durch Johann Janßen, Juni 1935. (Stadtarchiv Hagen)

▶ **WEITERE INFORMATIONEN** (Karte 13, S. 370)

Die Wallburg Ambrock befindet sich in Hagen-Dahl auf der Kuppe des Minnerbergs, einer Anhöhe über dem Tal der Volme zwischen Ambrock und Dahl.

15 Bollwerk bei Dahl

Nach einer Angabe des westfälischen Geschichtsschreibers Johann Dietrich von Steinen aus der Mitte des 18. Jahrhunderts sollen die Herren von Dahl ihren – Bollwerk genannten – Wohnsitz zuerst auf einer Anhöhe am linken Volmeufer gehabt haben. Dies ist möglich, doch gibt es dafür keinerlei urkundlichen Belege. Die Ortsbezeichnung Bollwerk ist aber heute noch vorhanden und lässt sich bis mindestens in die erste Hälfte des 17. Jahrhunderts zurückverfolgen. Hier wurden 1981 auf einem 228 Meter hohen Bergsporn in unmittelbarer Nähe des Fachwerkhauses und ehemaligen Pachtkottens aus dem 17./18. Jahrhundert „Zum Bollwerk 28" archäologische Überreste von Mauerwerk entdeckt. Nach einer Probegrabung konnten sie als Fundament eines mittelalterlichen Rundturms identifiziert werden.

Die westliche Außenmauer des Turms war mit drei Steinlagen noch 50 Zentimeter hoch. Der größte Teil der Steine dürfte nach der Aufgabe oder Zerstörung des Bauwerks von

Haus Am Bollwerk 28. (Foto: Gerhard E. Sollbach)

Im Wald sind Wälle und Gräben zu finden. Bei Grabungen wurden die Fundamente eines mittelalterlichen Rundturms entdeckt. (Foto: Gerhard E. Sollbach)

den Bewohnern der Umgebung zum Haus- oder Mauerbau wiederverwendet worden sein. Da eine großflächige systematische und wissenschaftliche archäologische Untersuchung der Befestigungsreste bisher nicht erfolgt ist, können auch keine näheren Angaben über ihre Funktion gemacht werden. So muss auch offen bleiben, ob es sich bei dem Bauwerk um einen Wohnturm handelte, oder ob es als Rundturm zu einer größeren Burganlage gehört hat. Dem Turm war ein tief in das Felsgestein eingearbeiteter, heute noch erkennbarer „Halsgraben" vorgelagert, was für eine Burganlage spricht.

Sehenswert ist die über dem Volmetal liegende Landhauskolonie Am Bollwerk. Sie enthält fünf zwischen 1911 und 1914 im Jugendstil erbaute bzw. umgebaute Gebäude, die u. a. von dem Krefelder Architekten August Biebricher entworfen wurden.

▶ **WEITERE INFORMATIONEN** (Karte 13, S. 370)

Landhauskolonie Am Bollwerk, 58091 Hagen-Dahl

Wanderung über den Volmehangweg, die Villen befinden sich in den Straßen Zum Bollwerk und Am Horseney.

Die Sage vom Ritter Blaubart

Mit dem Bollwerk wird auch das Märchen vom Ritter Blaubart in Verbindung gebracht, wie es z. B. Ferdinand Freiligrath und Levin Schücking in ihrem erstmals 1841 erschienenen Werk „Das malerische und romantische Westphalen" machen. Dort wird das einstige Schloss Bollwerk als die Behausung des Ritters Blaubart genannt.
Das Märchen erzählt von einem reichen Ritter, der in seinem Schloss herrlich und in Freuden lebt und wegen seines blauen Barts Blaubart genannt wird. Der Ritter hatte schon mehrmals geheiratet, doch alle seine Frauen waren schnell gestorben, ohne dass man etwas von ihrer Krankheit gehört hatte. Schließlich heiratete Blaubart die jüngste von zwei Töchtern einer Edeldame in seiner Nachbarschaft. Als der Ritter eines Tages auf Reisen ging, übergab er seiner Ehefrau die Schlüssel zu allen Räumen. Darunter befand sich auch ein kleiner goldener Schlüssel zu einem bestimmten Zimmer. Doch verbot Blaubart seiner Gemahlin, dieses Zimmer zu öffnen. Die Ehefrau setzte sich jedoch über das Verbot hinweg. Als sie das Zimmer aufschloss, entdeckte sie zu ihrem Schrecken die blutigen Köpfe aller früheren Ehefrauen des Ritters Blaubart, die ebenso wenig wie sie dem Drang der Neugierde hatten widerstehen können und die ihr Ehemann dafür enthauptet hatte. In diesem Moment kehrte aber der Ritter zurück. Als er erkannte, dass auch seine jetzige Gemahlin sein Verbot übertreten hatte, wollte er sie ebenfalls umbringen. Ihrer Schwester gelang es jedoch, durch ein Zeichen ihre Brüder zur Hilfe zu rufen. Diese töteten den Unhold und retteten so ihrer Schwester im letzten Augenblick das Leben.

Blick von Süden auf die Schlossanlage. Erkennbar sind die Ringmauern sowie der untere Teil des 1636 bei einem Großbrand zerstörten quadratischen Wehrturms aus dem 13./14. Jahrhundert. (Foto: Gerhard E. Sollbach)

16 Schloss Hohenlimburg

Das Schloss Hohenlimburg liegt auf einem in das Lennetal ragenden 224 Meter hohen Bergsporn oberhalb des Hagener Stadtteils Hohenlimburg. Der Burgberg und die gegenüberliegenden, im 19. Jahrhundert teilweise zerstörten Felsklippen des Oeger Steins riegeln das sich nach Norden zur Ruhr öffnende untere Lennetal im weiteren Verlauf des Flusses in Richtung Letmathe und Altena ab. Obwohl die heutige Schlossanlage besonders in der Neuzeit mehrfach umgebaut wurde, zeigt sie deutlich ihre ursprüngliche Funktion als Befestigung. Sie gilt als einzige weitestgehend in ihrer ursprünglichen Bauweise erhaltene Höhenburg in Westfalen. Es handelt sich um ein erstrangiges Baudenkmal sowie um eine herausragende historische Stätte mit einer hohen Bedeutung für die Landesgeschichte Nordrhein-Westfalens.

Die Gründung der mittelalterlichen Hohen-Limburg steht im Zusammenhang mit der „Isenberger Erbfehde“ im zweiten Viertel des 13. Jahrhunderts. Nach dem Totschlag des Kölner Erzbischofs Engelbert II. von Berg am 7. November 1225 im Hohlweg am

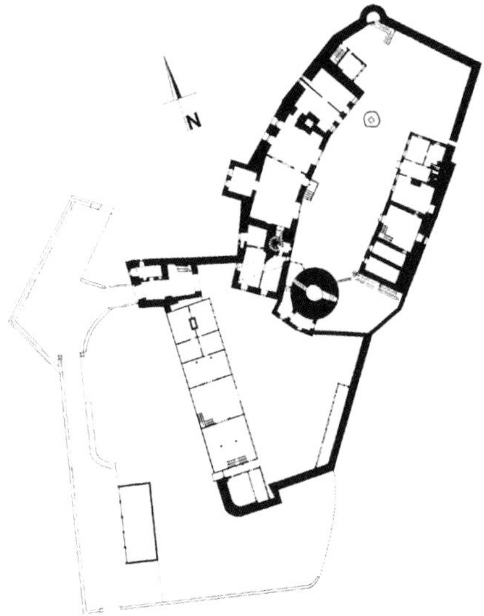

Grundrissplan von Schloss Hohenlimburg. (nach Vorlage aus: Nordmar, Erich; Schloss Hohenlimburg, Hagen 1960, S. 57)

Gevelsberg im Ennepetal, nahm die Geschichte Westfalens einen neuen Verlauf. Graf Friedrich II. von Isenberg aus dem Grafenhaus Altena-Berg verlor als mutmaßlicher Anführer einer Adelsrevolte gegen den Erzbischof seinen gesamten Besitz, alle Titel und Rechte. Ein Jahr nach der reichsgeschichtlich bedeutenden Tat wurde der von seinen Gegnern als Mörder geächtete Graf in Köln auf eine besonders entehrende Weise durch das Rad hingerichtet und auf einer Säule zur Schau gestellt. Seine stark befestigte Stammburg auf dem Isenberg bei Hattingen war im Herbst 1226 bereits zerstört. Friedrichs Frau Sophie flüchtete sich mit den beiden Söhnen und drei Töchtern zu ihrem Bruder an den herzoglichen Hof in Limburg an der Vesdre in Belgien.

1232 sind erste urkundliche Hinweise bekannt, dass die Rückgabe der eingezogenen Besitztümer des Isenberger Grafenhauses gefordert wurde. Die einflussreichen Verwandten sowie die am Hof der Herzöge von Limburg erzogenen Söhne des hingerichteten Grafen gingen damals offenbar gegen den Kölner Erzbischof Heinrich von Müllenark vor. Er sicherte sich den Schutz und die Unterstützung des Papstes, der die Vasallen der Kurie zur Unterstützung aufrief. Doch der weitere Verlauf des wohl zunächst politisch ausgetragenen Konflikts bleibt bisher im Dunkeln. Gegen 1240 scheint die Auseinandersetzung zwischen den Erben des Grafenhauses Isenberg und ihren Verbündeten auf der einen und dem ab 1238 regierenden Kölner Erzbischof Konrad von Hochstaden und Graf Adolf I. von der Mark auf der anderen Seite militärisch ausgetragen worden zu sein.

Graf Dietrich I. von Isenberg kämpfte mit Unterstützung seines Onkels, Herzog Heinrich IV. von Limburg. Im unteren Lennetal errichtete Graf Dietrich I. offenbar zunächst einen befestigten Stützpunkt bzw. nutzte eine bereits vorhandene Befestigung. Sie sollte in diesem Gebiet seinen Anspruch auf die 1226 durch das Grafenhaus Mark eingezogenen Rechte und Besitztümer seines Vaters sichern. Unterhalb der Burg befand sich bei Elsey auf dem gegenüber liegenden Ufer der Lenne das gegen 1220 als Stiftung des Hauses Isenberg gegründete Kloster. An der Ruhr im Süden von Essen ließ Graf Dietrich I. 1241 die Neu-Isenburg erbauen. Sie sollte seinen Anspruch auf die Vogteirechte über die Reichsabteien Essen und Werden bekunden und den eingezogenen Besitz im Umland der zerstörten väterlichen Burg auf dem Isenberg bei Hattingen sichern.

Am 17. Juli 1242 übertrug Graf Dietrich I. seinem Onkel Heinrich IV. die in der zugehörigen Urkunde erstmalig genannte Limburg und mehrere Güter, um diese anschließend als Lehen des Grafenhauses Berg zurück zu empfangen. Mit der Belehnung konnte sich Dietrich I. von Isenberg, der sich ab 1246 u. a. auch nach seiner Burg Limburg nannte, die politische Unterstützung seines mächtigen Verwandten sichern. Dem bergischen Grafen und Herzog von Limburg verhalf dieser Lehnbesitz zu einem wichtigen Stützpunkt im Territorium der damals aufstrebenden Grafen von der Mark. Die Burg lag auch im Grenzbereich zum Territorium der Kölner Erzbischöfe und zum Herrschaftsgebiet der damals noch mächtigen Grafen von Arnsberg aus dem Hause Werl.

Die anlässlich der Belehnung im Juli 1242 ausgestellte Urkunde enthält keine Angaben darüber, wo genau sich „oberhalb der Lenne“ sich diese Burg befand und welche Baugestalt sie besaß. Dennoch spricht vieles dafür, dass die im Vergleich mit dem Grafenhaus Mark im Mai 1243 als „novum castrum limburgensis"bezeichnete Anlage mit dem Vorgängerbau der heutigen als Hohenlimburg bezeichneten Anlage identisch war.

1244 wurde die Neu-Isenburg bei Essen durch kölnische Truppen eingenommen. Vier Jahre danach kam es zum Friedensvertrag mit dem Kölner Erzbischof. Graf Dietrich I. trat die Neu-Isenburg und seine Ansprüche auf die Vogteirechte über Essen und Werden an Köln ab. Vermutlich wurde erst nach Aufgabe der Neu-Isenburg ab 1244 mit dem Ausbau der steinernen Höhenburg im unteren Lennetal begonnen. Sie war dann als neue Residenz für Graf Dietrich I. von Isenberg vorgesehen. Die Limburg sicherte ihm die 1243 im Vergleich mit den Grafen von der Mark erhaltenen Besitztümer und Gerichtsrechte in diesem Gebiet. Daraus entwickelte sich im Verlauf der folgenden Jahre das Territorium der Grafschaft Limburg. In Sichtweite gegenüber der Limburg und auf der Grenze zur Grafschaft Limburg entstand gegen Mitte des 13. Jahrhunderts mit der Raffenburg eine stark befestigte Anlage der Kölner Erzbischöfe.

Die Höhenburg bzw. das spätere Schloss „Hoge Limburg“ diente bis in das 18. Jahrhundert als landesherrschaftliche Residenz und Verwaltungssitz der Grafschaft Limburg. Nach dem Erlöschen der direkten Erblinie der Grafen von Limburg aus dem Hause Isenberg 1458 gelangte das zugehörige Territorium nach einer Erbfolgefehde je zur Hälfte an die Grafen von Neuenahr-Alpen und an die 1511 ausgestorbene Seitenlinie Limburg-Broich. Anschließend fiel die dem Haus Broich zugehörige Hälfte des Besitztums an das rheinische Grafenhaus Daun-Falkenstein, um 1542 durch Heirat wieder geschlossen an die Grafen von Neuenahr zu gehen. Über

Une arche du pont de Limbourg sur la Lenne. Lithografie von Jean Nicolas Ponsart, 1835.
Blick durch einen Bogen der Lennebrücke auf Schloss Hohenlimburg. (Stadtmuseum Hagen)

die einzige erbberechtigte Tochter des ausgestorbenen Hauses Neuenahr gelangte die Grafschaft Limburg mit allem Zubehör, Titeln und Rechten 1592 an die Reichsgrafen von Bentheim.

Die im Verlauf des 16.–18. Jahrhunderts zu einem Residenzschloss ausgebaute Hohenlimburg befindet sich bis heute im Besitz der Familie von Bentheim-Tecklenburg, einer im 17. Jahrhundert entstandenen Linie der Reichsgrafen von Bentheim.

Baugeschichtlich ist davon auszugehen, dass die Ringmauern der unteren und oberen Burg, einige Gebäude in der oberen Burg, der dortige runde Eckturm sowie der nach dem Vorbild eines französischen Wohnturms (Donjon) errichtete runde Bergfried in die Mitte des 13. Jahrhunderts und damit wohl in die Gründungsphase der Burg datieren. Der aus anstehendem Gestein aufgebaute, 1811 durch Blitzschlag und Abbruch zerstörte und nur noch zur Hälfte erhaltene Bergfried hat seinen ursprünglichen Eingang rund zehn Meter über dem Sockel, dort beginnt auch die in die bis zu drei Meter starke Außenmauer gezogene Treppe.

In diesem Geschoss befindet sich ein erhaltener Raum, der die Reste eines Mantelkamins sowie zwei in Spitzbögen ausgeführte Fensteröffnungen besitzt. Allerdings wurden die darüber liegenden oberen Geschosse zerstört, so dass ein 1816 aus Balkenwerk gezimmertes Notdach den als Torso erhaltenen Turm abschließt. Im unteren Teil ist das frühere Verlies durch einen wohl im frühen 19. Jahrhundert angelegten Mauergang zugänglich. An den Innenwänden des Turms sind verschiedene Nischen, Reste früherer Geschossflächen, Mauerlöcher und Balkennischen erhalten. Teilweise zeigt das Mauerwerk starke Brandspuren.

Das untere Torhaus mit seinen gotischen Spitzbögen, der wohl später eingefügten Balkendecke mit Fachwerkeinbau sowie der 1636 durch ein Großfeuer zerstörte quadratische Halbturm in der unteren Burg, dessen Sockel noch erhalten ist, wurden wahrscheinlich im Verlauf des 13. Jahrhunderts oder aber erst während des 14. Jahrhunderts errichtet. Die für 1271 urkundlich belegte Burgkapelle befand sich möglicherweise im ersten Obergeschoss des oberen Torhauses, das an der Außenwand die zugemauerten Reste einer als Kapellenfenster gedeuteten Öffnung trägt. In den Kellergewölben unter dem barocken Festsaal wurden in den 1990er Jahren Keramik aus dem 13.–14. Jahrhundert und Mauerreste gefunden, die auf ursprünglich dort vorhandene Gebäude hindeuten könnten.

Zu umfangreichen Aus- und Umbauten kam es zur Mitte des 16. sowie in der ersten Hälfte des 18. Jahrhunderts. Unter Gumprecht IV. von Neuenahr-Alpen wurde 1549 das Torhaus der oberen Burg aufgestockt und ein dreigeschossiger Wohnbau errichtet. Diese Baumaßnahme gehört wahrscheinlich zu einer geplanten und wegen des Todes des Landesherrn nicht vollendeten Ausbauphase, wie die Baulücke zwischen Torhaus und Gebäude sowie auch das in Fachwerkbauweise angelegte Treppenhaus belegen. Konrad Gumprecht von Bentheim-Limburg ließ ab 1615 das untere Torhaus für seine Ehefrau Johannetta Elisabeth von Nassau-Dillenburg als so genanntes Nassauer Schlösschen zu einem Wohnsitz herrichten. Davon zeugt auch das Allianzwappen beider Familien über dem Eingangstor.

Nach dem Regierungsantritt Graf Moritz Kasimir I. von Bentheim-Tecklenburg erfolgte ab 1725 ein grundlegender Umbau der gesamten Anlage zu einem barocken Residenzschloss. In der oberen Burg wurde die Baulücke zwischen dem Torhaus und dem Wohngebäude durch einen repräsentativen Bau mit Festsaal und Wohnräumen geschlossen. In der unteren Burg kam ein Marstall hinzu, in der Vorburg ein Kutschengebäude. Sehenswert sind auch die vier hier ausgestellten in Feldlafetten gesetzte französischen und schwedischen Schiffsgeschütze aus Gusseisen aus dem späten 17. und 18. Jahrhundert. Sie sollen aus der Kriegsbeute der Schlacht bei Waterloo stammen. Im Vorgelände des Schlosses wurde ein barocker Höhengarten angelegt, der in seinen Grundzügen zu Beginn des 21. Jahrhunderts wieder rekonstruiert werden konnte. Das Schloss Hohenlimburg wird derzeit als Museum und Veranstaltungsort genutzt.

▶ **WEITERE INFORMATIONEN** (Karte 6 und 7, S. 363/364)

Schloss Hohenlimburg
Alter Schlossweg 30, 58119 Hagen-Hohenlimburg
Tel. 0 23 34 / 27 71, www.schloss-hohenlimburg.de

Öffnungszeiten:
Oktober, November und März: Sa, So 11–17 Uhr
April bis September: Mi–So 11–17 Uhr

Kernbereich der Wallanlage „Sieben Gräben". (Foto: Gerhard E. Sollbach)

17 Die „Sieben Gräben"

Rund 400 Meter Luftlinie vom Schloss Hohenlimburg entfernt liegt auf dem Schleipenberg die Wallanlage „Sieben Gräben". Die im Kernbereich von sieben Wällen und Gräben und nach Norden hin durch einen tiefen Halsgraben gesicherte Anlage wurde noch nicht nach modernen archäologischen Methoden erforscht. Eine solche Untersuchung könnte die Frage nach der zeitlichen Abfolge und ursprünglichen Funktion der beiden benachbarten Burgen klären.

Ausgrabungen zu Beginn des 20. Jahrhunderts förderten auf dem zentralen Hügel in der Wallanlage die Fundamentgräben einer zumindest im Sockel steinernen Ringmauer und die Reste wenigstens eines quadratischen Gebäudes, wohl eines Turmes, zutage. Mit diesen wenigen baulichen Befunden ähnelt die Kernanlage der „Sieben Gräben" vergleichbaren Turmhügelburgen, die vor allem in das 12. und 13. Jahrhundert datieren.

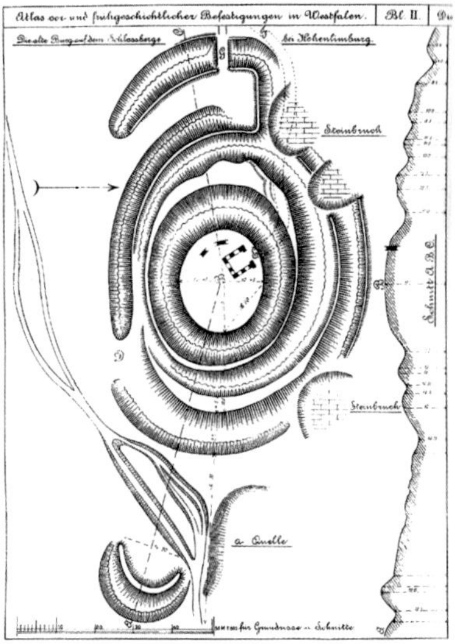

Plan der Wallburg „Sieben Gräben“ (Atlas vor- und frühgeschichtlicher Befestigungen in Westfalen, hrsg. i. A. der Altertumskommission für Westfalen von F. Biermann und J.H. Schmedding, Münster 1920)

Die Aussage des märkischen Chronisten Levold von Northof, Herzog Heinrich IV. von Limburg, den er als eigentlichen Burggründer bezeichnete, habe beim Bau der Limburg „so viele Ritter dort gehabt, wie Bretter oder Planken, mit denen die Burg befestigt wurde“, verleitet dazu, die erwähnte Befestigung mit einer seinerzeit errichteten Turmhügelburg auf dem Schleipenberg gleichzusetzen. In deren Schutz könnte durch Graf Dietrich I. von Isenberg um 1240 die steinerne Hohen-Limburg erbaut worden sein. Doch ob er die „Sieben Gräben“ ebenfalls errichtet hatte, bleibt ein Rätsel.

Die auf beiden Burgen entdeckten mittelalterlichen Keramik- und Metallfunde, darunter auch Faststeinzeug und Armbrustbolzen, belegen eine zumindest temporäre Gleichzeitigkeit der Anlagen im 13. Jahrhundert. Andererseits lieferten die „Sieben Gräben“ auch Keramik aus dem 14. und 15. Jahrhundert, die eine bislang unbekannte Funktion dieser Anlage im Spätmittelalter andeuten könnte. Möglicherweise wurde die Wallanlage auch bei den verschiedenen Belagerungen der Hohen-Limburg benutzt. Die vielen offenen Fragen werden sich, wenn überhaupt, erst durch systematische archäologische Untersuchungen klären lassen.

▶ **WEITERE INFORMATIONEN** (Karte 7, S. 364)

Auf dem Schleipenberg auf der linken Seite der Lenne im Ortsteil Hagen-Hohenlimburg

Die Ruinen der im 12. Jahrhundert auf dem Syberg errichteten Höhenburg. (Foto: Gerhard E. Sollbach)

18 Hohensyburg

An der Schwelle von Ruhrgebiet und Sauerland, auf den südlichen Ausläufern des Ardey-Gebirges, nimmt das über dem mittleren Ruhrtal gelegene Bergplateau des Sybergs, heute ein Stadtteil von Dortmund, nicht nur in der lokalen, sondern auch in der westfälischen Geschichtsschreibung eine herausgehobene Position ein.

Den karolingischen Reichsannalen ist zu entnehmen, dass der Frankenherrscher Karl im Jahre 775 in das sächsische Territorium eindrang und bereits beim ersten Ansturm die mit sächsischen Truppen belegte Sigiburg erobern konnte. Der Versuch sächsischer Truppen, unter ihrem Anführer Widukind die Sigiburg im folgenden Jahr zurück zu erobern, scheiterte. Ein „Flammenwunder" am Himmel habe die anstürmenden Sachsen in die Flucht geschlagen. Durch die Erwähnung des Geschehens um die Hohensyburg in den Jahren 775 und 776 tritt Westfalen in die Geschichtsschreibung ein.

Die Wälle und Gräben der rund 14 Hektar umfassenden frühmittelalterlichen Befestigung sind noch heute im Gelände

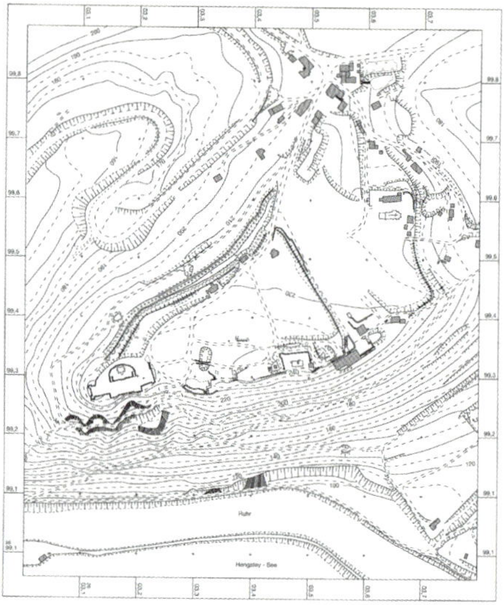

Plan der Wallanlage auf dem Syberg. Maßstab ca. 1:5.000. (aus: Hinter Schloss und Riegel. Burgen und Befestigungen in Westfalen, hrsg. v. Westfälischen Museum für Archäologie, Münster 1997, S. 124)

gut erhalten und erkennbar. Sie erstrecken sich entlang der nördlichen und östlichen Bereiche des Sybergs, während die Südseite zum Ruhrtal hin von steil abfallenden Sandsteinfelsen begrenzt wird. Systematische und umfassende archäologische Grabungen haben auf dem Bergplateau bisher noch nicht stattgefunden. Die nur punktuell unternommenen Untersuchungen seit dem 19. Jahrhundert, wie 1950/51 und 1976/77 an der Peterskirche, ergaben zumindest Hinweise auf eine frühmittelalterliche Existenz der Wallburg. Ob diese Anlage eine bereits in der Eisenzeit bestehende Befestigung als Vorläuferin besaß, kann derzeit nur vermutet werden.

Blick vom Ardeyrücken über die Ruhr und Hengsteysee auf die Hohensyburg. (Foto: Gerhard E. Sollbach)

Blick auf die Ruine der steinernen Höhenburg auf dem Syberg sowie in das Ruhr- und Lennetal. Lithografie nach einer Vorlage von Eduard Schulte, Hagen, um 1850. (Stadtarchiv Hagen)

Auf dem Plateau des Sybergs befinden sich mehrere Denkmäler und Erinnerungsstätten. Neben dem Kaiser-Wilhelm-Denkmal beherrscht heute das 1983–1985 errichtete Casino Hohensyburg den von Mythen und Sagen umwobenen Berg. Kein geringerer als Johann Friedrich Möller, der „Pfarrer zu Elsey“ und einer der ersten Landeshistoriker in Westfalen, beschrieb 1804 die Hohensyburg und ihre Geschichte.

Der von alters her als geographischer und historischer Ankerpunkt angesehene Berg oberhalb der Flussmündung von Lenne und Ruhr wurde vor allem im 19. und frühen 20. Jahrhundert zu einem Zentralort für die lokale und regionale Erinnerungs- und Gedenkkultur. Andere ähnlich exponiert liegende Plätze, wie z. B. der Kyffhäuser bei Bad Frankenhausen in Thüringen oder die Rudelsburg bei Bad Kösen in Sachsen-Anhalt, beherrschen gleichfalls die sie umgebende Landschaft. Doch im Unterschied zur Hohensyburg konnten sich die genannten Orte im kollektiven Gedächtnis als Denkmallandschaften, im Falle des Kyffhäusers sogar als nationaler Geschichtsmythos, fest verankern.

Sieht man von den wenigen archäologischen Funden auf dem Bergplateau, die von Steinwerkzeugen und vorgeschichtlichen Gefäßscherben über teilweise römische Münzen bis zu mittelalterlicher Keramik reichen, der weiträumigen Wallanlage, sowie zwei aus fränkischer bzw. karolingisch-ottonischer Zeit stammenden Grabsteinen einmal ab, so sind die auf der Hohensyburg überlieferten Sachzeugnisse aus prähistorischer und frühmittelalterlicher Zeit ähnlich fragmentarisch, wie die wenigen Burg und Kirche betreffenden Schriftquellen bis in das 13. Jahrhundert zeigen.

Für die Rezeption der Hohensyburg in der bürgerlichen Vorstellungswelt des 19. und 20. Jahrhunderts erwies sich die frühmittelalterliche Wallanlage hingegen als ein dankbarer, romantisch-verklärter sowie mit dem Sachsenherzog Widukind und seinem fränkischen Widerpart Karl gleichermaßen verbundener Erinnerungsort.

Im Inneren der Gesamtwallanlage befinden sich u. a. die Überreste einer hochmittelalterlichen Steinburg. Ihre topographische Situation als Abschluss einer Felsformation vermittelte vor allem seit dem Aufkommen der Romantik im 18. Jahrhundert das Bild einer idealtypischen „Ritterburg"-Ruine, wie sie auch von zeitgenössischen Künstlern interpretiert wurde. Noch heute trägt dieses Erscheinungsbild zur Rezeption der gesamten Örtlichkeit bei.

Die Bedeutung der Hohensyburg als Erinnerungs- und Gedenkort ist zu Beginn des 21. Jahrhunderts weitgehend verloren gegangen. Nur noch für Kundige erschließen sich der historische Kontext der einzelnen Denkmäler und ihre ursprüngliche Bedeutung für die regionale Identität. Beherrschend ist die Funktion der Hohensyburg als Freizeit- und Naherholungsgebiet mit vorgelagerter Seenplatte sowie als Standort des bekannten Spielcasinos.

▶ **WEITERE INFORMATIONEN** (Karte 3, S. 360)

Hohensyburg
Hohensyburgstraße 200, 44265 Dortmund

Der Burgberg bei Letmathe-Oestrich zählt zu den wichtigsten archäologischen Fundplätzen in Westfalen. Steinbrüche und der Straßenbau haben dieses herausragende Bodendenkmal stark gestört. (Luftaufnahme: Baoquan Song, Institut für Archäologische Wissenschaften der Ruhr-Universität Bochum)

19 Burgberg bei Oestrich

Der Burgberg liegt über dem rechten Ufer der Lenne auf einem 244 Meter hohen Kalkmassiv am Rand der Gemeinde Oestrich bei Iserlohn-Letmathe. Es handelt sich um eine ausgedehnte Befestigungsanlage, die im südlichen und östlichen Bereich durch Steinbrüche und im Westen durch die Trasse der Bundesstraße teilweise zerstört ist. Hinsichtlich seiner Lage bot der Burgberg noch zu Beginn des 19. Jahrhundert ein imposantes Bild. Er riegelte wie ein gewaltiges Tor das von Hohenlimburg nach Letmathe führende Lennetal ab. Südlich am Burgberg verliefen der Fluss und ein alter Fernweg nach Altena und weiter ins Sauerland, östlich durch das enge Tal der Grüne setzte sich die Verbindungsroute aus dem Rheinland über Hagen und Hohenlimburg nach Iserlohn und weiter nach Kassel, die heutige Bundesstraße B7, fort. Die steilen Hänge und Felsklippen, darunter auch die Felsgruppe Pater und Nonne, sowie das Bergplateau des Burgbergs waren zur Anlage einer Befestigung gut geeignet.

Die Wallanlage unterteilt sich in vier Abschnitte: den ca. 450 Meter langen „Nordwall“, den „Ostring“ (150 mal 100 Meter) und den „Westring“ (110 mal 55 Meter) sowie den ca. 200 Meter langen, quer über das Plateau verlaufenden „Mittelwall“. Die Anlage wurde erstmalig 1920 im „Atlas der vor- und frühgeschichtlichen Befestigungen in Westfalen“ vorgestellt. In den 1930er Jahren erfolgten durch den örtlichen Heimatverein vor allem im Bereich des „Westrings“ umfangreiche Ausgrabungen. Die Funde und Ergebnisse dieser Grabungen wurden nur unvollständig dokumentiert. Viele der damaligen Grabungsbefunde, angeblich auch der Rest eines großen Rundturms, können nicht mehr überprüft werden, weil sie dem Steinbruch zum Opfer gefallen sind.

Blick von der „Ahm“ zwischen Oege bei Hohenlimburg und Letmathe ins Lennetal und auf das Felsmassiv des Burgberg bei Oestrich. Deutlich erkennbar ist der bis zu seiner Zerstörung durch den Kalkabbau von steilen Felsen flankierte, portalartige Talverlauf. Ursula Magdalena Reinheimer, Öl auf Leinwand, um 1800. (Städel Museum, Frankfurt am Main)

Eine Grabungskampagne der Altertumskommission für Westfalen und des damaligen Westfälischen Landesmuseums für Vor- und Frühgeschichte in den 1950er Jahren u.a. im Bereich des „Nordwalls", sowie 1963 des Instituts für Ur- und Frühgeschichte der Universität Köln, um jungsteinzeitliche Siedlungsbefunde im Bereich des „Ostrings" zu untersuchen, ermöglichten eine nähere Datierung der einzelnen Abschnitte der Anlage. 1983 wurden vor dem „Ostring" bei einer bodendenkmalpflegerischen Untersuchung in den Resten einer Siedlungsgrube Keramik aus der jüngeren vorrömischen Eisenzeit und große Mengen verkohlter Getreidekörner geborgen.

Nach den Ergebnissen und Befunden dieser Untersuchungen wurden der rund 450 Meter lange, bis heute noch 2,30 Meter hohe „Nordwall" sowie der „Ostring" frühestens im 8. Jahrhundert angelegt und zeigen mindestens drei weitere Ausbauphasen bis in das 9./10. Jahrhundert. Der „Nordwall" und der durch Keramikfunde zeitgleich datierte „Ostring" besaßen eine Holz-Erde-Konstruktion. Die Befestigung auf dem Burgberg weist damit ein ähnliches Alter wie die benachbarten Wallburgen Hohensyburg und vermutlich auch Ambrock auf. Im Kern des „Mittelwalls", der nach Keramikfunden im Verlauf des 9. Jahrhunderts errichtet wurde, und im „Westring" wurden Trockenmauern und im Bereich der beiden Tore auch Mörtelmauern festgestellt.

Für den „Westring" der Wallanlage, der nach Keramikfunden nicht vor Ende des 9. Jahrhunderts angelegt wurde, vermuten Heimatforscher eine hochmittelalterliche Nutzung. Im späten 12. Jahrhundert und bis 1225/26 war das Gebiet ein Teil des Territoriums der Grafen von Isenberg aus dem Hause Altena. Seit Mitte des 13. Jahrhunderts gehörte der Burgberg zur Grafschaft Limburg. Lesefunde von Keramik und Münzen aus dem 13. bis 15. Jahrhundert im Bereich des „Ostrings" geben einen Hinweis auf die wie auch immer geartete Nutzung des Burgbergs im Hoch- und Spätmittelalter. Für die Landwirtschaft scheint der Burgberg wohl erst im ausgehenden 19. Jahrhundert erschlossen worden zu sein.

Der Burgberg ist auch ein überregional bedeutender archäologischer Fundplatz mit Relikten aus unterschiedlichen Zeitphasen. Als Lesefunde auf dem Bergplateau, aus der Grür-

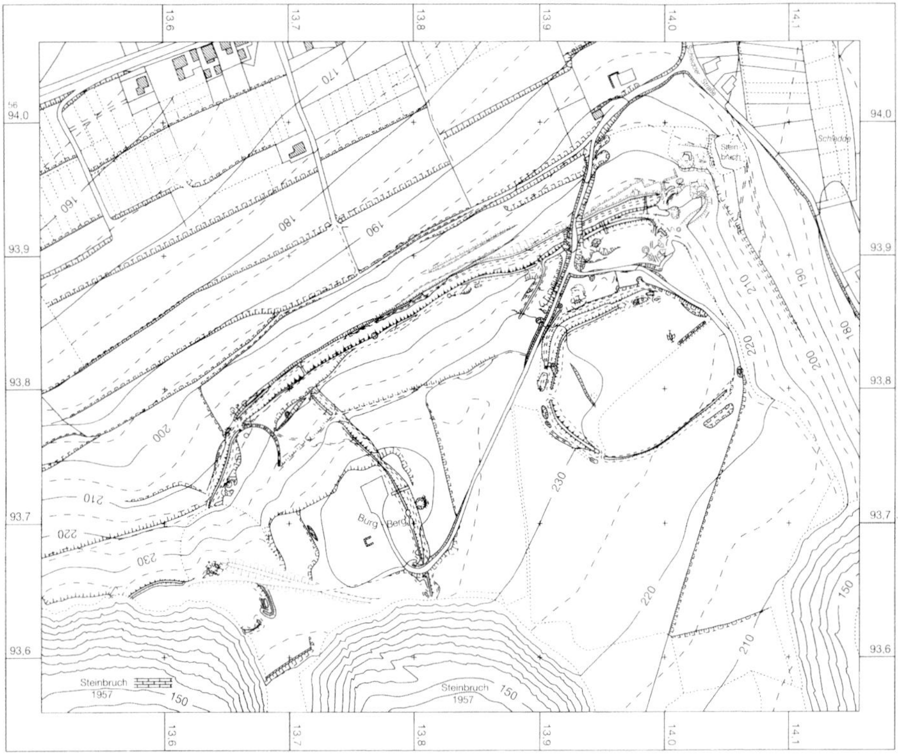

Plan der frühmittelalterlichen Wallanlage auf dem Burgberg bei Letmathe-Oestrich. Maßstab ca. 1:4.300. (aus: Hinter Schloss und Riegel. Burgen und Befestigungen in Westfalen, hrsg. v. Westfälischen Museum für Archäologie, Münster 1997, S. 132)

mannshöhle unterhalb der eindrucksvollen, von Sagen und Mythen umwobenen Felsgruppe Pater und Nonne sowie aus der zerstörten Martinshöhle am Osthang sind zahlreiche Steinartefakte aus der mittleren und späten Altsteinzeit und auch aus der Mittelsteinzeit bekannt. Auf dem Burgberg befand sich eine durch umfangreiche Funde von Keramik und Steingeräten nachgewiesene Siedlung der jungsteinzeitlichen Rössener Kultur. Außerdem kamen mehrere Artefakte vom Ende der Jungsteinzeit zutage, darunter Hammeräxte, eine

Großklinge aus importiertem mittelfranzösischem Grand Pressigny-Flint sowie eine Beilklinge aus alpinem Jadeit, Pfeilspitzen und andere Artefakte aus süddeutschem Plattenhornstein und niederländischem/belgischem Maasflint. Darüber hinaus fand man zwei Lanzenspitzen der mittleren Bronzezeit. In der Spaltenhöhle im Grünetal am benachbarten Sonderhorst-Berg wurden ein „Riesenbecher" aus der Frühbronzezeit, Menschenreste sowie Keramik und eine „Paukenfibel" aus der älteren Eisenzeit entdeckt.

Weitere archäologische Funde aus der Eisenzeit, wie eine Abfallgrube mit Keramik, ein bronzener Halsreif, ein eisernes Tüllenbeil und ein kobaltblauer Glasarmreif mit gelber Fadenauflage geben Hinweise auf eine Besiedlung des Areals. Nahe der Felsen Pater und Nonne wurde bei Straßenbauarbeiten 1928 der unter Steinen verborgene Hortfund eines goldenen Arm- und Halsreifs aus dem frühen 5. nachchristlichen Jahrhundert entdeckt.

▶ WEITERE INFORMATIONEN (Karte 7, S. 364)

Museum für Ur- und Frühgeschichte, Wasserschloss Werdringen
Werdringen 1, 58089 Hagen
Tel. 02331 / 306 72 66 (Museumskasse), Tel. 02331 / 207 31 29 (Verwaltung)
www.museum-werdringen.de

Stadtmuseum Iserlohn
Fritz-Kühn-Platz 1, 58636 Iserlohn
Tel. 02371 / 217 19 60, www.iserlohn.de/kultur/museen.html

Deutsches Höhlenmuseum Iserlohn
Dechenhöhle 5, 58644 Iserlohn
Tel.: 02374 / 7 14 21, www.dechenhoehle.de

Die Kernanlage der Raffenburg, aufgenommen vor Beginn der ersten größeren Grabungen im Herbst 1932. Im Bildhintergrund ist die natürliche Anhöhe mit den Resten des Rundturms zu erkennen (Foto: Josef Spiegel; Stadtarchiv Hagen)

20 Die Raffenburg

Die Ruinen der Raffenburg liegen auf einem 229 Meter hohen Bergkegel im Hagener Stadtteil Holthausen. Wahrscheinlich gegen Mitte des 13. Jahrhunderts gegründet, sollte die Burganlage die Ostgrenze der kölnischen Herrschaft Volmarstein zum Gebiet der damals neu entstandenen Grafschaft Limburg sichern. Zu ihren Aufgaben gehörte vermutlich auch die Verwaltung des Güterbesitzes im Kirchspiel Hagen. Der unterhalb der Burganlage verlaufende Fernweg, die heutige Bundesstraße 7, war ein weiterer Grund, der bei Errichtung dieser Befestigung eine Rolle gespielt haben mag. In direkter Sichtweite zur Raffenburg liegt die um 1240 von Graf Dietrich I. von Isenberg gegründete Limburg. Gegenüber der Raffenburg befindet sich das um 1220 als Kloster entstandene frühere Stift Elsey. Neben der Burg Volmarstein im Ruhrtal war die Raffenburg im 13. Jahrhundert der größte Stützpunkt kölnischer Herrschaft in der Region.

Das mittelalterliche Siedlungs- und Befestigungsareal von der Hünenpforte und Alten Statt (links unten und vorne) über die Raffenburg (Bildmitte) bis zur Franzosenschanze (im Hintergrund rechts oben). (Luftaufnahme: Baoquan Song, Institut für Archäologische Wissenschaften der Ruhr-Universität Bochum)

Die wenigen urkundlichen Erwähnungen der Raffenburg stammen aus der zweiten Hälfte des 13. Jahrhunderts. Für 1280 ist die Anwesenheit des Kölner Erzbischofs Siegfried von Westerburg belegt. Im Mai 1288 wurde die Raffenburg durch Graf Eberhard II. von der Mark belagert und anschließend eingenommen. Nach den Ergebnissen archäologischer Untersuchungen erfolgten der Wiederaufbau und eine weitere Nutzung. Allerdings reichen die Bodenfunde und vergebenen Burglehen nicht über die Mitte des 14. Jahrhunderts hinaus. Mit dem Übergang der Landesherrschaft über das kölnische Territorium Volmarstein an die Grafen von der Mark scheint die Burg dem Verfall und Abriss preisgegeben worden zu sein.

Die von einer Ringmauer und von einem tiefen Wall- und Grabensystem umschlossene, auf ihrer östlichen Seite von steilen Felsklippen begrenzte Hauptburg wurde auf der Felskuppe des aus Massenkalk bestehenden Raffenbergs errichtet. Sie bildet annähernd ein Oval mit einer Achsenlänge von 60 mal 80 Metern. Innerhalb der Ringmauer finden sich neben dem Sockel eines rund sieben Meter Durchmes-

Das aus denkmalpflegerischen Gründen konservierte Torhaus der Raffenburg. (Foto: Horst Klötzer)

ser zählenden Bergfrieds und einer Zisterne auch die Reste von mindestens sechs Gebäuden. Sie werden allgemein als Torhaus, Palas und Burgmannenhäuser gedeutet.

Das unmittelbare Vorgelände der Kernburg wird am südlichen Hang von einem starken Wall- und Grabensystem abgeschlossen. Innerhalb dieser Umwallung sind bis zur Hauptburg zahlreiche Gebäudereste sowohl erkennbar als auch archäologisch nachgewiesen. Die Befunde geben Hinweise auf die Verhüttung und Verarbeitung von Eisen und Buntmetall, auf andere handwerkliche Tätigkeiten, z. B. die Bearbeitung von Knochen und Geweih, und Wohngebäude. Hinter dem unteren Wall befinden sich burgseitig mehrere Bergbauspuren, die auf den Abbau von Erzen hindeuten, doch zeitlich noch nicht einzuordnen sind.

Im direkten Umfeld der Kernburg befinden sich weitere Befestigungen und Siedlungsspuren. Sie standen mit hoher Wahrscheinlichkeit in einem Zusammenhang mit der Raffenburg, die als Mittelpunkt eines sich bis 1288 entwickelnden größeren Befestigungs- und Siedlungsareals anzusehen ist. Es handelt sich um ein rechteckiges Wall- und Grabensystem auf einem Bergrücken im Südosten der Kernanlage. Diese als Franzosenschanze bekannte Anlage wird als mär-

Pfeilspitzen, u. a. Bodkin-Spitzen, und Armbrustbolzen, Eisen geschmiedet. Mitte bis Ende des 13. Jahrhunderts. Raffenburg, Hagen-Holthausen. (Foto: Heike Wippermann; Museum für Ur- und Frühgeschichte Wasserschloss Werdringen)

Kugelstachelsporn, Eisen geschmiedet, um 1250. Raffenburg, Hagen-Holthausen. (Foto: Heike Wippermann; Museum für Ur- und Frühgeschichte Wasserschloss Werdringen)

kisches Belagerungskastell aus dem Jahr 1288 gedeutet. Dagegen könnte jedoch die Größe und Ausrichtung der Anlage sowie auch das bisher geborgene Fundmaterial sprechen. Auf der sich zwischen Raffenburg und Franzosenschanze erstreckenden Flur Piepenbrink wurden zudem Gebäudepodien und Siedlungsspuren nachgewiesen.

In einer Senke zwischen der Hünenpforte und dem Raffenberg liegt die Flur Alte Statt. Dort wurden zahlreiche archäologische Funde entdeckt, die auf eine vom 9. bis 13. Jahrhundert bestehende, durch Feuer zerstörte Ansiedlung hindeuten. Auf dem Felsmassiv der sich daran anschließenden Hünenpforte sind hangseitig mehrere Gebäudepodien und eine als Rücklenburg bekannte Befestigung festzustellen. Bei der Rücklenburg handelt es sich um den Kellergrundriss eines nahezu quadratischen Gebäudes, vermutlich eines Wohnturms, das mit einem heute verschliffenen Wall- und Grabensystem umgeben war. Nach den Befunden einer Sondage (1982) durch das städtische Museum Hohenlimburg wurde es im 13. Jahrhundert durch einen Brand zerstört. Eine spätere Raubgrabung vernichtete dann alle weiteren hier zu erwartenden Befunde.

Bei wenig systematisch durchgeführten bisherigen Ausgrabungen in der Hauptburg in den Jahren 1908, 1932/33 und 1935 sowie bei archäologischen Untersuchungen seit den 1980er Jahren wurden bauliche Befunde und umfangreiches Fundmaterial gesichert. Die datierbaren Funde, hier vor allem Keramik, Reitersporen, Waffenprojektile und Münzen, verweisen auf eine Nutzung der Hauptburg und des Vorgeländes in der zweiten Hälfte des 13. Jahrhunderts und noch in der ersten Hälfte des 14. Jahrhunderts. Ob auf dem Raffenberg eine ältere Vorgängerburg existiert hat, kann derzeit weder archäologisch noch historisch belegt werden.

Die Raffenburg und das zugehörige Siedlungs- und Befestigungsareal zählen aus archäologischer und landeskundlicher Sicht zu den bedeutendsten Burganlagen des Mittelalters in Westfalen. Seit einigen Jahren laufen wissenschaftliche Untersuchungen, um den Aufbau dieser Anlage und ihre Geschichte zu erforschen.

▶ WEITERE INFORMATIONEN (Karte 6, S. 363)

Burgruine Raffenburg
Piepenbrink 65 (Märchenwald Hohenlimburg), 58119 Hagen

Museum für Ur- und Frühgeschichte, Wasserschloss Werdringen
Werdringen 1, 58089 Hagen
Tel. 02331 / 306 72 66 (Museumskasse), Tel. 02331 / 207 31 29 (Verwaltung)
www.museum-werdringen.de

„Gegend an der Ruhr unweit den Ruinen des Volmersteins in der Grafschaft Mark". Kolorierte Radierung von Johann Casper Huber, 1784/89. (Stadtmuseum Hagen, derzeit Leihgabe an das Ruhr Museum, Essen)

21 *Burg Volmarstein*

Nach der im 12. und 13. Jahrhundert entstandenen Kölner Königschronik wurde die Burg Volmarstein durch den von 1100 bis 1131 regierenden Kölner Erzbischof Friedrich I. von Schwarzenberg errichtet. Sie ist damit eine der ersten steinernen Höhenburgen im Rheinland und in Westfalen. Die Burg wurde etwa einen halben Kilometer Luftlinie Ruhr abwärts von der Einmündung der Volme auf einem ca. 100 Meter über der Ruhr aufragenden und etwa 350 Meter langen Höhenrücken aus Karbonsandstein erbaut.

Die heute als Ruine überlieferte Anlage wurde seit dem 12. bis in das 14. Jahrhundert u. a. nach Belagerungsschäden immer wieder erweitert und umgebaut.

Die Hauptburg maß etwa in der letzten Bauphase rund 100 Meter Länge und 80 Meter Breite. An der höchsten Stelle, am südlichen Ende der Hauptburg, stand der mächtige, bereits im 12. Jahrhundert errichtete quadratische Hauptturm, der Bergfried. Er besaß einen Umfang von 11,70 mal 11,20 Meter und eine Mauerstärke von 3,20 Metern. Seine Höhe dürfte ursprüng-

lich bis zu 25 Meter betragen haben. Die Ringmauer der Burg war etwa 2,90 Meter stark und wurde auf der südlichen Seite im 13./14. Jahrhundert noch durch zwei Rundtürme befestigt. Im Norden und Süden schützten ummauerte Vorburgen die Hauptburg zusätzlich. Der südliche Bezirk, wo sich jetzt auch das Burghotel befindet, heißt heute noch „Am Vorberg". Hier standen ursprünglich die Häuser der Burgmannen, die als Burgbesatzung die Burg zu schützen und zu verteidigen hatten.

Als Landesburg der Erzbischöfe von Köln war sie der Verwaltungssitz für die Herrschaft und Freigrafschaft Volmarstein sowie für den zugehörigen, umfangreichen Güterbesitz im Gebiet von Ennepe, Volme, Lenne und Ruhr. Das Territorium entstand zu Beginn des 12. Jahrhunderts aus Teilen des früheren Herrschaftsgebiets der Grafen von Werl bzw. Werl-Arnsberg. Dieses alte reichsunmittelbare Grafenhaus verlor gegen 1100 großen Land- und Güterbesitz an den Kaiser und das Erzbistum Köln.

Den Hintergrund bildeten langjährige Erbstreitigkeiten und reichspolitische Konflikte, in die das Grafenhaus Werl-Arnsberg verwickelt war. Ob Volmarstein (oder ihr mutmaßlicher Vorgängerbau) neben einer urkundlich erwähnten Reichsfeste, vermutlich in Lüdenscheid zu verorten, mit einer der beiden 1114 genannten, durch kölnische Truppen damals eingenommenen kaiserlichen Burgen identisch war, ist unklar. Das Gebiet der späteren Herrschaft Volmarstein war zu Beginn des 12. Jahrhunderts offenbar Reichsgut und gelangte anschließend in kölnischen Besitz.

Die Burg Volmarstein wurde einem aus der Gegend von Soest, wahrscheinlich von der Turmhügelburg Hinderking, stammenden edelfreien Geschlecht als Dienstlehen übertragen. Als kölnische Ministeriale nahmen sie daraufhin die Bezeichnung der Burg als neuen Familiennamen an. 1134 sind die Herren von Volmarstein mit Heinrich I. erstmals urkundlich unter diesem Namen bezeugt. Sie treten im 12. und 13. Jahrhundert als Siegelzeugen, Gesandte und im Gefolge der Erzbischöfe sowie der staufischen Könige und Kaiser auf. Obwohl sie über umfangreichen Lehnsbesitz und ein Territorium mit eigener Gerichtsbarkeit verfügten, blieb den erzbischöflichen Dienstleuten der Aufstieg in den Grafenstand verwehrt.

Die Burgruine Volmarstein mit den Resten
von zwei Mauertürmenaus dem 13. Jahrhundert.
(Foto: Gerhard E. Sollbach)

Wohl auch mit Blick auf die Perspektive einer dynastischen Adelsherrschaft versuchten die reich begüterten Herren von Volmarstein sich von ihrem Lehnsherrn zu emanzipieren. Eine Fehde zwischen Heinrich III. von Volmarstein und dem Kölner Erzbischof Heinrich von Müllenark endete 1234 mit einem Vergleich. Im Verlauf dieser Fehde errichtete der Kölner Erzbischof auch eine Gegenburg und belagerte die Burg Volmarstein. Zu dieser Zeit und auch noch später finden wir die Herren von Volmarstein im Heiratskreis der Grafen von Isenberg-Limburg aus dem Hause Altena. Graf Friedrich II. von Isenberg wurde 1226 wegen des Angriffs auf Erzbischof Engelbert II. von Berg in Köln hingerichtet. Die Herren von Volmarstein zählten im 13. Jahrhundert auch nach Ende der Fehde weiterhin zu den wichtigsten Ministerialen der Kölner Erzbischöfe in Westfalen.

Im Juni 1288 erlitt der Kölner Erzbischof Siegfried von Westerburg in der Schlacht bei Worringen eine schwere Niederlage. Graf Eberhard II. von der Mark nutzte die militärische Entscheidung im seit 1283 schwelenden Erbfolgekrieg um das Herzogtum Limburg. Er belagerte die stark befestigte Burg Volmarstein und versuchte, die kölnische Herrschaft in seinen Besitz zu bringen. Das Territorium lag wie ein Keil zwischen dem südlichen und nördlichen Teil der Grafschaft Mark.

Nach der märkischen Besetzung und einer Neubefestigung der teilzerstörten Burg diente sie spätestens ab 1296 wieder als Verwaltungssitz für das umliegende Territorium sowie als Wohnsitz der Herren von Volmarstein. Im Mai 1324 wurde die Burg erneut von einer großen Streitmacht belagert. Angeführt vom Grafen Engelbert II. von der Mark, nahmen auch Truppen des Königs Johann von Böhmen sowie der Grafen Adolf IX. von Berg, der Stadt Köln und Wilhelm III. von Holland-Hennegau daran teil. Nach achtwöchiger Belagerung mit schweren Katapultgeschützen gab die Burgbesatzung auf. Die durch den Beschuss und die Belagerung stark beschädigte Burg wurde in den folgenden Jahren wieder instandgesetzt.

Trotz der Eroberung der kölnischen Burg Volmarstein und Besetzung der gleichnamigen Herrschaft gelangte die volle Landeshoheit erst nach weiteren Fehden endgültig 1381 in den Besitz der Grafen von der Mark. Die 1324 von ihrem Sitz vertriebenen Herren von Volmarstein zogen sich auf ihre Burg

Steinfurt an der Werse (Drensteinfurt, Kr. Warendorf) zurück. Sie behielten jedoch ihren Volmarsteiner Lehnsbesitz. Nach dem Aussterben der Herren von Volmarstein in männlicher Linie zu Beginn des 15. Jahrhunderts erbten die Herren von der Recke 1436 den umfangreichen Besitz. Die alte Volmarsteiner Lehnskammer wurde nach langjährigen Streitigkeiten mit den Kurfürsten von Brandenburg, die das Erbe der Herzöge von Jülich-Kleve-Mark angetreten hatten, zu Beginn des 17. Jahrhunderts durch das Reichskammergericht als Reichslehen anerkannt.

Über das weitere Schicksal der Burg ist wenig bekannt. Im 14. und 15. Jahrhundert scheinen die Grafen von der Mark, ab 1417 Herzöge von Kleve-Mark, die Burg Volmarstein zeitweise noch genutzt zu haben. 1425 verpflichtete sich z. B. Graf Gerhard von der Mark, sie in Stand zu halten, und noch 1525 bezeichnete sich Herzog Johann III. von Kleve-Mark als „Besitzer und Benutzer des Hauses Volmarstein". Seit dem 16. Jahrhundert verfiel die Burg aber zunehmend und wurde von der ansässigen Bevölkerung als Steinbruch genutzt. Die Grafen von der Recke-Volmerstein nahmen nach ihrer Standeserhebung 1817 die Reste der Burg als ihren Stammsitz an. Sie führten gegen Mitte des 19. Jahrhunderts einige Sicherungsmaßnahmen an der Ruine durch.

Die archäologischen Funde, die 1909–1914 und 1960 bei Ausgrabungen im Burggelände gemacht wurden, sind heute leider verschollen. Einige Lesefunde, die 2010 entdeckt wurden, wie Steinzeug, ein Waffenprojektil, ein bronzenes Kammfragment und eine Schnalle, datieren in das 13. Jahrhundert.

▶ **WEITERE INFORMATIONEN** (Karte 4, S. 361)

Burg Volmarstein
Am Vorberg 12, 58300 Wetter (Ruhr)

Museum für Ur- und Frühgeschichte, Wasserschloss Werdringen
Werdringen 1, 58089 Hagen
Tel. 02331 / 306 72 66 (Museumskasse), Tel. 02331 / 207 31 29 (Verwaltung)
www.museum-werdringen.de

Blick auf die Anlage des Wasserschlosses Werdringen in Hagen-Vorhalle.
(Luftaufnahme: Baoquan Song, Institut für Archäologische Wissenschaften der Ruhr-Universität Bochum,)

22 Wasserschloss Werdringen

Das im Hagener Stadtteil Vorhalle am Fuße des Kaisbergs im Ruhrtal gelegene Wasserschloss Werdringen wurde erstmalig in einem Güterverzeichnis aus der Zeit vor 1350 als „castrum lapideum“ erwähnt. Diese Bezeichnung weist darauf hin, dass es sich um ein befestigtes Haus oder um eine Turmburg gehandelt haben muss. Allerdings kann wegen bisher fehlender bauhistorischer Untersuchungen und archäologischer Befunde nicht viel über das Aussehen und die Baugestalt des mittelalterlichen Adelssitzes gesagt werden. Wahrscheinlich handelte es sich um einen mit Wall und Graben umgebenden steinernen Wohnturm oder aber um ein aus Stein errichtetes Burghaus.

Nach einer Brandschatzung 1446 in der Soester Fehde erfolgten der Wiederaufbau der damals teilzerstörten Anlage und die Umwandlung in eine Wasserburg. Aus wohl dieser Zeit stammt das mit einem Stufengiebel versehende Hauptgebäude, an dem auch Teile eines älteren Wehrgebäu-

Das mit einem Stufengiebel versehene Herrenhaus
zeigt verschiedene Reste älterer Bauphasen. (Foto: Dietmar Freiesleben)

des, wie Schießscharten, Baufugen, Öffnungen und Mauerreste, erkennbar sind.

Die Geschichte des Adelssitzes Werdringen verlief wechselvoll und bezog mehrere niederadelige Familien mit ein. Im ersten überlieferten Lehnsregister der Herren von Volmarstein wurde bereits vor 1300 ein Wilhelm Dobbe im Besitz von Hofstellen in Vorhalle und Werdringen erwähnt. Ein weiterer Vertreter dieser Familie mit dem Namen Wilhelm, wahrscheinlich ein Nachfahre des Erstgenannten, war 1350 neben mehreren Höfen auch mit dem „castrum“ Werdringen belehnt. Dieser Zweig des am Hellweg bei Kamen ansässigen Rittergeschlechts Dobbe besaß im 13. und 14. Jahrhundert ausgedehnten Grundbesitz im Bereich der mittleren Ruhr. Angehörige der Familie sind seit Anfang des 13. Jahrhunderts auch als Bürger der freien Reichsstadt Dortmund urkundlich belegt.

Der am Hellweg-Raum wohnhafte Zweig des Rittergeschlechts Dobbe starb 1378 in männlicher Erbfolge aus. Ihr umfangreicher Güterbesitz fiel an die Herren von der Recke. Der Familienzweig Dobbe in Werdringen bestand hingegen bis in das 15. Jahrhundert fort. Ein Hermann von Grüter heiratete um 1460 die einzige erbberechtigte Tochter und gelangte daraufhin in den Besitz einer Hälfte des Adelssitzes Werdringen. Die andere Hälfte war bereits Anfang des 15. Jahrhunderts durch Heirat von der Familie Dobbe an die Herren von Düdinck gefallen.

1615 teilten die beiden auf den Adelssitzen Drensteinfurt und Heessen ansässigen Reckeschen Familienzweige ihren Besitz auf. Nach einer Entscheidung des Reichskammergerichts im Jahr 1617 erhielten die Herren von der Recke aus dem Hause Heessen schließlich das gesamte Haus Werdringen, von dem sie eine Hälfte als „Afterlehen" an die seit Mitte des 15. Jahrhunderts dort wohnhaften Freiherren von Grüter weitergaben.

Die andere Hälfte des Adelssitzes wurde von den Herren von Berchem bewohnt und bewirtschaftet: Sie sahen sich ebenfalls als rechtmäßige Besitzer an und prozessierten bis zum Ende des 18. Jahrhunderts vor dem Reichskammergericht gegen die Herren von der Recke. 1692 vereinigten die Herren von Berchem durch die Heirat mit einer erbberechtigten Tochter der Familie Grüter das Haus Werdringen wieder zu einem Gesamtbesitz. Der letzte männliche Vertreter der Familie von Berchem, Johann Goswin, starb 1789 hochbetagt auf Werdringen. Nach weiteren mehrjährigen Rechtsstreitigkeiten durch die Nachfahren der Herren von Berchem wurden der Adelssitz und die zugehörigen Güter 1798 endgültig den Freiherren und (seit 1817) Grafen von der Recke-Volmarstein zugesprochen.

Der heutige Zustand der Anlage wird von den 1856 abgeschlossenen Umbauten zu einem repräsentativen Wasserschloss im neugotischen Stil geprägt. Teile der spätmittelalterlichen und frühneuzeitlichen Bausubstanz blieben jedoch erhalten. Am Hang des Kaisbergs ließ Graf Friedrich Wilhelm von der Recke-Volmarstein in Blickweite des Adelssitzes das heute noch erhaltene Mausoleum für seinen Familienzweig erbauen; im Umfeld des Wasserschlosses wurde ein wild-romantischer Gartenpark angelegt, dessen Grundzüge und Baumbestand noch heute erkennbar sind.

1925 verkauften die Nachfahren der Grafen von der Recke-Volmarstein den Adelssitz an einen Hagener Bauunternehmer.

Der Adelssitz Haus Werdringen in Hagen-Vorhalle.
Kolorierte Lithographie von Wilhelm Riefstahl, 1856. (Stadtmuseum Hagen)

In der Zeit des Nationalsozialismus übernahm die Deutsche Arbeitsfront die alte Wasserburg. Die Nationalsozialisten planten am Harkortsee und im Bereich des Kaisbergs eine Großsiedlung mit der Schlossanlage als Mittelpunkt. Doch bereits 1939 war das Wasserschloss Werdringen auch als Außenstelle der Städtischen Museen in Hagen vorgesehen, um ab 1945 landwirtschaftlich genutzt zu werden, bis dann der fortgeschrittene bauliche Verfall eine Nutzung unmöglich machte.

1977 kaufte die Stadt Hagen das zu dieser Zeit desolate Wasserschloss. Ein 1985 gegründeter Schlossverein nahm sich mit Unterstützung durch die Stadt Hagen und des Landes

Im Museum für Ur- und Frühgeschichte Wasserschloss Werdringen werden die Besucher seit 2004 von einer lebensgroßen Dermoplastik eines eiszeitlichen Mammut empfangen. (Foto: Dietmar Freiesleben)

Nordrhein-Westfalen der Restaurierung der Anlage an. Seit 2004 ist das Wasserschloss Werdringen der Sitz des Museums für Ur- und Frühgeschichte der Stadt Hagen, das auch zahlreiche mittelalterliche Burgenfunde aus der Region zeigt, um damit auch an die Geschichte des Adelssitzes Werdringen seit dem 13. Jahrhundert anzuknüpfen.

▶ **WEITERE INFORMATIONEN** (Karte 1, S. 358)

Museum für Ur- und Frühgeschichte, Wasserschloss Werdringen
Werdringen 1, 58089 Hagen
Tel. 0 23 31 / 3 06 72 66 (Museumskasse), Tel. 02331 / 207 31 29 (Verwaltung)
www.museum-werdringen.de

Öffnungszeiten
Mi–Fr 10–17 Uhr, Sa, So und Fei 11–18 Uhr
Mo und Di geschlossen

23 Burg Wetter

Über den Bau der 1274 urkundlich erstmals nachgewiesenen märkischen Burg in Wetter gibt es keinerlei zeitgenössischen Nachrichten. Ihre Errichtung in Sichtweite der auf dem anderen, südlichen Ruhrufer gelegenen Burg Volmarstein im Grenzgebiet der kölnischen Herrschaft Volmarstein zur Grafschaft Mark besaß zweifellos einen politischen Grund. Die Gründung der Anlage dürfte jedoch spätestens um 1250/1260 von Graf Engelbert I. von der Mark mit dem Ziel erfolgt sein, einen Stützpunkt für die territoriale Sicherung seiner Gebiete nördlich und südlich der Ruhr zu schaffen.

Tatsächlich haben sich die Grafen von der Mark, vor allem der um 1330 geborene Engelbert III., später häufig in der Burg Wetter aufgehalten. Der märkische Regent ist hier auch im Jahr 1391 vermutlich an der Pest gestorben. Danach war die Burg Wetter eine Zeit lang Wohnsitz seiner Witwe Elisabeth von Sponheim. Nach dem Übergang der Grafschaft Mark an die Grafen von Kleve wurde die Burg nachweislich aber noch bis Ende des 15. Jahrhunderts als Nebenresidenz genutzt.

Blick über den Harkortsee auf die ehemalige Freiheit Wetter und den Harkortberg. (Foto: Gerhard E. Sollbach)

Bergfried der Burgruine Wetter. (Foto: Gerhard E. Sollbach)

Blick auf die Burgruine Wetter mit den 1819 von Friedrich Harkort mitgegründeten „Mechanischen Werkstätten Kamp & Co.". Stahlstich nach einer Vorlage von Carl Schlickum, veröffentlicht in: Freiligrath, Ferdinand, Schücking, Levin; Das malerische und romantische Westphalen. Barmen/Leipzig 1841.(Stadtmuseum Hagen)

Vom 15. bis zur Mitte des 18. Jahrhunderts diente die Burg Wetter als Verwaltungssitz des märkisch-preußischen Amtsbezirks Wetter. Als 1753 in Folge der Einführung der Kreisverwaltung in Preußen die Amtsverwaltung in Wetter aufgelöst wurde und das Amtshaus in der Burg verwaiste, verödete die Burganlage mit dem seit 1815 ebenfalls leer stehenden Bergamtsgebäude endgültig. 1819 kaufte der westfälische Unternehmer Friedrich Harkort die teilweise verfallene Burg vom preußischen Staat und richtete hier eine „Mechanische Werkstätte" ein.

Durch die von Friedrich Harkort auf dem Burggelände vorgenommenen Veränderungen, durch Abriss und natürlichen Verfall ist von den Bauten der mittelalterlichen Burg Wetter mit Ausnahme des noch etwa 26 Meter hohen runden Wehrturms und der Ruine des Amtsgebäudes heute nichts mehr erhalten. Auch archäologische Funde wurden aus dem früheren Burggelände bislang noch nicht bekannt.

Doch lässt sich die Burganlage anhand verschiedener Quellen weitgehend rekonstruieren. Außer der Kemenate bzw. dem Amtshaus im Osten und dem Bergfried an der südwestlichen Ecke bestand die Burg im Wesentlichen aus zwei Gebäudeflügeln. Der eine schloss sich in nördlicher Richtung an den Burgturm an (hier befindet sich heute der 1925 von der ortsansässigen Firma DEMAG errichtete Wohnbautrakt), der andere stieß an der südöstlichen Seite in einem fast rechten Winkel an den Turm.

In südlicher Richtung erstreckte sich die Burg bis zur Burgkapelle, auf deren Fundamenten 1894 die heutige reformierte Kirche errichtet wurde. Die Burgkapelle war in das Befestigungssystem einbezogen und durch eine Mauer mit dem südlichen Gebäudeflügel der Burg verbunden. An der nordöstlichen, der Ost- und zum Teil an der Südwestseite besaß die Burg eine Ringmauer.

Zusätzlichen Schutz boten an der nordöstlichen Seite ein natürlicher Graben, im Osten ein Steilhang und im Süden und Westen ein weiterer Burggraben. Der einzige Zugang zur Burg befand sich an der Westseite und führte über eine feste Brücke. Im Burghof gab es einen Tiefbrunnen zur Wasserversorgung.

▶ WEITERE INFORMATIONEN (Karte 4, S. 361)

Burg Wetter
Burgstraße, 58300 Wetter

Ruine Haus Berchum. (Foto: Gerhard E. Sollbach)

24 Haus Berchum

Haus Berchum liegt auf einem Steilhang oberhalb der Lenne in Hagen-Berchum. Von diesem Adelssitz hat sich nur ein kleiner Gebäuderest erhalten. Die zum Nieder- bzw. Landadel gehörenden Herren von Berchum werden urkundlich erstmals 1243 erwähnt. Der damals genannte Dietrich von Berchum war Burgmann und Lehnsträger der Grafen von Limburg aus dem Haus Altena-Isenberg. Neben Lehngütern besaßen die Herren von Berchum auch Eigengüter, wie das „Nederste Hof“ genannte Gut in Hohenlimburg-Reh. Die auf dem Stammgut in Berchum ansässige Familie hat sich später mit dem Zusatz „gen. Trimpe (oder Trimpop)“ bezeichnet.

Mindestens vier verschiedene niederadlige Familien haben bis zum Ende des 18. Jahrhunderts das Haus Berchum besessen und bewohnt. Um 1450 war das Geschlecht von Berchum auf dem Stammsitz in der männlichen Erblinie anscheinend erloschen. Ab der zweiten Hälfte des 15. Jahrhunderts war hier ein Zweig der Familie von Rodenberg (Romberg) ansässig. Dementsprechend nannte sich 1465 Johann von Rodenberg mit dem Zusatz „zu Berchum“. Zu Beginn des 17. Jahrhunderts gelangte Haus Berchum durch Heirat an die Familie von Wrede und ein Jahrhundert später an die Freiherren von Kettler zum Gerkendael.

1792 verkaufte die Witwe des Johann Friedrich von Kettler, Judith Albertine von Bardeleben, aufgrund drückender Schulden den Adelssitz an den Viehhändler Gerhard Moritz Schmidt. Der Ausverkauf von Haus Berchum begann aber bereits in der zweiten Hälfte des 16. Jahrhunderts. Zum Schluss war von dem Rittersitz außer den verfallenen Gebäuden und einigen Ansprüchen nichts mehr übrig. Am 12. August 1793 erwarb das adelige Damenstift in Elsey von Schmidt die baulichen Überreste und letzten Rechte des Adelssitzes. Die mit Haus Berchum belehnten Besitzer besaßen u. a. eine Stimme auf dem Landtag der Grafschaft Limburg. Infolge der Aufhebung des Stifts zum 1. Januar 1812 fiel Haus Berchum schließlich an den Landesherrn, Graf (bzw. ab 1817 Fürst) Emil Friedrich von Bentheim-Tecklenburg. Damals verlor Haus Berchum auch seine Rechte als Rittergut.

Die verfallenen Gebäude wurden im Verlauf des 19. Jahrhunderts abgetragen, die Reste der Ringmauer beseitigt sowie die Wälle niedergelegt und die Wallgräben verfüllt. Ein spärlicher Gebäuderest diente zuletzt noch als Speicher. Dessen Ruine wurde 1971 mit Hilfe des Landeskonservators restauriert und bezeichnet heute die Stelle des einstigen Adelssitzes Haus Berchum.

Wie dieser im Laufe der Zeit ausgesehen hat, ist unbekannt. Ursprünglich wird es sich wohl um einen mittelalterlichen Wohnturm gehandelt haben. Das Haupt- und Wohngebäude war nach Zerstörungen zeitweise ein einfacher Fachwerkbau. 1626 heißt es jedoch von dem Haus, es sei aus schmucklosen, ungleichmäßigen Bruchsteinen erbaut und lediglich von Wall und Graben umgeben. 1793 wird außer dem Graben aber noch eine Ringmauer erwähnt, die das Wohngebäude samt Scheunen und Schuppen umgab. An archäologischen Funden sind einige Keramikscherben aus dem 13. Jahrhundert und zwei Armbrustbolzen aus dem 14./15. Jahrhundert bekannt.

▶ **WEITERE INFORMATIONEN** (Karte 5, S. 362)

Haus Berchum
Am Kleff/ Knockenhof, 58093 Hagen-Berchum

Blick auf das Herrenhaus und die Wirtschaftsgebäude von Haus Busch. (Foto: Gerhard E. Sollbach)

25 *Haus Busch*

Haus Busch war mehr als vier Jahrhunderte bis zum Beginn des 19. Jahrhunderts der Wohnsitz eines Familienzweiges der Freiherren von Syberg. Das niederadelige Geschlecht stammt wahrscheinlich von der im Verlauf des 12. Jahrhunderts erbauten Hohen-Syburg. Die Höhenburg im Ruhrtal mussten die Dienstleute der Kölner Erzbischöfe um 1288 verlassen, nachdem Graf Eberhard II. von der Mark ihren Stammsitz besetzt hatte. Gegen Mitte des 14. Jahrhunderts werden die Herren von Syberg auf dem in Sichtweite der Syburg gelegenen Haus Busch urkundlich erwähnt. Der 1358 genannte Hermann von Syberg ist der erste Vertreter dieser Familie, der mit dem Adelssitz an der Lenne in Verbindung gebracht werden kann. In einer Urkunde von 1369 wird er nämlich als „Hermann van Siborch, dey tom Bussche wonet" bezeichnet. In einer anderen, aus dem Jahr 1370 stammenden Urkunde, führt er den Zusatz „geheyten van den Bussche". Nach dem Tod des letzten männlichen Erben von Syberg, Friedrich Heinrich Karl, im Jahr 1827 fiel der Rittersitz durch Heirat 1810 an die Familie von Vincke.

Der ursprüngliche Adelssitz Haus Busch bestand wohl nur aus einem Wohnturm. Im Jahr 1700 ist dann das heute noch vorhandene Herrenhaus wahrscheinlich unter Verwendung

Ansicht des Adelssitzes Haus Busch bei Boele auf der „Charte der Boyler Marck“ von 1770. (Stadtarchiv Hagen, HPK 15)

Heraldischer Schild mit dem Allianzwappen der adeligen Familien Syberg (Rad) und Freytag über dem Eingangsportal von Haus Busch. (Foto: Gerhard E. Sollbach)

und Erweiterung der Bauteile des mittelalterlichen Wohnturms errichtet worden. Auf das Erbauungsdatum weist die von eisernen Maueranker gebildete Jahreszahl 1700 an der östlichen Giebelseite hin. An das Bauherrenehepaar Adrian und Catharina von Syberg, geb. von Freitag, erinnert noch der Wappenstein über dem Eingangsportal mit dem Allianzwappen der Eheleute: dem fünfspeichigen Rad der von Syberg und den drei Ringen der von Freitag. Die Buchstaben CVF der eisernen Maueranker an der Frontseite werden als die Initialen von Catharina von Freitag gedeutet.

Die Vorburg ist im Jahr oder um das Jahr 1720 von Giesbert von Syberg und seiner Ehefrau Janna von Bodelschwingh errichtet worden. Darauf deuten zwei an den westlichen Wirtschaftsgebäuden angebrachte Allianzwappen der Familien Syberg-Bodelschwingh hin. Das eine am Giebel des Wirtschaftsflügels trägt zudem die Jahreszahl 1720. Bei diesem Wirtschaftstrakt handelt es sich aber nicht mehr um den ursprünglichen Bau vom Anfang des 18. Jahrhunderts, sondern um einen 1867–1869 geschaffenen Neubau. Der gegenüber liegende Trakt wurde erst 1923 errichtet. Gegenüber dem Herrenhaus befand sich ursprünglich ein Querflügel mit einer Tordurchfahrt und einer vorgelagerten Brücke über die Gräfte, die seinerzeit die Vorburg wie auch das Herrenhaus umgab. Dieser Querflügel mit der Tordurchfahrt ist aber noch im 19. Jahrhundert abgebrochen worden. Zu Haus Busch gehörte auch der 1827 im angrenzenden Fleyer Wald von der Familie von Vincke angelegte, von einer hohen Mauer umschlossene, Privatfriedhof.

Haus Busch besaß bis 1945 eine Bedeutung als lokale „Erinnerungsstätte". 1808 traf sich der spätere westfälische Oberpräsident Ludwig von Vincke auf Haus Busch mit dem preußischen Major und späteren Freikorpsführer Ludwig Adolf Wilhelm von Lützow. Sie tauschten sich über die politische Situation und den Widerstand gegen die Herrschaft Napoleons aus. Zwischen 1919 und 1927 war Haus Busch an den Hauptmann und rechtsradikalen Freikorpsführer Franz Pfeffer von Salomon verpachtet. Er spielte beim Aufbau der NSDAP in Westdeutschland eine wichtige Rolle. Bis 1927 war Haus Busch dann auch ein Treffpunkt für Nationalsozialisten, die ihre Partei in Westdeutschland formierten. Im Juni 1926 übernachtete Adolf Hitler während seines ersten Besuchs des rheinisch-westfälischen Industriegebiets für einige Tage im Haus Busch. 1927 verzog der zum Obersten SA-Führer ernannte Pfeffer von Salomon nach München und im folgenden Jahr wurde das Anwesen von der Stadt Hagen angekauft. Während des „Dritten Reichs" diente Haus Busch als Lager des Reichsarbeitsdienstes (RAD). Von 1937 bis 1945 plante die Stadt Hagen die Einrichtung von jeweils einem Vincke- und Hitler-Gedächtnis-Zimmer auf Haus Busch.

Anfang der 1970er Jahre erfolgte eine aufwändige und denkmalgerechte Sanierung der Anlage. Sie dient heute als Sitz des Journalisten-Zentrums zur Aus- und Weiterbildung von Journalisten.

▶ WEITERE INFORMATIONEN (Karte 3, S. 360)

Haus Busch
Haus Busch 1, 58099 Hagen

Das 1822/23 im klassizistischen Baustil errichtete Haus Dahl. (Foto: Gerhard E. Sollbach)

26 Haus Dahl

Haus Dahl im Volmetal südlich von Hagen ist einer der Adelssitze in der Region, die besonders früh urkundlich nachweisbar sind. Erstmals wird Dahl in einem etwa 1188 angefertigten Verzeichnis der vom Kölner Erzbischof Philipp von Heinsberg erworbenen Eigengüter erwähnt.

Die niederadelige Familie von Dahl lässt sich urkundlich mit einiger Sicherheit aber erst ab dem 13. Jahrhundert nachweisen. Ob sie ihren Sitz ursprünglich tatsächlich auf der Anhöhe „Am Bollwerk" links der Volme hatte und erst später auf das rechte Volmeufer an den heutigen Standort in unmittelbarer Nähe der Dahler Kirche gezogen ist, lässt sich nicht belegen. Ab dem Spätmittelalter waren die Herren von Dahl jedenfalls auf dem talseitigen Gelände des heutigen Hauses Dahl ansässig.

Der Rittersitz bestand ursprünglich wohl aus einem steinernen Wohnturm. Während des 15. Jahrhunderts ist er aber zu einer kleinen Wasserburg umgebaut worden, die zur Verteidigung mit Gräben und Wällen umgeben wurde. 1729 erlitt die Anlage durch ein Großfeuer schwere Schäden, die zum Wiederaufbau, aber wohl auch zu einer baulichen Veränderung der Anlage führten. Darstellungen aus dem späten 18. Jahrhundert zeigen einen kurzen und einen langen Gebäudeflügel mit zwei Mauertürmen sowie ein einzelnes Gebäude.

Gegen 1620 starben die Herren von Dahl in männlicher Linie aus. Haus Dahl gelangte in den folgenden Jahrhunderten durch Heirat und Erbschaft sowie durch Kauf an verschiedene adlige Besitzer. 1820 erwarb der zukünftige Landrat des Landkreises Hagen, Friedrich Gerstein, den Adelssitz. Er ließ die verfallene Wasserburg vollständig abreißen, die Wälle schleifen und die Gräben mit dem Bauschutt verfüllen.

An der Stelle des alten Adelssitzes wurde 1822–1823 das heute hier noch stehende klassizistische Herrenhaus errichtet. Bis 1952 verblieb das Haus Dahl in der Familie Gerstein. Seit 2006 ist die Stiftung „Freundeskreis Haus Dahl e. V." die Eigentümerin. Archäologische Funde sind vom Gelände des früheren Adelssitzes bisher nicht bekannt. Das seit dem 16. Jahrhundert überlieferte Archiv des Hauses Dahl und die Reste der früheren Bibliothek, teilweise mit Brandschäden, befinden sich im Stadtarchiv Hagen.

Der Altar in der ehemaligen Dorfkirche in Dahl (Foto: Heinz Böhm)

▶ **WEITERE INFORMATIONEN** (Karte 13, S. 370)

Stiftung Haus Dahl, Eiskeller 4, 58091 Hagen
Tel. 0 23 37 / 4 85 88 33, www.stiftung-haus-dahl.de

Öffnungszeiten: Di 10–12 Uhr

Der Adelssitz und Gutshof Haus Herbeck. (Foto: Gerhard E. Sollbach)

27 Haus Herbeck

Der Adelssitz Haus Herbeck befindet sich auf der Lenneterrasse und inmitten eines überregional herausragenden archäologischen Fundgebiets. Seine Entstehungszeit liegt im Dunkeln, doch wurden beim heutigen Gutshof Herbeck zahlreiche früh- und hochmittelalterliche Funde entdeckt, darunter das bronzene Ortband einer Schwertscheide, Münzen und Keramik. Sie könnten darauf hinweisen, dass sich hier möglicherweise schon spätestens im 12. Jahrhundert eine kleine Befestigung oder ein Rittersitz befunden hat.

In der Neuzeit gab es für rund 200 Jahre zwei Adelssitze in Herbeck. Der ältere und ursprüngliche war Ober-Herbeck. Von ihm ist heute keine Spur im Gelände erkennbar; sein letzter Ruinenrest wurde 1989 beseitigt, leider ohne eine wissenschaftliche Dokumentation und archäologische Untersuchung. Seit 1325 war Ober-Herbeck ein Lehen der Grafen von Limburg aus dem Hause Altena-Isenberg. Bei einem kriegerischen Streifzug während der 1423 ausgebrochenen neuerlichen Fehde zwischen dem Herzog Adolf I. von Kleve und seinem Bruder Graf Gerhard von der Mark wurde Herbeck im April 1424 niedergebrannt und die umliegenden Güter wurden verwüstet. Das kaum hundert Meter vom früheren Standort von Ober-Herbeck entfernte und als Gutshof noch vorhandene Nieder-Herbeck entstand wahrscheinlich erst durch Teilung des Hauses Herbeck um 1540.

Ursprünglicher Besitzer von Ober-Herbeck war das niederadelige Geschlecht von Herbeck. 1270 wird urkundlich ein Ritter Wolvard von „Hederbecken" erwähnt. Im 15. Jahrhundert befand sich Ober-Herbeck dann im Besitz der Familie von Freitag. Durch Heirat gelangte der Adelssitz danach an die Familie von Laer, später an die von Fürstenberg und fiel schließlich in der zweiten Hälfte des 17. Jahrhunderts an die von Hövel zum Dudenroth bei Opherdicke. Nach einer wohl aus den 1680er Jahren stammenden Nachricht war die vom Gutsbetrieb Ober-Herbeck bewirtschaftete Ackerfläche verhältnismäßig klein, so dass sie mit „zwei Pflügen" bearbeitet werden konnte. Sie betrug etwas über 66 Morgen, wobei der Morgen mit anderthalb Scheffel Korn besät wurde.

Nieder-Herbeck besaßen im 16. Jahrhundert und wohl als erste die Freiherren von Goy. Ihnen folgten als Besitzer die Freiherren von Torck, die Familie Stael von Holstein, die Freiherren von Westrem, die Familie Wortmann und die Herren von Hymmen. 1745 erwarb der damalige Besitzer von Ober-Herbeck, Friedrich Bernhard von Hövel, durch Kauf auch Nieder-Herbeck, das er zu seinem neuen Wohnsitz wählte. Die Gebäude des früheren Wohnsitzes Ober-Herbeck ließ er verfallen.

Zu den grundherrlichen Rechten von Haus Herbeck zählten die Fischerei in der Lenne und das Fährrecht an der Herbecker Lennefähre sowie das Jagdrecht in der gesamten Bauerschaft Herbeck. Nach Angaben aus dem Jahr 1825 gehörten zu Haus Herbeck rund 840 Morgen an Ländereien, was ca. 60 Prozent der Gesamtfläche der damaligen Gemeinde Herbeck entsprach. Der landwirtschaftliche Betrieb auf dem Gut wurde Anfang der 1990er Jahre endgültig eingestellt. Das heutige Gut Herbeck, dessen Herrenhaus mit anschließendem Wirtschaftstrakt 1794 erbaut wurde, ist der einzige alte Adelssitz auf Hagener Gebiet, der sich heute noch in adligem Besitz befindet. Eigentümer ist immer noch die jetzt in Junkernthal (Rheinland-Pfalz) ansässige Familie von Hövel. Nach einem Großbrand 1825 wurden Neubauten auf dem Gut Herbeck errichtet.

Friedrich Alexander von Hövel

Der Enkel von Friedrich Bernhard von Hövel, Friedrich Alexander, war Politiker und Verwaltungsbeamter und amtierte von 1797 bis 1808 als Landrat des Kreises Wetter und als preußischer Kammerpräsident. Anschließend trat er als Präfekt und Staatsrat in den Dienst des damals französischen Königreichs Westfalen in Kassel. 1810 zog er sich auf sein Gut Herbeck bei Hagen zurück, um in den „Befreiungskriegen" 1813/14 von dort aus die Märkische Landwehr zu mobilisieren. Gemeinsam mit dem Reichsfreiherrn Friedrich Karl vom und zum Stein konzipierte von Hövel einen Verfassungsentwurf und war 1826 an der Konstitution des Westfälischen Landtags maßgeblich beteiligt. Friedrich Alexander von Hövel, der vor Beginn seiner Verwaltungskarriere an der Bergakademie in Freiberg/Sachsen studiert hatte, gilt auch als einer der Wegbereiter der systematischen Geowissenschaft in Westfalen und im Rheinland.

▶ WEITERE INFORMATIONEN (Karte 5, S. 362)

Gut Herbeck
Dolomitstraße 10, 58099 Hagen

Der steinerne Wohnturm des Adelssitzes Haus Husen. (Foto: Gerhard E. Sollbach)

28 Haus Husen

Am äußersten Südrand des Dortmunder Stadtteils Syburg befindet sich der ehemalige Adelssitz Haus Husen. Seine ursprünglichen Besitzer und vermutlich auch Erbauer waren die niederadeligen Herren von Husen, die urkundlich erstmals 1259 bezeugt sind. Das Geschlecht blieb bis etwa 1400 im Besitz von Haus Husen. Spätestens 1414 ist Haus Husen aber an einen Zweig der im hiesigen Raum damals weit verbreiteten und begüterten niederadeligen Familie von Freitag gelangt. Nach ihnen besaßen die von Laer, von der Leithen, von Basse und von Romberg den Adelssitz. Das stark verwitterte Wappen der Freiherren von Romberg befindet sich heute noch im linken unteren Bereich der Fassade.

Letzte adelige Eigentümerin war die kinderlose Witwe des 1947 verstorbenen Oberstleutnants Adolf von Schell, Bertha von Schell, eine geborene Freiin von Albedyll. Sie vermachte den Besitz bei ihrem Tod 1957 auf Haus Husen der Evangelischen Kirche.

Das um 1830 im klassizistischen Baustil errichtete Haus Husen. (Foto: Gerhard E. Sollbach)

Der bis heute erhaltene Überrest der mittelalterlichen Anlage ist der 1983–1986 vollständig renovierte zweigeschossige Wohnturm aus Ruhrsandstein mit einem Tonnengewölbe auf Mittelwand im Keller. Der Zentralbau, dessen Wände in der Zweischalentechnik errichtet wurden, hat ein Flächenmaß von 9,30 mal 11,30 Meter. Das Bauwerk entspricht somit dem Standardtyp eines mittelalterlichen Wohnturms, der im 12. und 13. Jahrhundert als Hauptbau von Turmburgen oder auf einem künstlich aufgeworfenen Hügel errichtet wurde. Mit ziemlicher Sicherheit war der Wohnturm von Haus Husen ursprünglich auch von einem wassergefüllten Graben und einer Umwallung umgeben. Das Bauwerk ist das einzige weitgehend unverändert erhaltene Beispiel für einen mittelalterlichen Wohnturm eines kleinen Adelssitzes in der gesamten Region. Archäologische Befunde und Funde sind bislang aber nicht bekannt geworden.

1681 ist der mittelalterliche Wohnturm von Haus Husen nach Süden um 3,90 Meter erweitert worden. Eine heute noch sichtbare Baunaht an der Westwand markiert den Bruch zwischen dem mittelalterlichen nördlichen Gebäudeteil und dem Erweiterungsbau. Der anschließende einstöckige Anbau stammt aus dem 19. Jahrhundert. Im Inneren wurde das Bauwerk entsprechend den gestiegenen Wohnbedürfnissen damals umgebaut sowie mit Kaminen versehen und außen durch ein Portal mit Freitreppe ergänzt.

Als zu Beginn des 19. Jahrhunderts der alte Wohnturm trotz der erwähnten Umbauten und weiterer Modernisierungen nicht mehr den Ansprüchen seiner Besitzer genügte, ließ man um 1830 auf der gegenüber liegenden Straßenseite ein schlichtes Herrenhaus in dem zeitgenössischen klassizistischen Stil errichten, das Gutshaus Husen. Es handelt sich dabei um eine zweigeschossige Anlage mit sieben Fensterachsen und einem Mittelrisalit sowie einer vorgelagerten zweiläufigen Treppe. Auch dieses Gebäude ist noch vorhanden und so gut wie unverändert erhalten.

2005 veräußerte die Evangelische Landeskirche von Westfalen die Besitzung mit Herrenhaus, Försterhaus sowie den dazu gehörenden Waldflächen mit Ausnahme der ehemaligen Burganlage. Die alte Burg Husen ist im Besitz des Verbands Christlicher Pfadfinderinnen und Pfadfinder (VCP) Land Westfalen und wird als Zentrum mit Landesbüro, Jugendfreizeitheim und Jugendzeltplatz genutzt.

▶ WEITERE INFORMATIONEN (Karte 3, S. 360)

Burg Husen
Syburger Dorfstraße 135, 44265 Dortmund
www.vcp-westfalen.de

Herrenhaus des Adelssitzes Haus Kallenberg. (Foto: Gerhard E. Sollbach)

29 Haus Kallenberg

Besitzer des am westlichen Abhang des Kallenbergs in Herdecke-Kirchende gelegenen Adelssitzes Haus Kallenberg war in mittelalterlicher Zeit die niederadelige Familie von Vaerst. Die früheste urkundliche Erwähnung von Haus Kallenberg stammt aus dem Jahr 1362. Möglicherweise hat sich die Anlage ursprünglich aber auf der Höhe des Kallenbergs befunden. Darauf deuten dort noch erkennbare Gräben und verfallene Wälle hin. Auch verteidigungstechnische Gründe sprechen für die Annahme einer ursprünglichen Erbauung von Haus Kallenberg auf der 197 Meter hohen Bergkuppe.

Wann das heutige Haus Kallenberg erbaut wurde, ist nicht mehr feststellbar. Unbekannt ist auch, ob dieser Adelssitz befestigt war. Im Gelände noch sichtbare Grabensenkungen lassen jedoch die Vermutung zu, dass die Anlage zumindest teilweise von einem Graben umgeben war. Das einzige heute noch erhaltene ältere Gebäude auf dem Gutsgelände ist das ehemalige Herrenhaus, dessen Baubeginn um 1870 datiert wird.

Mehr als vier Jahrhunderte blieb Haus Kallenberg im Besitz der Familie von Vaerst. Doch in der zweiten Hälfte des 18. Jahrhunderts kam die Besitzung in eine immer kritischere wirtschaftliche Lage, die auch durch den Verkauf von Wertgegenständen und einzelnen Ländereien nicht aufgehalten werden konnte. Das am Schluss hoch verschuldete Gut geriet schließlich in Konkurs und kam zur Versteigerung.

1804 ersteigerte der Justizbürgermeister Johannes J. Th. zur Nedden die eine Hälfte von Haus Kallenberg, dessen andere Hälfte bereits seine Ehefrau inzwischen geerbt hatte. Bis in die 1930er Jahre hat die Familie zur Nedden Haus Kallenberg besessen und bewohnt. Danach gelangte es an die Familien von Albedyll und von Schell. 1959 erwarb die in Ende-Kirchende alteingesessene Familie Niermann das Haus Kallenberg und die noch verbliebenen Ländereien. Von ihr wird auf dem Gut heute noch die Landwirtschaft (Rinderzucht) betrieben.

▶ WEITERE INFORMATIONEN (Karte 1, S. 358)

Haus Kallenberg
Kallenberg 9, 58313 Herdecke-Kirchende

Das in Teilen aus dem 15. Jahrhundert stammende Haus Letmathe. (Foto: Stadtmuseum Iserlohn)

30 Haus Letmathe

Die in der ehemaligen Grafschaft Limburg gelegene Anlage wurde erstmalig 1233 erwähnt. Als erste Besitzer lassen sich zu dieser Zeit bis 1396 die Herren von Letmathe, genannt Külling, Burgmannen und Ministeriale der Grafen Limburg auf der Hohenlimburg, nachweisen. Nach mehreren Güterverpfändungen gelangte das Haus an Ludekin von Lette, später wird Heinrich von Ahaus mit Letmathe belehnt.

Ab 1409 ging die Anlage in den Besitz der Herren von Westhofen, danach von 1576 bis 1812 der Herren von Brabeck über. In der Frühen Neuzeit waren Haus und Ort Letmathe eine katholische Exklave innerhalb der ansonsten reformierten Grafschaft Limburg. Dies führte zu Spannungen zwischen den Landesherren, den Grafen von Bentheim-Tecklenburg, und den auf der Letmathe ansässigen, politisch einflussreichen Lehnsnehmern aus dem Hause Brabeck.

Nach dem zunehmenden Verfall des Hauses im 14. Jahrhundert wurde um 1475 auf den Überresten der alten Burg ein Neubau errichtet, der in den folgenden Jahrhunderten weitere umfassende bauliche Veränderungen erfuhr. Die neue Anlage wurde als Wehrbau mit umgebender Gräfte konzipiert. Haus Letmathe verfügte zunächst über einen jeweils zweigeschossigen Nord- und Südflügel als Wohn- und Wirtschaftsgebäude, die durch einen Torturm im Westen verbunden waren und einen nach Osten ausgerichteten, mit einer Mauer umschlossenen Hof umfassten.

Unter Wolter von Brabeck erfolgte zwischen 1576 und 1580 die Umgestaltung der kleinen Wasserburg Letmathe in einen mehr repräsentativen adeligen Wohnsitz. Der mittelalterliche Torturm wurde bis zur Traufhöhe der beiden Gebäudeflügel abgetragen. In der Hofmitte erhielt die Anlage eine Fachwerkwand und entsprach damit einer Vierflügelanlage mit einem trapezförmigen Grundriss. Nach dem Dreißigjährigen Krieg erhielten viele westfälische Herrenhäuser eine neue oder zumindest veränderte bauliche Gestalt. So auch Haus Letmathe, dessen zweigeschossige Gebäude nun ein flaches Walmdach besaßen. Im späten 18. Jahrhundert erhielt der Adelssitz seine heutige klassizistische Baugestalt, die besonders durch die Erhöhung des Südgebäudes um ein Geschoss sowie durch die Zuschüttung der Burggräfte geprägt war.

▶ WEITERE INFORMATIONEN (Karte 7, S. 364)

Die ehemalige Tenne von Haus Letmathe im LWL-Freilichtmuseum Hagen
Westfälisches Landesmuseum für Handwerk und Technik
Mäckingerbach, 58091 Hagen
Tel. 0 23 31 / 78 07-0, www.hausletmathe.de

Museum Haus Letmathe
Hagener Straße 62, 58642 Iserlohn
Tel. 02371/217-1960 bis -1964
www.iserlohn.de/kultur/museen/staedtisches-museum-haus-letmathe.html

Haus Mallinckrodt. (Foto: Margrit Sollbach-Papeler)

31 Haus Mallinckrodt

Das auf dem östlichen Ruhruferhang im Ortsteil Herdecke-Ende gelegene Haus Mallinckrodt wird urkundlich erstmals 1346 erwähnt. Bis gegen Mitte des 17. Jahrhunderts war es der Stammsitz des niederadeligen Geschlechts der von Mallinckrodt. Sie nannten sich ursprünglich von Mesenwerke und gehörten zur Burgmannschaft der Herren von Volmarstein. Nach der Eroberung der kölnischen Burg Volmarstein durch Graf Engelbert III. von der Mark 1324 haben sich die von Mesenwerke wohl die Burg Mallinckrodt als neuen Wohnsitz errichtet.

In dieser Gegend besaßen die Herren von Mesenwerke nachweislich drei Volmarsteiner Lehngüter. Vermutlich wurde das gesamte Gebiet im Mittelalter auch Mallinck-

Der Gedenkstein erinnert an einen Verwandtenmord von 1594 auf Haus Mallinckrodt. (Foto: Margrit Sollbach-Papeler)

rodt genannt. Diese Bezeichnung ist dann wohl auf die Burg übergegangen und von der niederadeligen Familie als neuer Geschlechtername angenommen worden. Bei einem Kriegszug während der Soester Fehde wurde die Burg 1445 vollständig zerstört, danach aber wieder aufgebaut.

Nach Angaben aus dem Jahr 1588 war die Anlage von alters her mit Mauern, Gräben und Wällen umgeben. Allerdings dürfte der Adelssitz eine recht bescheidene Wohnstätte gewesen sein, die überwiegend in Fachwerkbauweise errichtete Gebäude besaß. Am 28. September 1619 brannte Haus Mallinckrodt vollständig ab. Aber auch der im folgenden Jahr von Bernhard von Mallinckrodt errichtete Neubau wurde in einfacher Form ausgeführt. So heißt es dann auch im 18. Jahrhundert von Haus Mallinckrodt, dass es eher einem Bauernhof als einer Burg gleiche.

Haus Mallinckrodt. Kolorierte Lithografie nach einer Vorlage von Carl Hohe,vor 1870. Aus: Duncker, Alexander (Hg.); Die ländlichen Wohnsitze, Schlösser und Residenzen der ritterschaftlichen Grundbesitzer in der preußischen Monarchie, Bd. 12, Berlin 1871–1873, Nr. 702. (Stadtmuseum Hagen)

In der zweiten Hälfte des 17. Jahrhunderts gelangte der Adelssitz durch Verpfändung und Verkauf an verschiedene Besitzer. 1881 verkaufte der letzte adelige Eigentümer, Graf Adolf von der Recke-Volmarstein, das Haus Mallinckrodt. 1924 erbte es schließlich die Unternehmerfamilie Springorum, die es auch heute noch besitzt und bewohnt. Ältestes noch vorhandenes Gebäude auf Haus Mallinckrodt ist das 1620 an der Südseite des Burghofs errichtete Bauwerk.

Ihre heutige Gestalt einschließlich der beiden Türme erhielt die Anlage erst in der zweiten Hälfte des 19. und zu Beginn des 20. Jahrhunderts durch die von den damaligen verschiedenen Besitzern vorgenommenen umfangreichen und tiefgreifenden Um- und Neubauten. So entstand 1903 das heutige, im flämisch-neugotischen Stil erbaute Herrenhaus, durch die vollständige Umgestaltung und Erweiterung eines 1825 errichteten Vorgängerbaus.

▶ **WEITERE INFORMATIONEN** (Karte 4, S. 361)

Haus Mallinckrodt
Gedener Straße 20, 58313 Herdecke-Ende

Herrenhaus von Haus Rocholz. (Foto: Gerhard E. Sollbach)

32 Haus Rocholz

Die erste urkundliche Erwähnung des Adelssitzes und späteren Ritterguts Rocholz in Gevelsberg stammt aus dem Jahr 1367. Auf Haus Rocholz war damals ein Zweig der niederadeligen Familie von Berchem ansässig. Sie führte dem entsprechend, wie z. B. der 1367 in einer Renten-Verkaufsurkunde als Bürge genannte Herman van Berchem, den Zusatz „genannt Rochol". 1696 ließ das damalige Besitzerehepaar Will Diederich von Berchem und seine Ehefrau Hadewig das heutige Herrenhaus errichten und gab ihm das Aussehen eines Wasserschlosses. An das Herrenhaus schließt sich der Gutshof mit den hufeisenförmig um einen Innenhof gruppierten Wirtschaftsgebäuden an.

Über dem Torbogen von Haus Rocholz ist das Familienwappen der Freiherren von Maltitz zu sehen. (Foto: Gerhard E. Sollbach)

Nach dem Tod des letzten adeligen Besitzers, eines Herrn von Maltitz, im Jahr 1788, erwarb der aus der bürgerlichen Fabrikantenfamilie vom Wuppermannshof bei Schwelm stammende Rittmeister und Kaufmann Engelbert Wuppermann Haus Rocholz einschließlich der dazu gehörenden 655 Morgen an Wiesen, Äckern und Waldungen. Fast 140 Jahre, bis 1921, ist Haus Rocholz im Besitz der Familie Wuppermann verblieben.

Im Jahr 1924 kaufte der damalige Landkreis Hagen die gesamte Besitzung. Vorrangiges Motiv des Landkreises bei dem Kauf war, mit Hilfe der Gutswirtschaft auf Rocholz die Milchversorgung des Kreises zu sichern. Doch der Plan, auf dem Gut ein Kinderheim, eine Erholungsstätte sowie einen landwirtschaftlichen Musterbetrieb einzurichten, scheiterte in der damaligen wirtschaftlichen Krisenzeit an der fehlenden Finanzierungsmöglichkeit. Stattdessen wurde in den folgenden Jahren der Großteil der Ländereien des Guts veräußert.

Haus Rochholz. Kolorierte Lithografie nach einer Vorlage von Carl Hohe, vor 1870.
Aus: Duncker, Alexander (Hg.); Die ländlichen Wohnsitze, Schlösser und Residenzen der ritterschaftlichen Grundbesitzer in der preußischen Monarchie, Bd. 11, Berlin 1869/70, Nr. 642. (Stadtmuseum Hagen)

Den auf ein Viertel der ursprünglichen Größe zusammengeschrumpften Rest einschließlich der Wasserburg und der Wirtschaftsgebäude erwarb 1937 die Familie Rommerskirchen. Der zunächst auf dem Gut weitergeführte landwirtschaftliche Betrieb ist aber schon seit längerem eingestellt worden. Die gesamte Anlage von Haus Rocholz einschließlich der umgebenden Freiflächen steht seit 1985 unter Denkmalschutz. Seit 2006 wurden das Herrenhaus und die ehemaligen Wirtschaftsgebäude von einem Hagener Investor restauriert und auch die früheren Stallungen zu Wohnungen umgebaut.

▶ **WEITERE INFORMATIONEN** (Karte 14, S. 371)

Haus Rocholz
Rocholzallee 40 , 58285 Gevelsberg

GOTTESHÄUSER, KLÖSTER UND STIFTE

Ehemaliges Stiftsfräulein-Wohnhaus auf dem Stiftsplatz in Herdecke. (Foto: Gerhard E. Sollbach)

Einleitung: Die ältesten erhaltenen Baudenkmäler

von Gerhard E. Sollbach

Kirchengebäude gehören auch im Hagener Raum zu den ältesten erhaltenen Baudenkmälern. Das hat seinen Grund nicht zuletzt darin, dass die Gotteshäuser schon vergleichsweise früh in Stein errichtet wurden. Allerdings erfuhren sie im Laufe der Zeit bauliche Veränderungen infolge neuer Bedürfnisse und des sich wandelnden Zeitgeschmacks.

Die älteste Kirche in Hagen, allerdings nur dem Bestehen nach und nicht hinsichtlich des heute vorhandenen Kirchenbaus, ist die evangelische Johanniskirche am Markt. Ihr Vorgängerbau wurde im Verlauf des 12. Jahrhunderts errichtet. Noch älter und überhaupt die früheste bezeugte Kirche im hiesigen Raum ist die bereits 776 urkundlich genannte heutige evangelische Kirche St. Peter auf der Hohensyburg. Ihre derzeitige Baugestalt stammt jedoch aus dem 12./13. Jahrhundert. Ein weitgehend erhaltener romanischer Kirchenbau ist die ehemalige Stiftskirche St. Marien in Herdecke. Die Stiftskirche in Elsey und die Kirche in Dahl stammen aus dem 13. und 14. Jahrhundert. Ähnlich alt war auch die Kirche in Boele, die jedoch zu Ende des 19. Jahrhunderts Jahrhunderts zugunsten eines Neubaus abgerissen wurde.

Die 1960 eingeweihte jüdische Synagoge in Hagen befindet sich heute an der alten Stelle ihrer beiden Vorgängerbauten von 1865 und 1898. Zu den ältesten erhaltenen Synagogen in Westfalen gehört die 1871 eingeweihte und 1980 restaurierte Synagoge in Hohenlimburg. Seit 1985 dient sie als Mahn- und Gedenkstätte mit einer Ausstellung zur jüdischen Geschichte. Seit 2008 ist auch eine dritte Weltreligion, der Islam, mit der großen Camii Moschee in der Körnerstraße in Hagen vertreten.

Aber auch Anlagen ehemaliger geistlicher Klöster und Stifte mit teilweise architekturgeschichtlich bedeutenden Gebäuden gibt es im Raum Hagen. So befindet sich auf dem – mit Ausnahme der alten Stiftskirche – fast vollständig erhaltenen Gelände des Damenstifts Gevelsberg der älteste Fachwerkbau der ganzen Region. In Herdecke lässt sich an der noch heute vorhandenen geschlossenen Bebauung an der Westseite des Stiftsplatzes die Struktur der Anlage des hier früher bestehenden Damenstifts erkennen. Auch in Elsey erinnern noch einige Gebäude an das frühere Kloster und freiweltliche adelige Damenstift.

Ursprünglich farbig gefasste, heute noch 2,08 Meter hohe, hölzerne Statue des Kölner Erzbischofs Engelbert II. von Berg. Romanisch, 1. Hälfte 13. Jahrhundert, wahrscheinlich rheinischer (Kölner) Provenienz. Ursprünglich war die Skulptur in der Kirche des gegen 1235 in der Nähe des Ortes der Gewalttat vom 7.11.1225 gegründeten Zisterzienserinnen-Klosters und späteren Adelsstifts in Gevelsberg aufgestellt. Im 19. Jahrhundert wurde sie auf dem Dachboden des dortigen Pfarrhauses entdeckt und 1888 vom Märkischen Museum in Witten erworben. (Foto: Gerhard E. Sollbach; Märkisches Museum Witten)

33 St. Johannes Baptist in Boele

St. Johannes Baptist in Hagen-Boele. (Foto: Gerhard E. Sollbach)

Urkundlich gesichert ist die Ersterwähnung von Boele als „Bule“ in der um das Jahr 1220 angefertigten so genannten Großen Vogteirolle des Grafen Friedrich von Altena-Isenberg sowie als „Bole“ in dem Güter- und Einkünfteverzeichnis von 1229 des Frauenklosters Herdecke.

Das in der örtlichen heimatgeschichtlichen Literatur als früheste Erwähnung einer Kirche in dem heutigen Stadtteil Hagen-Boele stets genannte Jahr 1180 ist urkundlich ungesichert. Die Angabe beruht auf einem 1946 von dem Boeler Heimatforscher Johann Diedrich Frommann veröffentlichten Aufsatz, in dem der Verfasser eine angeblich aus dem Jahr 1180 stammende lateinische Urkunde anführt, in der eine St. Johannes Baptist-Pfarrkirche in Boele erwähnt wird.

Doch weder hat sich diese Urkunde bisher auffinden lassen, noch ist eine seinerzeit angeblich im Pfarrarchiv der katholischen St. Johannes Baptist-Kirchengemeinde in Boele hinterlegte moderne Abschrift der Urkunde vorhanden. Aber auch die moderne Schreibweise „Boele“ in der von J. D. Frommann in seinem Aufsatz zitierten betreffenden Stelle der Urkunde lässt starke Zweifel an deren Echtheit aufkommen.

Der heutige Kirchenbau wurde anstelle der romanischen Dorfkirche 1877–1886 im neoromanischen Stil aus Sandstein von einem lokalen Steinbruch errichtet. Der Neubau schritt abschnittsweise mit dem Fortgang der Abrissarbeiten an dem vermutlich aus dem 11./12. Jahrhundert stammenden Vorgängerbau voran.

▶ **WEITERE INFORMATIONEN** (Karte 2 und 3, S. 359/360)

Kirche St. Johannes Baptist
Boeler Kirchplatz 17, 58099 Hagen-Boele

Die evangelische Jakobuskirche in Breckerfeld. (Foto: Gerhard E. Sollbach)

34 Die Jakobuskirche in Breckerfeld

Mit dem Bau der heute evangelischen Pfarrkirche St. Jakobus an der Stelle einer Vorgängerkirche aus dem 13. Jahrhundert vom Typ der sauerländischen Hallenkirche wurde in den 1390er Jahren begonnen. Die Fertigstellung des Kirchengebäudes zog sich bis in das erste Viertel des 15. Jahrhunderts hin. Es entstand eine zweijochige Basilika im romanischen Spitzbogenstil, die nach 1400 durch einen Chor und eine Sakristei im gotischen Stil erweitert und außerdem eingewölbt wurde. Die Breckerfelder Jakobuskirche ist heute die einzige hochgotische Basilika Westfalens.

Der jetzige Kirchturm stammt allerdings erst aus dem Jahr 1923. Die drei dort hängenden Glocken sind jedoch fast 400 Jahre älter; sie wurden bereits 1558 gegossen.

Der Schnitzaltar in der evangelischen Jakobuskirche in Breckerfeld. (Foto: Gerhard E. Sollbach)

Im Inneren besitzt die Kirche eine Reihe von kunsthistorischen Sehenswürdigkeiten und Schätzen. Dazu gehören u. a. Kopf-Konsolplastiken, die wohl aus der Bauzeit der Kirche stammen, sowie drei figürliche Gewölbeschlusssteine im Querschiff, von denen derjenige in der Kuppel der Vierung den sitzenden Pilger- und Kirchenpatron St. Jakobus mit Stab und Pilgermuschel darstellt.

Ein besonderes Kleinod ist jedoch der Schnitzaltar. Er gehört zu den herausragenden Altarwerken des westfälischen Raumes und ist nach neuesten wissenschaftlichen Erkenntnissen um 1510 in einer westfälischen Holzschnitzerwerkstatt entstanden. Das Kunstwerk war ursprünglich vor allem mit den Farben blau, rot und grün bemalt.

Im Mittelschrein steht die als Schutzmantel-Madonna dargestellte Gottesmutter mit dem Jesuskind im Arm. Zwei über ihr schwebende Engel, die ihr eine Krone aufs Haupt setzen, weisen sie als Himmelskönigin aus. Rechts von ihr steht der an seinem Attribut, dem Buch, erkennbare Apostel Jakobus d. Ä.. Sein Pilgerstab und der Hut mit der Jakobsmuschel zeigen an, dass er der Patron der Pilger ist. Ihm gegenüber befindet sich der hl. Christophorus, der den Christusknaben auf seiner Schulter trägt.

Wie der hl. Jakobus wurde und wird auch der hl. Christophorus als Schutzpatron der Pilger und Reisenden verehrt. Beide Heilige haben auch den gemeinsamen Festtag am 25. Juli. Die beiden Altarflügel enthalten die Darstellungen von jeweils sechs weiblichen Heiligen. Auf dem Altarsockel, der den eigentlichen Altaraufsatz trägt, befinden sich zwei als kleine Bühnenräume gestaltete Reliefszenen. Die eine zeigt das hl. Abendmahl, die andere die Fußwaschung des Petrus.

Ältestes Kunstwerk in der Kirche dürfte jedoch das Kruzifix aus Eichenholz mit einer Höhe von 79 Zentimetern und einer Spannweite von 71 Zentimetern sein. Das Kreuz hat die Form eines Gabel-Kreuzes. Ursprünglich war das Kruzifix bemalt. Die Entstehung des Kreuzes wird nach neuesten Erkenntnissen auf die Zeit um 1250 datiert, während das Kruzifix wohl erst Mitte bis Ende des 14. Jahrhunderts geschaffen wurde. Wahrscheinlich haben Kreuz und Kruzifix ursprünglich auch nicht zusammengehört. Das Kruzifix ist in der Kirche jedoch nur während der Gottesdienste zu sehen und hat seinen Platz dann auf dem Altartisch.

Der Jakobuskirche gegenüber steht die 1728 erbaute ehemalige reformierte Kirche. Sie wurde nach der Union der lutherischen und reformierten Gemeinde in Breckerfeld 1841 von der örtlichen katholischen Gemeinde erworben und dient ihr auch heute noch als Gotteshaus.

▶ WEITERE INFORMATIONEN (Karte 16, S. 373)

Ev. Jakobuskirche
Schulstr. 3, 58339 Breckerfeld

35 *Die Kirche in Dahl*

Die älteste Nachricht von der Kirche in Dahl stammt aus dem Jahr 1273. Das Kirchenpatronat mit dem Recht der Bestellung des Pfarrers besaßen die Herren von Dahl bzw. ihre Nachfolger. Sie hatten ihren Sitz im unmittelbar bei der Kirche liegenden Haus Dahl. Das jetzige Gebäude der heute evangelischen Kirche wurde im Jahr 1730 errichtet, nachdem ein Großbrand auf dem benachbarten Adelssitz im Jahr zuvor den Vorgängerbau aus dem 13./14. Jahrhundert bis auf das unversehrt gebliebene Seitenschiff und die Sakristei zerstört hatte.

In dem Seitenschiff, das der älteste erhaltene Teil der Kirche ist, wurden bei der umfassenden Innenrenovierung der Kirche 1962 gotische Freskenmalereien entdeckt. Ihre Entstehung wird in das 14. Jahrhundert datiert. An der Ostwand des Seitenschiffs sind insgesamt acht Szenen aus dem Leben der als Heilige verehrten Katharina von Alexandrien dargestellt. Deshalb wird angenommen, dass sich in dem Seitenschiff ursprünglich ein Katharina-Altar befand.

Ebenfalls 1962 wurde die originale steinerne Altarplatte ausgegraben, die bis dahin verschollen war. Sie stammt eindeutig aus vorreformatorischer Zeit, vermutlich ebenfalls aus dem 14. Jahrhundert. Heute hat sie wieder ihren alten Platz auf dem Altar. Die Altarplatte und die mittelalterlichen Katharina-Fresken sind die frühesten künstlerischen Relikte in örtlichen Sakralbauten im Stadtgebiet Hagen.

Zu den weiteren bedeutenden kunsthistorischen Gegenständen der Kirche gehören der Taufstein von 1696, die mit üppigen Schnitzereien verzierte Kanzel von 1730 und der 1774 in Breckerfeld gefertigte Altaraufsatz. Dieser Altaraufsatz, der das Hauptstück des ursprünglich vorhandenen Altars war, besteht aus einem Bild des hl. Abendmahls in einem rundbogigen Holzrelief mit reichem Schnitzwerk in Form von Ranken und Blättern sowie Engelköpfen. Im

Die Kirche in Hagen-Dahl. (Foto: Gerhard E. Sollbach)

Ansicht des Adelssitzes Haus Dahl an der Volme auf einer Karte von 1798. (Stadtarchiv Hagen)

Vorraum der Kirche hat an der rechten Wand seit 1962 der Grabstein des am 10. März 1615 verstorbenen Pfarrers Friedrich Delbrügger seinen Platz gefunden. Friedrich Delbrügger war von 1566 bis 1572 und erneut von 1581 bis zu seinem Tod Pfarrer in Dahl und hat hier die Reformation eingeführt.

▶ **WEITERE INFORMATIONEN** (Karte 13, S. 370)

Evangelische Kirche Dahl
Dahler Straße, 58091 Hagen-Dahl

36 Die Stiftskirche in Elsey

Die Stiftskirche in Elsey zählt zu den frühesten Sakralbauten im Raum Hagen, die in ihrer ursprünglichen Baugestalt weitgehend erhalten sind. Die nachvollziehbar abgesicherte Geschichte der Kirche begann um 1220. Damals veranstalteten der Erzbischof von Köln, Engelbert II. von Berg, und der Bischof von Münster, Dietrich von Altena-Isenberg, in ihren Territorien eine Kollekte für den offenbar bereits fortgeschrittenen Bau einer Kirche in Elsey. Nähere Einzelheiten sind dem gleich lautenden Spendenaufruf allerdings nicht zu entnehmen.

1222 wurde der verwitweten Gräfin Mechthild von Altena-Isenberg die Kirche in Elsey vom Kölner Erzbischof im Tausch gegen eine Kirche in Bigge übertragen. Obwohl erst für 1259 ein urkundlicher Nachweis vorliegt, war die Kirche anscheinend auch der Mittelpunkt eines um 1220 durch Graf Friedrich II. von Altena-Isenberg gestifteten Klosters sowie des religiösen Lebens unterhalb der gräflichen Burg.

Blick in das untere Lennetal und auf den ehemaligen Stiftsbezirk Elsey. Unbek. Maler, vermutlich Umfeld Düsseldorfer Akademie. Öl auf Holz, vor 1845. (Stadtmuseum Hagen)

In der Bauform einer dreischiffigen und zweijochigen, spätromanischen Hallenkirche zeigt die Stiftskirche in Elsey noch heute ihre mittelalterliche Herkunft. Ein Dachstuhlbrand des Kirchenschiffs führte 1387 zu den wohl ersten größeren baulichen Veränderungen. Der Turm besaß ursprünglich ein einfaches Satteldach, wie es auf einem Gemälde aus der Zeit um 1745 im Festsaal des Schlosses Hohenlimburg noch erkennbar ist. Nach den 1748 entstandenen Brandschäden erhielt der Turm drei Jahre später ein neues Obergeschoss sowie eine „Welsche Haube". Sie prägt bis heute das Erscheinungsbild der Stiftskirche.

Zahlreiche Um- und Einbauten im Innenraum, die 1881/82 im neugotischen Stil durchgeführt wurden, ergaben umfassende Veränderungen der Architektur und der Baugestalt. Über die dabei aufgedeckten und beseitigten mittelalterlichen Bauteile und Kunstwerke gibt es kaum Aufzeichnungen. Der Stiftsprediger Johann Friedrich Möller erwähnt 1805 die in der Kirche entdeckte mittelalterliche Grabplatte eines Angehörigen des Grafenhauses Limburg. 1840 wurden in der nördlichen Mauerapsis die Reste von Wandmalereien, eine Kreuzigungsgruppe, angetroffen. Verschiedene Spuren einer Ausmalung des Innenraumes in mittelalterlicher Zeit fanden sich auch zu Beginn des 21. Jahrhunderts bei Restaurierungsarbeiten in der Kirche. Zukünftige Arbeiten und Untersuchungen könnten in der Kirche noch einige Überraschungen zutage fördern.

Adelige Grablegen in Ordens- und Stiftskirchen waren vom 11. bis 17. Jahrhundert wichtige Monumente der dynastischen Erinnerungskultur. Auch im Altarbereich der Elseyer Kirche befand sich eine Grablege. Die von Möller erwähnte Grabplatte lässt bereits für das Mittelalter die Bestattung von Angehörigen der Grafen von Limburg aus dem Haus Altena-Isenberg in der Kirche vermuten. Belege dafür dürften wegen der umfangreichen Veränderungen im Innenraum der Kirche jedoch nur noch archäologisch festzustellen sein.

Gesichert sind in der Grablege dagegen Bestattungen von Angehörigen aus dem Grafenhaus Bentheim vom frühen 17. bis zur Mitte des 18. Jahrhunderts. Davon zeugt im Chor das

Die Stiftskirche in Elsey.
(Foto: Gerhard E. Sollbach)

vom Bildhauer Johann von Bocholt für den 1618 verstorbenen Grafen Konrad Gumprecht gefertigte und zwei Jahre später im Altarraum angebrachte Epitaph im manieristischen Spätrenaissance-Stil. Beim Öffnen der Grablege, leider ohne fachkundige Begleitung, wurden 1928 und 1955 eine Anzahl von Särgen festgestellt. Darunter befand sich neben dem zerfallenen Sarg des Grafen Konrad Gumprecht auch der Sarg seiner Gemahlin, der 1654 verstorbenen Gräfin Johannetta Elisabeth von Nassau-Dillenburg, und seines 1626 verschiedenen Sohnes Wilhelm. Der Ablauf der Bestattung von Gräfin Johannetta Elisabeth in der Stiftskirche ist auch anhand von zeitgenössischen Schriftquellen detailliert belegt.

An den Wänden im Innenraum der Kirche sind mehrere Totenschilder von Angehörigen des Niederadels angebracht. Bemerkenswert ist das Epitaph im Turmraum für den 1636 an der Pest gestorbenen gräflichen Drosten Johann von Dynklage und seiner Ehefrau Helene von Plettenberg.

Vor der Stiftskirche lag bis 1843 der Begräbnisplatz für die Gemeinde Elsey.

Im nördlichen Teil des Kirchhofes wurden während des 17. und 18. Jahrhunderts mehrere adelige Stiftsdamen in gemauerten Grüften bestattet. An der Kirche befinden sich die Grabdenkmale für den Stiftsprediger Johann Friedrich Möller und seines Nachfolgers Dr. Wilhelm Hülsemann. Auf dem alten „Totenhof" steht weiterhin ein klassizistischer Obelisk. Er trägt die Namen der in den Einigungskriegen 1866–1870/71 gefallenen Elseyer Gemeindemitglieder.

▶ **WEITERE INFORMATIONEN** (Karte 6, S. 363)

Stiftskirche Elsey
Elseyer Kirchplatz 6, 58119 Hagen

37 *Die Johanniskirche in Hagen*

Die heutige evangelische Johanniskirche am Markt ist die „Mutterkirche“ aller Hagener Kirchen. Die erste Nachricht von einer Kirche in Hagen findet sich in einer 1159 von Papst Hadrian IV. für das St. Ursula-Stift in Köln ausgestellten Urkunde. Unter den darin genannten Kirchen, die eine Abgabe an das St. Ursula-Stift zu leisten hatten, wird auch die Kirche in Hagen aufgeführt. Alle Versuche, die Hagener Kirche in eine frühere Zeit zu datieren, haben sich bislang als Spekulation erwiesen. Für ein oft genanntes System

Blick aus der Frankfurter Straße auf die Johanniskirche mit dem 1904 abgebrochenen mittelalterlichen Glockenturm. (Foto: Ernst Roepke, 1891; Stadtarchiv Hagen)

Die evangelische Johanniskirche in Hagen. (Foto: Gerhard E. Sollbach)

von „Urpfarren" im 8. und 9. Jahrhundert, dem auch die Kirche in Hagen angehört haben soll, gibt es ebenfalls keine Belege.

Durch die 1950 durchgeführten bauhistorischen Untersuchungen ist erwiesen, dass an der Stelle der heutigen Johanniskirche in der zweiten Hälfte des 12. Jahrhunderts eine dreischiffige romanische Basilika existiert hat. Datierbare archäologische Funde, wie etwa Keramik und Grabbeigaben, wurden bei den Grabungen aber nicht gesichert. Deshalb ist nicht zu ermitteln, wann diese romanische Basilika erbaut wurde und ob sie einen Vorgängerbau besaß.

Die Kirche war bis zur Anlage des Friedhofs auf dem Buschey 1810 von einem „Totenhof" umgeben, der mit einer Mauer von der dichten Stadtbebauung abgegrenzt wurde. Hier fanden nicht nur die Verstorbenen aus dem Stadtkreis Hagen, sondern auch die Menschen aus dem umliegenden Kirchspiel Hagen ihre letzte Ruhe. Auch die zahllosen Opfer der schweren Pestepidemien von 1620 und 1636/37 wurden dort in Massengräbern bestattet. An den Außenmauern der Kirche zeugen noch einige in Sandstein gearbeitete Abdecksteine früherer Grüfte von Bestattungen von Angehörigen adeliger und bürgerlicher Familien aus dem 16. bis 18. Jahrhundert.

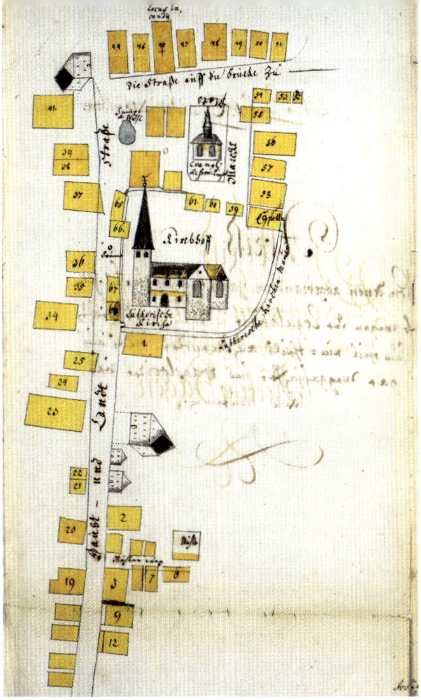

Brandplan des Fleckens Hagen von 1724 mit Darstellung der romanischen Pfarrkirche in Hagen. (Stiftung Preußischer Kulturbesitz, Geheimes Staatsarchiv Berlin)

In den Jahren 1748 bis 1750 erfolgte durch den Tiroler Baumeister Georg Egger der Bau der heutigen Hallenkirche von drei Jochen mit Drei-Achtel-Schluss. Der Neubau wurde auf den Fundamenten der romanischen Kirche errichtet, die 1,30 Meter tiefer gelegen hatte. Der heutige Turm stammt im unteren Bereich allerdings erst aus dem Jahr 1904, während die jetzige Turmhaube 1980 aufgesetzt wurde.

Im Zweiten Weltkrieg erlitt die Johanniskirche bei einem Bombenangriff am 2. Dezember 1944 umfangreiche Schäden. Nach dem Krieg wurde sie bis 1951 wieder aufgebaut. Ältester erhaltener Gegenstand der Johanniskirche ist die St. Martinus-Glocke aus dem Jahr 1590, die heute noch ihren Dienst als „Vaterunser-Glocke" im kleinen Turm verrichtet. Der frühgotische Taufstein kam der Kirche dagegen bereits um 1900 abhanden. Er befindet sich heute in der Kapelle des Museums der Grafschaft Mark auf der Burg Altena: In der Johanniskirche ist eine Nachbildung aufgestellt.

▶ **WEITERE INFORMATIONEN** (Karte 10, S. 367)

Johanniskirche
Johanniskirchplatz 10, 58095 Hagen

Die Dorfkirche in Herdecke-Ende. (Foto: Gerhard E. Sollbach)

38 Die Dorfkirche in Herdecke-Ende

Der jetzige Kirchenbau wurde 1759 errichtet, nachdem die lutherische Gemeinde als Eigentümerin drei Jahre zuvor den noch aus mittelalterlicher Zeit, wahrscheinlich aus dem 11./12. Jahrhundert, stammenden und inzwischen zu klein und auch baufällig gewordenen Vorgängerbau mit Ausnahme des Kirchturms hatte abreißen lassen. Das alte Kirchenschiff war nicht breiter als der Kirchturm. Im Kirchturm hängt heute noch neben drei nach dem Ersten Weltkrieg gegossenen Stahlglocken eine aus dem Jahr 1426 stammende und der hl. Maria sowie dem hl. Urban geweihte Bronzeglocke. Sie dient der Gemeinde heute als Vaterunser-Glocke. Ihre Schwester, die Stephansglocke aus dem Jahr 1501, befindet sich heute im Glockentürmchen der Friedhofskapelle auf dem Friedhof in Ende und wird zu Trauergottesdiensten geläutet.

Krönung der Altarwand im Kircheninneren ist die Orgel, deren Prospekt aus dem Jahr 1663 stammt. Ursprünglich war er für die Johanniskirche in Hagen geschnitzt worden. 1781 verkaufte die Johannis-Kirchengemeinde die Orgel für 200 Goldtaler nach Ende. Von dem in Rot und Gold gehaltenen Orgelprospekt hebt sich farblich die in Blau und Gold gehaltene und ebenfalls aus der Barockzeit stammende Kanzel ab. Das heutige Altarbild schuf aus Anlass des 150-jährigen Bestehens des jetzigen Kirchenbaus im Jahr 1909 der Industrie-Kunstmaler Fritz Gärtner. Es zeigt den auferstandenen Christus zwischen der Ender Dorfkirche und dem Haus Mallinckrodt, dem damaligen Wohnsitz des Künstlers.

Auf dem Kirchplatz weisen hier aufgestellte Grabsteine aus dem 17. und 18. Jahrhundert darauf hin, dass der Kirchhof bis 1847 auch als Begräbnisstätte gedient hat. Die älteste in Ende erhaltene Grabplatte ist im Turmraum der Kirche aufgestellt. Sie wurde 1549 für den damals verstorbenen Hermann von dem Vaerst angefertigt und lag ursprünglich wie auch andere Grabplatten im Kircheninneren auf dem Fußboden vor dem Altar. Als die damaligen Besitzer von Haus Kallenberg besaßen die Herren von Vaerst auch das Patronat über die Ender Dorfkirche. Deshalb stand ihnen auch das Recht zu, in der Kirche bestattet zu werden.

▶ **WEITERE INFORMATIONEN** (Karte 1, S. 358)

Dorfkirche Herdecke-Ende
Kirchender Dorfweg 44, 58313 Herdecke

39 Die Peterskirche auf der Hohensyburg

Die Peterskirche in Dortmund-Syburg zählt zu den am frühesten in historischen Schriftquellen erwähnten Sakralbauten in Westfalen und nahm im Mittelalter eine wichtige Funktion als Wallfahrtsort ein. Nach der Überlieferung in den Reichsannalen zufolge wurde sie 799 von Papst Leo III. eingeweiht. Dabei handelte es sich jedoch um einen Vorgängerbau der heutigen, aus dem 12./13. Jahrhundert stammenden Peterskirche.

Von der Peterskirche aus, so die hypothetischen und keineswegs historisch abgesicherten Überlegungen des westfälischen Landeshistorikers Albert K. Hömberg, soll die Christianisierung im südlichen Teil Westfalens ausgegangen sein. Die Hohensyburg vereinigt folglich sowohl Elemente der mythologisch verklärten germanischen Vorzeit, wie sie vor allem durch den Sachsenherzog Widukind repräsentiert werden, als auch die

Die Kirche St. Peter in Dortmund-Hohensyburg. (Foto: G. E. Sollbach)

Ansicht der Kirche St. Peter in Syburg. Unbek. Maler, vermutlich Umfeld Düsseldorfer Akademie, Öl auf Leinwand, um 1840. (Stadtmuseum Hagen)

christliche Gründungslegende in der Region, die mit der Beschreibung eines „Flammenwunders" bei dem sächsischen Eroberungsversuch im Jahre 776 eine symbolhafte Erhöhung erfuhr.

Bei archäologischen Grabungen, die bisher nur punktuell im Bereich der Wallanlage stattgefunden haben, wurden zwar die Reste mindestens eines Vorgängerbaus der heutigen, aus dem 12./13. Jahrhundert stammenden Peterskirche entdeckt. Doch können diese Befunde genauso wenig wie zwei fränkische und ottonische Grabsteine, einzelne Münzen sowie weitere frühmittelalterliche Einzelfunde im Bereich der Kirche, etwa eine „fränkische" Riemenzunge, einen sicheren Beweis für die Existenz eines aus karolingischer Zeit stammenden Sakralbaues geben. Alle anderen Deutungsversuche der bei den Grabungen erschlossenen baulichen Spuren und Bodenfunde im Umfeld der Kirche, etwa als „germanisches Heiligtum" in Form eines Tempels und das Vorhandensein eines „Opferhügels", sind Spekulationen, die bislang keine wissenschaftliche Fundierung besitzen.

Die Peterkirche diente auch als Begräbnisstätte für die Bevölkerung des Kirchspiels Syburg. Der „Totenhof" von St. Peter mit seinen teilweise mittelalterlichen Grabsteinen stellt sich bis heute als ein Ort des Erinnerns dar, der zur Mitte des 19. Jahrhunderts wegen seines romantischen Bildkanons auf Leinwand festgehalten wurde.

▶ **WEITERE INFORMATIONEN** (Karte 3, S. 360)

St. Peter-Kirche
Grenzweg 65, 44267 Dortmund-Hohensyburg

Die evangelische Pfarrkirche in Volmarstein. (Foto: Gerhard E. Sollbach)

40 Die Kirche in Volmarstein

Mit dem Bau der Kirche in Volmarstein dürfte schon bald nach der Errichtung der Burg zu Beginn des 12. Jahrhunderts begonnen worden sein. Das Mittelschiff des heutigen Kirchenbaus stammt jedenfalls noch aus romanischer Zeit und muss spätestens im 12. Jahrhundert errichtet worden sein. Darauf weisen drei zugemauerte Rundbogenfenster oben an der Nordwand der Kirche hin. Die heutigen Fenster der Kirche sind dagegen gotische Spitzbogenfenster aus dem 14. Jahrhundert.

Ein Pfarrer in Volmarstein wird urkundlich erstmals 1236 genannt. Patronatsherren der Volmarsteiner Kirche waren die Herren von Volmarstein, denen somit auch das Recht der Bestellung des Pfarrers zustand. Zwischen der Kirche und der benachbarten Burg bestanden wahrscheinlich schon von Anfang an enge Verbindungen. Seit der Einführung der Reformation in Volmarstein 1564 dient die Kirche der dortigen lutherischen Gemeinde als Gotteshaus. Um die Mitte des 18. Jahrhunderts wird die Volmarsteiner Kirche von dem westfälischen Geschichtsschreiber Johann Dietrich von Steinen als ein „altes, verfallendes Gebäude" beschrieben. Wann der mittelalterliche Kirchenbau verfiel und was die Gründe für seinen Niedergang waren, ist unbekannt.

Die Bemühungen des damaligen Pfarrers Ising führten gegen Mitte des 18. Jahrhunderts zu umfänglichen Erneuerungsarbeiten. Dabei erhielt das Kirchenschiff seine heutige Form als Saalbau mit Holzdecke. 1748–1754 wurde ein neuer Kirchturm erbaut, an dessen Richtfest am 30. August 1752 heute die in großen eisernen Zahlen unter den Schalllöchern über dem Portal der Kirche angebrachte Jahreszahl 1752 erinnert.

Im Inneren weist die Kirche eine Reihe von historischen Kunstwerken auf. Der Hochaltar stammt aus der zweiten Hälfte des 17. Jahrhunderts. Das 1678 angefertigte Altarbild stellt das Jüngste Gericht dar mit Christus als Weltenrichter in seiner Glorie auf einem Regenbogen thronend. Es lehnt sich in seiner Komposition an die Darstellungen dieses Themas seiner Zeit an, wie sie auch Peter Paul Rubens malte. Die Orgel hinter dem Hochaltar mit Orgelprospekt wurde 1732–1734 von

Altarraum der evangelischen Pfarrkirche in Volmarstein. (Foto: Gerhard E. Sollbach)

dem Orgelbauer Gerhard von Holy geschaffen. Allerdings ist sie im Laufe der Zeit mehrfach überarbeitet worden, besitzt aber noch einen gewissen historischen Pfeifenbestand. Der Taufstein datiert von 1686. Im Innenraum der Kirche wird auch der steinerne Altartisch der mittelalterlichen Kirche aufbewahrt. Außerdem ist an der südlichen Innenwand ein ebenfalls noch aus der ursprünglichen Kirche stammendes Steinrelief mit einem Christuskopf angebracht.

1863/64 sowie erneut 1938/39 erfolgten am Kirchenbau außen und innen umfangreiche Umbauten und Neugestaltungen. Im Zusammenhang mit der Innenrenovierung von 1938/39 wurde auch die heute noch vorhandene Ausmalung des Kircheninneren angebracht. Möglicherweise stammt die Malerei im Tonnengewölbe oberhalb der Orgel aber aus älterer Zeit. 1995/96 sind erneut unfangreiche Instandsetzungs- und Restaurierungsarbeiten durchgeführt worden.

▶ WEITERE INFORMATIONEN (Karte 4, S. 361)

Kirche Volmarstein
Hauptstraße 36, 58300 Wetter (Ruhr)

41 Die Synagoge Hagen

Die heutige Synagoge wurde 1960 eingeweiht. Ihr Standort weist auf eine bis in die die Mitte des 19. Jahrhunderts reichende Geschichte und auf zwei Vorgängerbauten zurück. Das Vorhaben der kleinen jüdischen Gemeinde in Hagen, eine eigene Synagoge einzurichten, war bis 1850 mehrfach an der Weigerung preußischer Regierungsstellen gescheitert. Der Vorstand der jüdischen Gemeinde hatte 1856 für 675 Taler in der Potthofstraße ein Grundstück erworben. Dort wurde am 9. September 1859 (10. Ellul 5619) die Synagoge eingeweiht, die von dem Hagener Baumeister Friedrich Poth erbaut worden war. Das schlicht gehaltene Gebäude besaß eine dreiteilige Fassade mit Elementen des Rundbogenstils und enthielt keine Kuppeln, sondern pilasterähnliche Ecktürmchen, die das Gebäude etwas überragten.

Die Hagener Synagoge nach dem Judenpogrom am 9./10.11.1938. (Stadtarchiv Hagen)

Blick über die Volme auf die jüdische Schule und die Synagoge, um 1935. (Stadtarchiv Hagen)

Die Zahl der Gemeindemitglieder stieg nach 1865 erheblich an, so dass diese Synagoge bereits wenige Jahre nach ihrer Einweihung zu klein geworden war. Zusätzlich machten bauliche Mängel den Aus- und Umbau notwendig. Auch war die räumliche Trennung von Schule und Synagoge erforderlich geworden, da die Zahl der Schüler ebenfalls anstieg. Im Juni 1895 konnte der neue Synagogenbau eingeweiht werden, dessen Errichtung für die Gemeinde eine hohe finanzielle Belastung darstellte. Der Um- und Ausbau wurde nach Plänen des Baurats Dunay durch den Baumeister Caspar Post aus Hagen-Eilpe durchgeführt.

Die Synagoge präsentierte sich mit einer Doppelturmfassade im neoromanischen Stil, die eine starke Angleichung zur Kirchenarchitektur aufwies. Der Mitteltrakt erhielt einen dreiteiligen Rundbogen-Eingang, eine verglaste Fensterrose im Obergeschoss und zwei sehr hohe Türme mit spitz zulaufenden Turmhelmen, auf denen zwei Davidsterne saßen.
In der Pogromnacht des 10. November 1938 wurde die Synagoge geschändet, geplündert und im Innenraum durch

Die Synagoge in Hagen. (Foto: Gerhard E. Sollbach)

Brandstiftung zerstört. Mit Vertrag vom 27. Mai 1939 „erwarb" die Stadt Hagen von der jüdischen Gemeinde das Grundstück und die darauf befindliche Synagoge. Bis zu ihrer endgültigen Zerstörung durch Luftangriffe 1943/44 diente das Gebäude als Polizeikasino und Garage.

Nach 1945 wurde der Gottesdienst in Privaträumen und nach der Rückübertragung des Grundstücks durch die Stadt Hagen in dem 1950 wiederaufgebauten Gemeindehaus abgehalten. Am 18. September 1960 erfolgte die Einweihung der neuen, von dem Architekten Karl Gerle entworfenen Synagoge in der Potthofstraße. In der Synagoge werden eine Erinnerungstafel an die 1914–1918 gefallenen Gemeindeangehörigen sowie ein erhaltenes Fenster der früheren Synagoge aufbewahrt.

▶ **WEITERE INFORMATIONEN** (Karte 10, S. 367)

Synagoge Hagen
Potthofstraße 16, 58095 Hagen

Die alte Synagoge in Hohenlimburg. (Foto: Gerhard E. Sollbach)

42 Die Synagoge Hohenlimburg

Der 1709 mit freiheitlichen Rechten der gräflichen Landesherrschaft ausgestattete und 1903 durch die preußische Regierung zur Stadt erhobene Ort Limburg besaß bis in die 1930er Jahren eine eigene jüdische Gemeinde. Sie entwickelte sich nach Anfängen um 1700 im Verlauf des 18. Jahrhunderts. Nach ihrer amtlich vorgeschriebenen Konstituierung 1854 besaß die Haupt-Synagogengemeinde Limburg in Berchum, Oestrich, Letmathe, Ergste und Hennen eigene Untergemeinden. Diese Untergemeinden verfügten über eigene Begräbnisplätze und Synagogen. Doch bereits vor dem Ersten Weltkrieg hatte sich dieser Synagogenverbund aufgrund der zu geringen Anzahl von Mitgliedern in den Untergemeinden aufgelöst.

Die früheste bekannte Ausstellung eines Schutzbriefes für einen Juden in der bis 1808 vom Grafenhaus Bentheim-Tecklenburg souverän regierten Grafschaft Limburg ist aus dem Jahr 1694 belegt. 1754 lebten in der Grafschaft 20 jüdische Familien, davon zehn in Limburg. Schon 50 Jahre später waren 44 jüdische Familien in dem kleinen Territorium gemeldet, mehr als die Hälfte von ihnen in der Gemeinde Limburg. Erst zu Beginn des 20. Jahrhunderts nahm der Zuzug von Juden in den damaligen Amtsbezirk Hohenlimburg ab. Durch Abwanderung in Großstädte ging die Zahl der Gemeindemitglieder von 150 im Jahr 1900 auf 70 im Jahr 1931 zurück.

Der überwiegende Teil der Juden in Limburg lebte im 18. und frühen 19. Jahrhundert vom Hausieren und vom Kleinhandel, darunter auch mit Glaswaren und Draht, der vor Ort hergestellt wurde. Ein Grund für die im Vergleich zu den Städten in der benachbarten preußischen Grafschaft Mark so hohe Zahl jüdischer Familien waren sicherlich auch die Einnahmen für das Grafenhaus. Die Juden mussten hohe Schutz- und Geleitgelder, Zölle und weitere Abgaben entrichten. Auf diese Finanzmittel konnte und wollte das finanzielle angeschlagene Grafenhaus nicht verzichten. Die Grafen von Bentheim-Tecklenburg förderten aber auch in der Herrschaft Rheda, wo seit 1756 die Hauptresidenz lag, die jüdische Gemeinde.

Religiöser Mittelpunkt des jüdischen Lebens in Hohenlimburg war die Synagoge. Bereits 1782 wurde mit gräflicher Erlaubnis im Wesselbachtal unterhalb der Schlossanlage eine Synagoge mit eigenem Schulgebäude errichtet. Da diese Synagoge mit der Zeit baufällig geworden war, plante die Gemeinde um 1850 den Bau eines neuen Gebäudes. Doch erst 1870 konnte die neue Synagoge eingeweiht werden, da die Gemeinde nur über geringe Finanzmittel verfügte. An den Baukosten beteiligten sich auch die Stadtverwaltung, die Stadtsparkasse und die beiden christlichen Gemeinden. Der Entwurf stammte von dem Baumeister Dietrich Liesenhoff aus Oestrich. Dort hatte er bereits 1844 eine Synagoge entworfen. 1908 wurde neben der Synagoge in Hohenlimburg ein neues Schulgebäude mit Wohnung für den Lehrer errichtet.

Die Synagoge wurde am Vormittag des 10. November 1938 anlässlich des reichsweiten Judenpogroms von einer großen Menschenmenge gestürmt. Sie versuchte den Davidstern auf dem Dach herunterzureißen, die Fenster wurden eingeschlagen. Im Inneren der Synagoge lagerten Matratzen und Kleidungsstücke eines jüdischen Konfektionsgeschäftes, das geplündert wurde. Im Dezember 1938 musste die damals in Auflösung befindliche jüdische Gemeinde in Hohenlimburg ihren Grundbesitz verkaufen. Der neue Besitzer errichtete in der Synagoge eine Fabrik: Die Thoranische diente fortan als Toilette.

Das benachbarte Schulgebäude war ab 1939 das „Judenhaus". Vom Vorplatz der Synagoge erfolgte am 28. April 1942 die Deportation der noch in Hohenlimburg wohnhaften Juden. Sie wurden auf einem offenen Wagen durch die Stadt zum Hagener Hauptbahnhof gefahren, von dort aus ging es nach Dortmund. Wenige Tage danach gelangten die Hohenlimburger Juden in das Ghetto in Zamosc, um wenig später wahrscheinlich im Vernichtungslager Sobibor ermordet zu werden.

Bis 1975 wurde das immer baufälligere Gebäude der früheren Synagoge als Fabrikhalle und Lager genutzt. Durch das Engagement der 1980 gegründeten „Bürgeraktion Synagoge Hohenlimburg", des Landeskonservators und der Stadt Hagen gelang die Erhaltung des Gebäudes sowie die Überführung in städtischen Besitz. Seit 1986 ist die restaurierte Synagoge eine Mahn- und Gedenkstätte mit einer Ausstellung zur jüdischen Geschichte. In der Thoranische befindet sich ein Gedenkstein, der an die erloschene jüdische Gemeinde in Hohenlimburg erinnert.

▶ **WEITERE INFORMATIONEN** (Karte 6 und 7, S. 363/364)

Alte Synagoge, Mahn- und Gedenkstätte der Stadt Hagen
Jahnstraße 46, 58119 Hagen-Hohenlimburg
Tel. 0 23 31 / 6 42 80

Ansicht des Stiftsbezirks auf einem vor 1748 entstandenen Gemälde des Hofmalers Johann J. Kleine. (Schloss Hohenlimburg, Festsaal)

43 *Der Stiftsbezirk Elsey*

Die mittelalterliche Geschichte der Grafschaft Limburg und der bis 1975 selbstständigen Stadt Hohenlimburg nahm an der Lenne in Elsey ihren Anfang. Bis zum Ende des Alten Reichs befand sich hier ein freiweltliches adeliges Damenstift, dessen klösterliche Geschichte bis in das 13. Jahrhundert zurückreicht. Die frühesten urkundlichen Nachrichten über eine Siedlung in Elsey finden sich in einer nach dem 20. August 1200 ausgestellten Urkunde des Kölner Erzbischofs Adolf I. von Altena, die zwei Hofstellen in „Elseyge“ im Besitz seines Bruders Graf Arnold I. von Altena-Isenberg nennt.

Teilansicht des Stiftgeländes in Elsey mit zwei ehemaligen Stiftsfräulein-Wohnhäusern. (Foto: Gerhard E. Sollbach)

Rund zwanzig Jahre später forderten die von 1218 bis 1225 regierenden Erzbischöfe Engelbert II. von Berg (Köln) und Dietrich I. von Altena-Isenberg (Münster) die Pfarrer ihrer Diözesen auf, eine Kollekte zu Gunsten des damals bereits fortgeschrittenen Kirchenbaues in Elsey zu veranstalten. 1223 bestätigte Erzbischof Engelbert II. von Berg eine Anzahl von Schenkungen und Stiftungen, die Graf Friedrich II. von Altena-Isenberg dem Kloster Elsey gemacht hatte. Aus einer 1259 durch Graf Dietrich I. von Isenberg-Limburg ausgestellten Urkunde erschließt sich dann aber, dass das Kloster tatsächlich eine Familienstiftung des Grafenhauses Altena-Isenberg war. Nach einer 1278 durch Dietrich I. von Volmarstein ausgestellten Urkunde gehörte es spätestens zu dieser Zeit dem Orden der Prämonstratenser an. Dennoch bleibt das Gründungsjahr des Klosters im Dunkeln, kurz nach 1220 scheint jedoch der wahrscheinlichste Zeitraum zu sein.

Alle Versuche, den Ursprung des Klosters und der Kirche in eine Zeit vor das 13. Jahrhundert, z. B. in das 8./9. Jahrhundert als Teil eines fiktiven Systems von so genannten Urpfarren, zu verorten, erweisen sich bei näherer Betrachtung als fragwürdig. Die in Elsey entdeckten archäologischen Befunde, die im Jahre 2002 bei Bauarbeiten in großer Zahl im früheren Stiftsbezirk zutage traten, leider aber wenig systematisch geborgen wurden, entsprechen zeitlich der urkundlichen Überlieferung aus dem Hoch- und Spätmittelalter.

Im 16./17. Jahrhundert vollzog sich in Elsey der Wandel von einem Kloster bzw. Chorfrauenstift zu einem freiweltlichen Damenstift. Im Gegensatz zu einem Kloster, dessen Mitglieder strengen Regeln und Ordnungen unterworfen waren, wurde im säkularisierten Stift Elsey selbst von der Äbtissin nicht verlangt, z. B. ein Gelübde abzulegen: Die Stiftsdamen wurden durch eine „Aufschwörung" zu Mitgliedern des Stifts. Doch nur ein kleiner Teil von ihnen lebte tatsächlich auch dauerhaft in Elsey. Das Stift war vielmehr eine Versorgungsanstalt für Töchter und unverheiratete Frauen hoch- und niederadeliger Familien. Mit Beginn der Regentschaft des Grafenhauses Bentheim erfolgte dann im frühen 17. Jahrhundert im Stift Elsey die Einführung der Reformation. Unter den verschiedenen Stiftspredigern erlangte vor allem Johann Friedrich Möller (1750–1807) eine große Popularität und Ausstrahlung. Seine theologischen und historischen Arbeiten sowie sein politisches Engagement reichten weit über die Territorien Mark und Limburg hinaus.

Die Aufhebung des Stifts Elsey vollzog sich nach dem Ende des Alten Reichs im August 1806 in mehreren Schritten. Durch die Beschlüsse des Reichsdeputationshauptschlusses besaß das Grafenhaus Bentheim-Tecklenburg bereits 1803 das Recht zur Aufhebung und Einziehung des Stifts Elsey. Graf Moritz Casimir II. von Bentheim-Tecklenburg zog zwar die in seiner Herrschaft Rheda gelegenen Abteien Clarholz und Herzebrock ein, nicht aber das Stift Elsey, das im Gegensatz zu vielen anderen westfälischen Klöstern und Stiften den Untergang des Alten Reiches dann auch überlebte. Im Rahmen der Neuordnung des Finanzwesens im Großherzogtum Berg wurde das Stift Elsey schließlich durch ein kaiserlich französisches Dekret vom 22. Juni 1811 aufgehoben.

▶ **WEITERE INFORMATIONEN** (Karte 6, S. 363)

Kloster Elsey
Im Stift, 58119 Hagen

Das ehemalige Wohn- und Amtshaus des Stiftsamtmanns in Gevelsberg. (Foto: Gerhard E. Sollbach)

44 Der Stiftsbezirk Gevelsberg

Das Zisterzienserinnen-Kloster in Gevelsberg wurde bald nach 1230 als Sühnestiftung von mehreren Adeligen in unmittelbarer Nähe der Stelle gegründet, an der am späten Nachmittag des 7. November 1225 der Kölner Erzbischof Engelbert II. von Berg bei einem von Graf Friedrich II. von Isenberg angeführten Überfall getötet worden war. Urkundlich wird das Kloster erstmals 1235 erwähnt. Über das Aussehen und die Bebauung des Klosters im Mittelalter ist kaum etwas überliefert. Eine heute im Märkischen Museum in Witten verwahrte hölzerne Skulptur des Erzbischofs Engelbert stammt ursprünglich aus der Stiftskirche. Sie ist das einzige überlieferte Zeugnis der mittelalterlichen Klostergeschichte. Archäologische Befunde und Funde wurden im früheren Stiftsbezirk bislang noch nicht entdeckt.

Gegen Ende des 16. Jahrhunderts wurde das Kloster in ein freiweltliches Stift umgewandelt. Seit dem späten 17. Jahrhundert führte es die Bezeichnung „Hochadeliges (frei-)weltliches Stift". Tatsächlich fanden in dem Stift, wie zuvor auch schon in dem Kloster Gevelsberg, unverheiratete Töchter des Niederadels, vorwiegend des Landadels aus der Umgebung Aufnahme und so eine wirtschaftliche Versorgung. 1657 wurde die Höchst-Zahl der Stiftsdamen auf zwölf festgesetzt und 1801 auf zehn reduziert. Tatsächlich waren im 18. Jahrhundert aber meist nur sieben bis acht Stiftsstellen besetzt. Zu mehr reichte die Wirtschaftskraft des Stifts Gevelsberg nicht aus, das zu den weniger vermögenden Einrichtungen seiner Art gehörte. Zum 1. Januar 1812 erfolgte die Auflösung des Stifts.

Auf dem seit 1988 unter Denkmalschutz stehenden ehemaligen Kloster- und Stiftsgelände ist kein Bauwerk aus mittelalterlicher Zeit erhalten. Lediglich die Grundmauern und das als Keller genutzte Gewölbe unter der 1825 wegen Baufälligkeit abgebrochenen Klosterkirche stammen aus dem 13. Jahrhundert.

Das so genannte Korn- und Zehnthaus sowie das Alte Äbtissinnenhaus, zwei ehemalige Stiftsfräulein-Wohnhäuser auf dem Stiftsgelände in Gevelsberg. (Foto: Gerhard E. Sollbach)

Aus der Zeit als Stift gibt es auf dem eigentlichen Stiftsbezirk noch insgesamt drei Gebäude. Es sind dies das fälschlich als Korn- und Zehnthaus bezeichnete Stiftsdamen-Wohnhaus derer von Bottlenberg, die neue Abtei mit Nebengebäude sowie das im Volksmund so genannte „Alte Äbtissinnenhaus". Das Bottlenbergsche Stiftsdamen-Wohnhaus ist ein aus zwei Teilen bestehender Bruchsteinbau, dessen älterer Teil wohl noch aus der Klosterzeit stammen dürfte. Die neue Abtei wurde in den Jahren 1803–1805 erbaut. Es handelt sich hierbei um einen im klassizistischen Stil errichteten, zweistöckigen verschieferten Fachwerkbau mit flach geneigtem Vollwalmdach. Das Gebäude blieb das Wohnhaus der letzten Äbtissin des Stifts, Theodora Wilhelmina von Bönen, bis zu ihrem Tod im Jahr 1812.

Das bekannteste und auch bedeutendste Stiftsgebäude ist jedoch das als „Altes Äbtissinnenhaus" bezeichnete Stiftshaus derer von Westrem. Das Haus oder der Anbau wurde 1683–1685 errichtet. Der westliche Teil ist jedoch älter und stammt aus den Jahren 1545–1547. Das von Westremsche Stiftshaus ist nicht nur das am besten erhaltene Stiftsgebäude, sondern auch einer der ältesten erhaltenen Fachwerkbauten der Region und für diesen Raum einzigartig. Aus der Zeit des Stifts stammen auch noch das spätbarocke Wohnhaus des letzten Stiftsamtmanns sowie das Gebäude des Stiftsschultenhofs und verschiedene Nebengebäude, die sich aber alle außerhalb des eigentlichen Stiftsbezirks befinden. Auch sind noch Teile der Klostermauer und der Stiftsfriedhofsmauer erhalten. Vor dem Zugang zum Stiftsbezirk steht heute das 1925 aus Anlass des 700. Jahrestags des Ereignisses vom 7. November 1225 errichtete steinerne Engelbert-Denkmal.

▶ **WEITERE INFORMATIONEN** (Karte)

Stiftsbezirk Gevelsberg
Im Stift, 58285 Gevelsberg

Die ehemalige Stiftskirche St. Marien in Herdecke. (Foto: Gerhard E. Sollbach)

45 *Der Stiftsbezirk Herdecke*

Der Frauenkonvent bzw. das spätere freiweltliche adelige Damenstift in Herdecke soll nach einer im Stift gepflegten Überlieferung zu Beginn des 9. Jahrhunderts gegründet worden sein. Die Errichtung erfolgte auf einer alten Flussterrasse der Ruhr, die etwa 16 Meter über dem Flussspiegel liegt und Schutz vor dem früher regelmäßigen Ruhrhochwasser bot. Eine erste schriftliche Erwähnung des Konvents findet sich in den zwischen 1183 und 1187 entstandenen Wundergeschichten des Heiligen und Kölner Erzbischofs Anno II. Doch muss der Konvent bereits im 11. Jahrhundert bestanden haben, da spätestens zu diesem Zeitpunkt die Herdecker Konvents- bzw. Stiftskirche errichtet worden ist. Vögte des Klosters waren u. a. die Herren von Volmarstein, die als kölnische Dienstleute von der Burg Volmarstein vom frühen 12. Jahrhundert bis 1324 die gleichnamige Herrschaft verwalteten. Am 1. Januar 1812 wurde das Herdecker Damenstift aufgehoben.

Der Stiftsplatz in Herdecke. (Foto: Gerhard E. Sollbach)

Die noch zu einem beträchtlichen Teil erhaltene historische Bebauung des ehemaligen Stiftsbezirks im Altstadtzentrum von Herdecke wurde ab 1976 denkmalgerecht saniert. Ältestes Gebäude auf dem Stiftsplatz wie überhaupt in der Altstadt von Herdecke ist die ehemalige Stiftskirche St. Marien. Es handelt sich hierbei um eine spätromanische, dreischiffige, querschifflose Gewölbebasilika des 13. Jahrhunderts, die auf einem zwischen dem 9. und dem 11. Jahrhundert errichteten Gründungsbau beruht. Der im Westen angebaute Turm stammt aber erst von 1901/02.

Vor allem an der Westseite des Stiftsplatzes hat sich eine fast geschlossene Bebauung mit Stiftsbauten aus dem 18. Jahrhundert erhalten. Mit einer Ausnahme und einer weiteren Teilausnahme handelt es sich um Fachwerkbauten. Die gänzliche Ausnahme ist das mächtige, um 1780 aus dem heimischen Ruhrstandstein errichtete zweistöckige Haus Stiftsplatz 4. Über der zweiflügeligen Eingangstür befindet sich eine Sandsteinplatte mit einem Schild, auf dem zwei gekreuzte Degen dargestellt sind. Das hat dem Gebäude im Volksmund die Bezeichnung „Zwei-Schwerter-Haus" eingetragen. Tatsächlich handelt es sich bei dem Schild aber um das Familienwappen der Erbauerin, eines Fräuleins Hermine von Diepenbrock.

Bei den sich nördlich daran anschließenden Fachwerkbauten handelt es sich zumeist um ehemalige Wohnhäuser der Stiftsdamen und Wirtschaftsgebäude des Stifts. Das schmuckverschieferte, zweigeschossige Haus Stiftsplatz 3 wurde nach 1820 von dem Herdecker Farbwarenhändler Heinrich Hueck an der Stelle des abgerissenen Wohnhauses der letzten Herdecker Stiftsäbtissin erbaut. Die ursprüngliche Raumaufteilung mit einem axialen Mittelflur kennzeichnet dieses Gebäude als eine typische Unternehmervilla der damaligen Zeit. Der Dreiecksgiebel über der Haustür und das Rundfenster im Dachgiebel betonen zusätzlich noch die Mittelachse.

1842 gründete Eduard Steinbrinck in dem Gebäude eine Schnapsbrennerei und Likörfabrik, die spätere Stiftsbrennerei. 1849 erwarb er dann auch das Haus. Heute ist darin das Heimatmuseum untergebracht. Unmittelbar vor der Westfront dieses Hauses befindet sich das Grab der letzten Äbtissin des Stifts Herdecke, Wilhelmine Anna Katharina von Blomberg-Hachtenhausen, mit der von ihrem Bruder errichteten, schlichten klassizistischen Grabstele.

▶ WEITERE INFORMATIONEN (Karte 1, S. 358)

Stiftsbezirk Herdecke
Stiftsplatz/Altstadt, 58313 Herdecke

HISTORISCHE STÄTTEN UND DENKMALE

Einleitung: Erinnerung für alle Zeiten

von Stephanie Marra

Geschichte manifestiert sich vor allem auch im Gedenken und in der Erinnerung. Diese Merkmale kennzeichnen bis heute auch die Totenkulte und Begräbniskultur in den menschlichen Gemeinschaften. Denkmale werden geschaffen, um Ereignisse und Personen nicht der Vergessenheit anheimfallen zu lassen. Sie sollen das Gedenken und die Erinnerung konservieren und über Generationen „für alle Zeiten" überliefern.

Ähnlich verhält es sich bei historischen Stätten, die Denkmale sein können, aber auch Orte mit einer bestimmten Geschichte sind. Hier wird die Erinnerung durch die Örtlichkeit aktiviert, auch wenn sie sich längst nicht mehr in ihrer ursprünglichen Gestalt zeigen.

Eine prägende Gruppe bilden teilweise mit hohem finanziellen Aufwand errichtete Denkmale zur Erinnerung an Persönlichkeiten und Ereignisse. Gerade für den Raum Hagen ist eine umfangreiche bürgerliche Denkmalkultur belegt. Sie setzte zu Beginn des 19. Jahrhunderts und besonders im Zusammenhang mit den Befreiungskriegen gegen die französische Herrschaft ein und reicht bis in die Gegenwart.

Die auf markanten Bergen seit Mitte des 19. Jahrhunderts in und um Hagen errichteten Gedenktürme an herausragende Personen und preußische Regenten sind heute topografische Wahrzeichen der Volmestadt. Nach den Einigungskriegen von 1864 bis 1871 wurde eine Reihe von Kriegerdenkmalen eingeweiht. Sie bilden die häufigste Denkmalgruppe in der Region.

Die im Stadtgebiet von Hagen anzutreffenden Bunker und Stollen aus dem Zweiten Weltkrieg sind heute wichtige Denkmale. Sie erinnern nicht nur an den Bombenkrieg und die Zerstörung der Stadt 1939–1945, sondern auch an Zwangsarbeit, an die nationalsozialistische Terrorherrschaft und den Versuch eines martialischen Städtebaus, der auch für Hagen geplant war.

46 Buschey-Friedhof in Hagen

Der Buschey-Friedhof in Hagen-Wehringhausen ist wegen seiner vielen alten Grabmale nicht nur ein stadt- und kulturgeschichtlicher Erinnerungsort, sondern auch ein konfessionsgeschichtlich aufschlussreiches Zeugnis. In Preußen durften seit dem Erlass des Allgemeinen Landrechts von 1794 die Toten nur noch auf außerhalb der Städte gelegenen Friedhöfen bestattet werden. Sein Paragraph 184 bestimmte nämlich: „In den Kirchen und in den bewohnten Gegenden der Städte sollen keine Leichen beerdigt werden." Doch erst zur Zeit der napoleonischen Herrschaft in dieser Gegend wurde diese Vorschrift auch in die Praxis umgesetzt. Das von Napoleon I. erlassene Reformdekret vom 12. Juni 1804 schrieb nämlich u. a. die Schließung der innerstädtischen Friedhöfe und ihre Neuanlage mindestens 30–40 Meter außerhalb der Städte vor.

Zwar begann die französische Herrschaft in Hagen im Jahr 1806, doch erst vier Jahre später veranlasste der seit 1809 amtierende Hagener Bürgermeister Carl Ludwig Christian Dahlenkamp auf Druck der französischen Behörden die Be-

Alter Eingang zum Buschey-Friedhof. (Foto: Gerhard E. Sollbach)

Familien-Erbgruften auf dem Buschey-Friedhof. (Foto: Gerhard E. Sollbach)

folgung des Reformdekrets und die Schließung der innerstädtischen Fried- bzw. Kirchhöfe. Für die Anlage des neuen Friedhofs wählte man ein Gelände am Buschey, das sich damals noch außerhalb der Stadt befand. Die Einweihung des dann so genannten Buschey-Friedhofs erfolgte zu Ostern 1810. Dieser älteste, heute noch benutzte Hagener Friedhof wurde auch der Friedhof der örtlichen Elite. Auf ihm haben zahlreiche Angehörige führender Familien des Bildungs- und Wirtschaftsbürgertums der Stadt ihre letzte Ruhe in zum Teil monumentalen und auch kulturgeschichtlich bedeutsamen Grabanlagen gefunden. Dazu zählen u. a. Mitglieder der Familien Elbers, Osthaus, Putsch, Funcke, Dahlenkamp, Halbach, Millhoff, Schemann, Söding, Gerstein und Springmann.

Die Besonderheit des Buschey-Friedhofs war aber seine für die damalige Zeit ungewöhnliche ökumenische Ausrichtung. Die lutherische, die katholische und die reformierte Kirchengemeinde in der Stadt, die ansonsten häufig und erbittert miteinander stritten, hatten sich in diesem Fall aber zu einer gemeinschaftlichen Bestattungskultur zusammen gefunden. In ihrer Nachfolge verwalten heute die lutherische Stadtgemeinde, die katholische St. Marien-Gemeinde und die reformierte Kirchengemeinde in einem Trägerverein gemeinsam den Buschey-Friedhof.

▶ **WEITERE INFORMATIONEN** (Karte 9, S. 366)

Buschey Friedhof
Grünstraße 2 (Nebeneingang), 58095 Hagen-Wehringhausen

links: Moderne Rezeption der Richtstätte „Reher Galgen“. 200 Jahre nach der letzten Hinrichtung war das frühere Hochgericht wieder der Schauplatz eines „Theaters des Schreckens“. Auf dem Galgenhügel steht das Moritatenduo „Heimatscholle“ (Uwe Bittner/Uwe Fuhrmann) aus Schwerte. (Foto: Miriam Platte; Verein für Orts- und Heimatkunde Hohenlimburg); rechts: Gedenkstein am „Reher Galgen“. (Foto: G. E. Sollbach)

47 Reher Galgen

An der früheren Richtstätte am „Reher Galgen“ in der Nähe von Henkhausen bei Reh erinnert ein vom Verein für Orts- und Heimatkunde Hohenlimburg e. V. errichteter Gedenkstein an eine Hinrichtung, die an dieser Stelle im Jahre 1807 stattfand. Der einstige Hinrichtungsplatz ist ein Ort, der häufig von Geschichtsinteressierten aufgesucht wird. Die frühere Richtstätte erinnert an das „Theater des Schreckens“, als welches die Inszenierung einer Hinrichtung von Zeitgenossen empfunden wurde.

Richtplätze waren die Landmarken einer durch die Landesherrschaft in einem Territorium ausgeübten Gerichtshoheit. Sie wurden in der Regel an exponierten und weithin sichtbaren Stellen errichtet. Die Orte, an denen die oft grausamen Körperstrafen vollzogen wurden, sind bis in die jüngste Zeit von vielfältigen Mythen und Legenden umgeben. Im Mittelalter und in der Frühen Neuzeit galten sie als verflucht und, wie auch die Scharfrichter als ausführende Organe des Strafrechts und verfemte Randgruppen der Gesellschaft, als Symbole der Unehre und Schande.

Im Raum Hagen lagen mehrere Richtplätze, von denen bis heute nur der so genannte Reher Galgen bei Hohenlimburg als archäologisch greifbarer, wenngleich auch aus Unkenntnis während der 1920er Jahre stark veränderter Ort überliefert geblieben ist. Die gegen Ende des 16. Jahrhunderts urkundlich belegte Richtstätte auf der Boyler Heide (Boelerheide) sowie der Richtplatz am Hasper Bruch – er ist vom 17. bis zum frühen 19. Jahrhundert nachweisbar – können heute nicht mehr lokalisiert werden.

Transport des Vaganten Jürgen Bechtold auf dem Weg zur Richtstätte „Reher Galgen“. Nachgestellte Szene auf dem Festzug anlässlich der „700 Jahrfeier von Stadt und Schloß Hohenlimburg“, 30.6.1930. (Stadtarchiv Hagen)

Vor den Erdarbeiten um 1925 soll der Richtplatz Reher Galgen aus einem flachen Hügel bestanden haben, der von Gräben und Wällen umgeben war. Durch diese deutliche Markierung als Ort der Strafrechtspflege entsprach er vergleichbaren Richtstätten, wie sie in anderen Regionen archäologisch untersucht werden konnten oder aber als Bodendenkmal erhalten geblieben sind.

Auf Karten aus dem frühen 18. Jahrhundert ist das Gebiet des Reher Galgens nicht als Hochgericht eingetragen, allerdings fehlen Hinweise auf andere Richtplätze in dem kleinen Territorium ebenfalls. Aus Schriftquellen ist bekannt, dass der im frühen 15. Jahrhundert durch die Verbrennung eines Kriegsknechts erwähnte Richtplatz im Jahre 1618 vor einer anstehenden Hinrichtung neu angelegt wurde. Aber ob es sich dabei um den Reher Galgen gehandelt hat, ist unklar.

Belegt ist jedenfalls die Enthauptung des Raubmörders Jürgen Bechtold am 19. Juni 1807 am Reher Galgen. Es handelte sich um die letzte Hinrichtung in der 1808 aufgelösten und dem französischen Großherzogtum Berg zugeschlagenen Grafschaft Limburg. Das schaurige Geschehen auf der Richtstätte hinterließ einen so nachhaltigen Eindruck im Gedächtnis der Bevölkerung, dass es bis heute ein fester Bestandteil der lokalen Erinnerungs- und Geschichtskultur ist.

▶ **WEITERE INFORMATIONEN** (Karte 6, S. 363)

Reher Galgen
Schälker Landstraße, 58119 Hagen-Hohenlimburg (Reh)

Die am 20.1.1923 eingeweihte und im Oktober 1943 bei einem Luftangriff zerstörte Stadthalle auf der Hagener Springe, Farbfoto um 1935. (Stadtarchiv Hagen)

48 Die Springe in Hagen

Im Laufe seiner Geschichte hat dieser große innerstädtische freie Platz in Hagen unterschiedlichen Zwecken gedient und auch manche Veränderungen erfahren. Ursprünglich und noch bis in das 19. Jahrhundert hinein war die Springe eine Insel. Im Osten wurde sie von der Volme und im Westen von dem Mühlengraben umflossen. Sie war teils mit Bäumen, teils mit Gras bewachsen und diente den Bewohnern des Dorfes Hagen als „Gemeinheits"-Viehweide. Im 19.Jahrhundert wurde ein Teil der Springe auch als Wäschebleiche genutzt. Außerdem standen an der Ostseite Tuchrahmen, an denen Tuche zum Trocknen aufgespannt werden konnten – natürlich gegen eine an die Stadt zu zahlende Gebühr. Noch bis gegen Mitte des 19.Jahrhunderts war nämlich die Tuchfabrikation ein wichtiger Wirtschaftszweig des Ortes.

In der zweiten Hälfte des 19. Jahrhunderts wurde die Springe zeitweilig auch als Turnplatz für die Hagener Schulen wie auch für den 1860 gegründeten „Allgemeinen Hagener Turnverein" genutzt. Seit jeher diente sie aber als Versammlungs- und Festplatz, vor allem für die Kirmes. Während der

Revolution von 1848/49 war die Springe auch der Schauplatz einer Meuterei. Am 10. Mai 1849 kamen hier märkische Landwehrmänner zusammen, die mit dem Ziel der Niederschlagung des in Baden ausgebrochenen Aufstands auf die Springe zur Einkleidung einberufen wurden. Allerdings verweigerten sie nach ihrem Eintreffen die Einkleidung mit der Begründung, nicht auf die deutschen Brüder schießen zu wollen. Das erste nachzuweisende große Fest auf der Springe, bei dem auch ein Festzelt aufgestellt wurde, ist das Märkisch-Westfälische Gesangsfest gewesen, das vom 19. bis 21. Juli 1851 stattfand.

Als infolge des ständigen Bevölkerungswachstums der Stadt in der zweiten Hälfte des 19. Jahrhunderts der bisherige Marktplatz an der Springe schließlich um 1900 nicht mehr ausreichte, ließ man zur Vergrößerung den Häuserblock zwischen Markt und Johanniskirchplatz abbrechen. Da dies jedoch noch nicht ausreichte, beschloss die Stadtverwaltung, die Springe als Marktplatzfläche hinzu zu nehmen. Dafür musste jedoch der Mühlengraben umgeleitet und vor allem die tiefer als der alte Marktplatz gelegene Springe auf die Höhe des alten Marktplatzes und des Johanniskirchplatzes aufgeschüttet werden. Die 1906 begonnenen Arbeiten fanden 1910 mit der Errichtung der steinernen Ufermauer entlang der Volme ihren Abschluss. Damit hatte die Springe im Wesentlichen ihre heutige Gestalt erhalten.

1923 wurde an ihrem südöstlichen Ende die Stadthalle mit ihrer charakteristischen Kuppel errichtet. Bis zur Zerstörung im Zweiten Weltkrieg war sie der kulturelle Mittelpunkt der Stadt. Am 31. März 1947 kam es auf der Springe zu einer großen Hungerdemonstration mit mehr als 20.000 Teilnehmern. Zu Beginn der 1950er Jahre wurden die Reste der Stadthalle abgerissen. An ihrer Stelle entstand 1997 das neue Hagen Medienzentrum mit einem modernen Multiplex-Kino. Seit April 1998 beherbergt das Gebäude auch die Hagener Stadtbücherei.

▶ **WEITERE INFORMATIONEN** (Karte 10, S. 367)

Springe
58095 Hagen

Luftaufnahme des Westfälischen Freilichtmuseums Hagen. (LWL-Freilichtmuseum Hagen)

49 LWL-Freilichtmuseum Hagen

Gleich mehrere Gebäude mit historischer Bedeutung für Hagen und Umgebung finden sich im LWL-Freilichtmuseum Hagen – Westfälisches Landesmuseum für Handwerk und Technik. Schon in den ersten Überlegungen für dieses Museum, die bis in die 1920er Jahre zurückreichen, ging es darum, Gewerbegebäude und Produktionsstätten zu sichern, deren weitere Existenz am Originalstandort durch die fortschreitende Industrialisierung gefährdet war, insbesondere durch die Verdrängung der traditionellen Energieformen Wasser und Wind als Folge der Elektrifizierung des Märkischen Sauerlandes. Diese Zielsetzung bestimmte auch die Aufbauphase des 1960 gegründeten „Westfälisches Freilichtmuseum Technischer Kulturdenkmale", so die damalige Bezeichnung.

Insgesamt wurden seit Beginn der 1960er Jahre rund 50 Gebäude mit annähernd 60 historischen Werkstätten im Museumsgelände errichtet. Zu diesen Gebäuden gehört auch eines der ältesten Fachwerkhäuser Hagens, das nach seinem Besitzer benannte „Haus Petersen". Als einziges Fachwerkhaus in der Hagener Innenstadt überstand es den Zweiten Weltkrieg. Das Gebäude, in dem zu Beginn des 20. Jahrhunderts eine Schreinerei untergebracht war, stand an der Wasserstraße in Hagen. Es musste einer neuen Straßenführung weichen und wurde 1973 im Museum wieder aufgebaut.

Einen gewerblichen Bezug haben auch andere Gebäude im Freilichtmuseum, die aus Hagen und Umgebung stammen: die Kaffeemühlenschmiede aus Boele, die Blaufärberei in einem ehemaligen Wohnhaus aus Hohenlimburg, das ebenfalls von dort stammende Gebäude der Goldschmiede, die 1980 errichtete Brückenwaage von der Bau- und Brennstoffhandlung Brauckmann in Haspe und das 1800/01 errichtete Gebäude von „Haus Harkorten", das im Museum als Brauerei genutzt wird. Hinzu kommen die „Mairie Boele", in dem Caspar Dietrich Bothe in den ersten Jahrzehnten des 19. Jahrhunderts seinen Amtssitz als Boeler Bürgermeister hatte, das „Haus Haspe", dessen Vorbild in der Berliner Straße 62 stand, der Kornkasten aus Herdecke und nicht zuletzt der Giebel des Krass-Hauses an der Berliner Straße, der im LWL-

Im Freilichtmuseum herrscht zu den Öffnungszeiten durch zahlreiche Besucher reges Treiben. (LWL-Freilichtmuseum Hagen)

Freilichtmuseum das Lederhaus ziert. Einige Gebäude spiegeln herausragende Aspekte und Besonderheiten der Hagener Gewerbegeschichte.

1872 wurde in der Grafschaft Mark mit der Strecke Elberfeld–Hagen–Hamm der regelmäßige Postkutschendienst auch für die Personenbeförderung eingeführt. Aus dieser Zeit stammt das Gebäude, das im Freilichtmuseum als „Gasthof zur Post" errichtet wurde und so einen Namen trägt, der die seinerzeit übliche Kombination aus Poststelle und Gasthaus spiegelt. Es handelt sich dabei um ein Wohnhaus aus Haspe, das in der zweiten Hälfte des 19. Jahrhunderts auch als Gasthaus genutzt wurde. 1966 wurde es am Originalstandort Berliner Straße 48 abgebaut und im Museum wieder aufgebaut.

In unmittelbarer Nähe wurde die Hufschmiede aus Zurstraße errichtet, die für die über Jahrhunderte gewachsene

Kleineisenindustrie im Märkischen Raum steht. 1793 gründete der Schmied Hakenberg an diesem verkehrsgünstigen Standort direkt an der alten Handelsstraße zur Hansestadt Breckerfeld seinen Betrieb. Über Generationen wurden in dieser Schmiede neben dem Hufbeschlag auch eiserne Teile für Karren, Schlitten und Wagen hergestellt. 1970 wurde die Hufschmiede in abgewandelter Form in das Freilichtmuseum umgesetzt.

Vor allem an der Ennepe war die Herstellung von Sensen ein wichtiges Gewerbe; die Produkte erlangten weltweit einen guten Ruf. Das Freilichtmuseum konnte die Betriebseinrichtung des Sensenhammers Suberg in Haspe übernehmen, einer für die Region Hagen und Umgebung typischen mittelgroßen Betriebsanlage, in der noch bis in die 1960er Jahre mit Schwanzhämmern produziert wurde. Das Gebäude selbst wurde am Originalstandort aufgemessen und in leicht abgewandelter Form nachgebaut.

An die bedeutende Tradition der Hagener Papierherstellung, die im Stadtgelände mangels historischer Gebäude nicht mehr präsent ist, erinnert „Haus Vorster", in dem heute die historische Druckerei des Freilichtmuseums eingerichtet ist. Das 1712 im spätbarocken Fachwerkstil errichtete Gebäude war Teil eines großen Firmenkomplexes, der Papierfabrik A. D. Julius Vorster in der Stennert bei Eilpe.

Das LWL-Freilichtmuseum ist einer von drei Ankerpunkten in Hagen auf der Route der Industriekultur.

▶ **WEITERE INFORMATIONEN** (Karte 12, S. 369)

LWL-Freilichtmuseum Hagen
Westfälisches Landesmuseum für Handwerk und Technik
Mäckingerbach, 58091 Hagen
Tel. 0 23 31 / 78 07-0
www.lwl.org/LWL/Kultur/LWL-Freilichtmuseum_Hagen/

Öffnungszeiten: 29.3.–31.10.2013
täglich ab 9 Uhr, außer Mo, an allen Feiertagen (während der Saison) geöffnet
Einlass bis 17 Uhr, Häuserbesichtigung bis 17.30 Uhr, So bis 18 Uhr

Der Bismarck-Turm. (Foto: Gerhard E. Sollbach)

50 Der Bismarck-Turm

Im Unterschied zu den anderen Gedenktürmen in Hagen ist die Errichtung des Bismarck-Turms keine Einzelinitiative gewesen, sondern erfolgte im Rahmen einer reichsweiten Aktion zur Errichtung von Bismarck-Säulen, wie die Türme damals bezeichnet wurden. Auch ist die Gestalt des Hagener Bismarck-Turms nicht singulär, sondern Exemplar einer Serienproduktion. Mindestens 43 derartige Bismarck-Türme sind seinerzeit nach demselben Vorbild in Deutschland gebaut worden. Sie waren gegenständlicher Ausdruck der großen Verehrung, die Otto von Bismarck (1815–1899) damals im Bürgertum vor allem als „Schmied des Deutschen Reiches von 1871" genoss.

In Hagen kam es Anfang des Jahres 1899 zur Bildung eines Ausschusses für die Errichtung einer Bismarck-Säule. Vorsitzender und Hauptinitiator des Bauprojekts war der Hagener Gymnasialprofessor Dr. Haake, der zugleich auch die Ortsgruppe Hagen des Alldeutschen Verbands leitete. Die Ausschuss-Mitglieder gehörten nahezu ausschließlich dem Besitz- und Bildungsbürgertum an. Bereits am 20. Juni des folgenden Jahres wurde mit dem Bau des Bismarck-Turms auf dem Goldberg begonnen. Infolge eines Kälteeinbruchs im November desselben Jahres mussten die Bauarbeiten jedoch vorübergehend eingestellt werden. Am 3. Juni 1901 konnte der fertig gestellte Turm eingeweiht werden.

In den folgenden Jahren diente der Bismarck-Turm bzw. das dortige Gelände als Veranstaltungsort vorwiegend von nationalen und patriotischen Feiern. Im Zweiten Weltkrieg befand sich hier eine Flakstellung, Überreste der Munitionsbunker finden sich noch heute in den angrenzenden Waldungen.

Mit der zunehmenden Bedeutung von Freizeit und Erholung in den 1950er Jahren erlangte der Bismarck-Turm Bedeutung vor allem als Ausflugsziel. Heute spielt der Bismarck-Turm insbesondere eine Rolle als Wahrzeichen der Stadt Hagen, dessen Bekanntheit und Bedeutung weit über diejenige der drei anderen Hagener Gedenktürme hinausgeht. Seit 2011 hat sich der Förderverein Bismarckturm Hagen e. V. der Restaurierung des markanten Denkmals angenommen.

Für den Bau des Bismarck-Turms wurden auch italienische Maurer beschäftigt. (Foto: Theodor Mende, 1900/01; Stadtarchiv Hagen)

▶ **WEITERE INFORMATIONEN** (Karte 9, S. 366)

Bismarckturm
Auf dem Goldberg 1, 58091 Hagen

Der Kaiser-Friedrich-Turm. (Foto: Gerhard E. Sollbach)

51 *Der Kaiser-Friedrich-Turm*

Der Kaiser-Friedrich-Turm auf der Hesterthardt im heutigen Stadtteil Hagen-Haspe wurde 1910 als dritter der Hagener Gedenktürme errichtet. Er sollte der Erinnerung an den 1888 nach nur 99-tägiger Regierung verstorbenen Kaiser Friedrich III. dienen.

Der ehemalige Kronprinz war wegen seiner militärischen Erfolge als Feldherr in dem Krieg Preußens gegen Österreich 1866 und im Deutsch-Französischen Krieg im Volk sehr geschätzt und galt zusammen mit seinem Vater Kaiser Wilhelm I. und Otto von Bismarck als Mitbegründer des Deutschen Reichs von 1871. Außerdem hatte das Bürgertum in ihm den Hoffnungsträger für seine liberalen Wünsche nach größerer politischer Teilhabe gesehen.

Im März 1891 bildete sich in der damals noch selbstständigen Stadt Haspe ein Kaiser-Friedrich-Denkmal-Komitee, das sich bereits im folgenden Jahr als „Verein für die Errichtung eines Kaiser-Friedrich-Denkmals auf der Hestert Hardt" organisierte. Nach dem Erwerb eines geeigneten Grundstücks errichtete der Verein im Mai 1891 dort als Provisorium zunächst einen Aussichtsturm aus Holz und außerdem ein Ausflugslokal.

Die Eintrittsgelder für die Turmbesteigung ebenso wie die Überschüsse aus dem Gaststättenbetrieb und die sonstigen aus der Anlage gewonnenen Einnahmen flossen in die Denkmalskasse. Doch gelang es dem Verein nicht, die notwendige Bausumme für einen steinernen Turm zu beschaffen. 1906 entschloss man sich daher, das erworbene Grundstück an die Stadt Haspe, auf deren Gebiet es lag, mit der Auflage abzutreten, das Turmprojekt zu verwirklichen.

Das ist dann auch geschehen. Am 25. September 1910 konnte der nach den Plänen des Hasper Stadtbaumeisters Imle und mit Hilfe von weiteren Spenden aus der Bevölkerung errichtete Turm nach nur dreimonatiger Bauzeit eingeweiht werden. Das ca. 17 Meter hohe und mit Natursteinen verkleidete Bauwerk ist sehr schlicht gehalten. Außer einem Relief mit dem Porträt und Namen des Monarchen über der Eingangstür weist es keinerlei architektonischen Schmuck auf.

▶ **WEITERE INFORMATIONEN** (Karte 9, S. 366)

Kaiser-Friedrich-Turm mit Gaststätte
Im Deerth 10 (Navi: Elsa-Brandström-Weg und der Beschilderung folgen)
58135 Hagen, Tel. 0 23 31 / 33 74 87

Das im Mai 1814 auf einem Felsen über dem Lennetal bei Elsey errichtete Denkmal für Johann Friedrich Möller ist heute ein wichtiger Erinnerungs- und Gedenkort für die lokale Geschichtskultur. Mitglieder des Vereins für Orts- und Heimatkunde in Hohenlimburg am 18.9.1995 vor dem restaurierten Denkmal.
(Foto: Thomas Bleicher; Stadtarchiv Hagen)

52 *Das Möller-Denkmal in Hohenlimburg*

Der Elseyer Stiftsprediger Johann Friedrich Möller (1750–1807) ist bis heute eine im regionalen Gedächtnis verankerte „vaterländische Symbolfigur". Im Frühjahr 1806 verfasste Möller im Auftrag von Vertretern des Wirtschaftsbürgertums zwei Memoranden an den preußischen König Friedrich Wilhelm III. Darin formulierte er die Befürchtung des märkischen Bürgertums vor einer Abtretung der preußischen Westprovinzen an Frankreich. Mit diesem Eintreten für Preußen und die Grafschaft Mark hatte sich Möller aus Sicht seiner Zeitgenossen einen „unsterblichen Ruhm" als Patriot erworben.

Als Johann Friedrich Möller im Dezember 1807 verstarb, gehörten die preußische Grafschaft Mark und wenig später auch die souveräne Grafschaft Limburg bereits zum französischen Großherzogtum Berg. Möllers Tod infolge einer längeren Krankheit wurde auf seine Trauer über die begonnene „Fremdherrschaft" zurückgeführt. Wie die 1810 verstorbene preußische Königin Luise galt Möller als Märtyrer im Kampf gegen die napoleonische Herrschaft.

Bereits kurz nach dem Tode Möllers planten Vertreter der regionalen Führungsschicht ein Denkmal, dessen Realisierung jedoch während der französischen Herrschaft zurückgestellt werden musste. Die bereits einige Jahre vorher fertig gestellten Baupläne stammten von dem als Architekturtheoretiker bekannt gewordene Wilhelm Tappe, der vor 1810 in Lüdenscheid, bis 1813 dann in Hagen als Baumeister und anschließend bis 1819 als Landbaumeister im Fürstentum Lippe tätig war. Der Architekt Tappe stand mit seinen Konzepten und Entwürfen im Gegensatz zu den streng klassizistisch gegliederten Bauwerken des preußischen Staatsarchitekten Karl Friedrich Schinkel.

Als Porträt von Johann Friedrich Möller überliefertes Bildnis. Unbek. Maler, um 1800, Öl auf Papier und Holz. (Stadtmuseum Hagen)

Die Einweihung des Denkmals auf dem Klippchen in Elsey am 7. Mai 1814 noch während der Befreiungskriege gestaltete sich dann zu einer öffentlichen Demonstration patriotischer Gefühle. Das nach Tappes Entwurf aus Ruhrsandstein gearbeitete Denkmal besteht aus einer kurzen Rundsäule. Sie wird gekrönt von einem vasenförmigen Aufsatz, der ursprünglich als Feuerschale konzipiert war. Vor 1930 wurden das Denkmal und sein Standort umfassend verändert. In den 1950er Jahren ersetzte eine Schrifttafel aus Messing die verwitterte Widmung auf der Säule.

Das Denkmal für Johann Friedrich Möller ist eines der frühen Monumente, das weniger wegen seiner personenbezogenen Funktion und architektonischen Gestaltung, sondern vielmehr durch die inhaltliche Aussage und Intention zum Zeitpunkt seiner Einweihung im deutschsprachigen Raum zur Erinnerung an die „Befreiungskriege" und das Ende der „Fremdherrschaft" errichtet wurde.

▶ **WEITERE INFORMATIONEN** (Karte 6 und 7, S. 363/364)

Möller Denkmal
Klippchen, 58093 Hagen

53 *Der Eugen-Richter-Turm*

Der Eugen-Richter-Turm wurde als letzter der vier Gedenktürme in Hagen errichtet. Von 1874 an bis zu seinem Tod 1906 hatte der linksliberale Politiker Eugen Richter den Wahlkreis Hagen-Schwelm im Reichstag und fast ebenso lange im westfälischen Provinziallandtag vertreten. Schon bald nach Richters Tod kam es in Hagen zur Bildung eines Denkmal-Komitees mit dem Ziel, zur Erinnerung an Eugen Richter einen massiven Turm in Hagen zu errichten.

Als Standort sollte eine Stelle auf der Wehringhauser Höhe dienen. Der Platz war bewusst und symbolträchtig gewählt. Er liegt nämlich gegenüber dem Bergrücken, auf dem der Turm für Otto von Bismarck errichtet worden war, dessen Politik Eugen Richter als Abgeordneter aufs schärfste bekämpft hatte. Aber nicht nur durch die Standortwahl, sondern auch mittels der architektonischen Gestaltung sollte der Turm den Gegensatz zwischen Richter und Bismarck zum Ausdruck bringen.

Der Eugen-Richter-Turm erweckt daher in seiner äußeren Erscheinung nicht zufällig den Eindruck einer Trutzburg. Seine Massivität sollte Standhaftigkeit und Abwehrbereitschaft signalisieren und macht damit den in das Denkmal gelegten Sinn auch augenfällig.

Die konkrete Planung und Ausführung des Denkmalbaus übernahmen die Hagener Honoratioren der linksliberalen Fortschrittlichen Volkspartei, zu der auch der Reichstagsabgeordnete und Hagener Oberbürgermeister Willy Cuno gehörte.

Die Finanzierung des Baus erfolgte jedoch durch Spenden von Mitgliedern und Anhängern der Partei im gesamten Deutschen Reich. Am 22. Oktober 1911 wurde der Eugen-Richter-Turm in Anwesenheit zahlreicher Parteiprominenz feierlich eingeweiht.

Zusammen mit dem Bismarck- und dem Kaiser-Friedrich-Turm hat der Eugen-Richter-Turm wesentlich zur Identitätsfindung der Stadt Hagen beigetragen. So wird Hagen gelegentlich, z. B. in der touristischen Werbung, auch als „Drei-Türme-Stadt“ bezeichnet. Der Eugen-Richter-Turm gewann ab 1955 eine zusätzliche Bedeutung, als die Hagener Volkssternwarte dort ihren Standort fand.

Der Eugen-Richter-Turm. (Foto: Gerhard E. Sollbach)

▶ **WEITERE INFORMATIONEN** (Karte 9, S. 366)

Eugen-Richter-Turm, Volkssternwarte Hagen
Elsa-Brandström-Weg, 58089 Hagen-Wehringhausen
www.sternwarte-hagen.de

54 Der Freiherr-vom-Stein-Turm

Der Freiherr-vom-Stein-Turm ist der älteste von vier Gedenktürmen in Hagen. Er befindet sich in Hagen-Vorhalle und erinnert an Heinrich Friedrich Karl Reichsfreiherr vom und zum Stein (1757–1831), der als Bergrat und Direktor der westfälischen Bergämter mit Sitz in Wetter an der Ruhr zunächst zum Oberpräsidenten der preußischen Provinzen in Westfalen aufstieg, bevor er später als leitender Minister in Preußen wesentliche Reformen einleitete. Steins Name stand für die Gewerbefreiheit, die Bauernbefreiung und die Städteordnung sowie für die Förderung von Wirtschaft und Verkehr in Preußen.

Als Dank für seine Verdienste und Zeichen der Verehrung bemühte sich unter der Leitung des Industriepioniers Friedrich Harkort ein „Komitee zur Errichtung eines Denkmals für den Minister vom Stein" um die Finanzierung und Realisierung eines Denkmals, das nicht nur lokale Bedeutung haben sollte. Vielmehr verbanden Harkort und seine Mitstreiter mit der Errichtung des Denkmals die Idee eines nationalen Wahrzeichens für das oppositionelle liberale Bürgertum und warben für die Finanzierung weit über Hagen hinaus in liberalen Kreisen in ganz Preußen.

Trotz aller Bemühungen konnten die liberalen Kreise mit Harkort nicht verhindern, dass die Idee des Vom-Stein-Denkmals nach Berlin verlagert wurde und sogar mit der Ankündigung eines staatlichen Freiherr-vom-Stein-Denkmales zunächst ihr vorläufiges Ende fand. Letztlich setzte Harkort sich mit seinem Ziel eines liberalen Denkmals jedoch durch, indem er seine Aktivitäten auf Westfalen konzentrierte und dort die benötigten Gelder mit der Unterstützung des liberalen Bürgertums engagiert sammelte. Dabei verfolgte er eine Strategie, die auf der Schaffung praktischer Fakten beruhte: 1863 wurde auf dem Kaisberg in Hagen als erster Schritt der konkreten Umsetzung ein hölzernes Gerüst aufgebaut, das Harkorts politischem Anspruch deutlich Ausdruck verlieh, indem dort zwei Fahnen gehisst wurden: Die schwarz-weiße Fahne mit den Farben Preußens symbolisierte den nationalen Anspruch, die schwarz-rot-goldene Fahne mit den Farben der Frankfurter Nationalversammlung zeigte die liberale Ausrichtung.

Der Freiherr-vom-Stein-Turm auf dem Kaisberg. (Foto: Gerhard E. Sollbach)

Die 1909 geschaffene Statue des Reichsfreiherrn Karl vom und zum Stein am Rathaus in Wetter. (Foto: Gerhard E. Sollbach)

Bereits am 17. Oktober 1869 konnte der vom Architekten Friedrich Schmidt aus Haspe im Neorenaissance-Stil entworfene steinerne Freiherr-vom-Stein-Turm auf dem Kaisberg unter feierlicher Beteiligung westfälischer Delegationen und Musikkapellen eingeweiht werden. Mit Bedacht war das Datum des Vorabends des Jahrestages der Völkerschlacht von Leipzig und des Geburtstages des Freiherrn vom Stein gewählt worden. Die Gedenktafel des Turmes trägt die Inschrift: „Des Guten Grundstein. Des Bösen Eckstein. Des Deutschen Volkes Edelstein. Das dankbare Bürgertum dem Andenken des Reichsfreiherrn Heinrich Friedrich Karl vom und zum Stein 1869“. 1871, im Jahr der Gründung des Deutschen Kaiserreiches, wurde auf Initiative Friedrich Harkorts ein Verein gegründet, dessen Ziel die Unterstützung des Denkmales in Form einer Erweiterung der Anlage war.

Im Inneren des Turmes befand sich eine Ruhmeshalle, die anfangs mit der Büste des Freiherrn vom Stein ausgestattet war und in den folgenden Jahren Zug um Zug nach dem Vorbild der Walhalla des bayrischen Königs Ludwig I. mit wei-

Der Freiherr-vom-Stein-Turm auf dem Kaisberg mit der Turmgaststätte. Postkarte, um 1910. (Stadtarchiv Hagen)

teren Büsten zu einer „westfälischen Walhalla“ ausgebaut wurde. 1883 wurde die Ruhmeshalle um die Büste Friedrich Harkorts (1793–1880) ergänzt. Auch der Dichter und Festredner Emil Rittershaus, dessen Werke die jeweiligen Feierlichkeiten um Turmerrichtung und Büstenaufstellung geziert hatten, wurde nach seinem Tod mit der Aufstellung einer Büste geehrt.

Mit der Einrichtung einer Gaststätte konnte der von Anfang an mit der Turmsetzung verbundene touristische Anspruch durchgesetzt werden: Der Freiherr-vom-Stein-Turm war bis zur Aufgabe der Gaststätte in den 1950er Jahren ein beliebtes Ausflugsziel. Trotz zahlreicher Bemühungen konnten anschließend die Zerstörung der Ruhmeshalle und der zunehmende Verfall des Turmes nicht verhindert werden. Die Bestandteile und Büsten der Ruhmeshalle befinden sich heute im Stadtmuseum Hagen.

▶ **WEITERE INFORMATIONEN** (Karte 1, S. 358)

Freiherr-vom-Stein-Turm
Freiherr-vom-Stein-Straße, 58089 Hagen-Vorhalle

55 *Der Vincke-Turm*

Im 18. und 19. Jahrhundert wurde die von Mythen und Legenden umwobene Hohensyburg wiederentdeckt. Bereits 1804 hatte der bedeutende Elseyer Stiftsprediger Johann Friedrich Möller eine umfassende Beschreibung der Geschichte sowie der damals bekannten Denkmäler und Bodenfunde veröffentlicht. Diese frühe Publikation Möllers spiegelte das steigende Interesse der bürgerlichen und adeligen Gesellschaft an dem Erinnerungsort wider.

Die romantisch verklärten Deutungsmuster, die sich um die Wälle, Gräben und Ruinen auf dem Syberg und um die alte Kirche St. Peter rankten, griff auch Ludwig von Vincke auf, der seit 1810 mit der Erbin Eleonore von Syberg verheiratet war und ab 1815 zum ersten Oberpräsidenten der damals neu gebildeten preußischen Provinz Westfalen ernannt wurde. Nach dem Tod seines Schwiegervaters Friedrich Heinrich von Syberg gelangte Vincke 1826 in den Besitz des Bergplateaus, dessen Steinburg als Ursprung der Familie von Syberg galt.

Ludwig von Vincke. Stahlstich nach einem Gemälde von Friedrich Boser, um 1840, gestochen von Hermann Sagert. (Stadtmuseum Hagen)

Vermutlich schon vor 1826 legte er im Bereich der Ruine, die zu seinen bevorzugten Aufenthaltsorten zählte, eine weitläufige Gartenanlage an.

Durch Ludwig von Vincke entstand zur Mitte des 19. Jahrhunderts auf dem Syberg erstmalig ein Denkmal, das die Geschichte und Bedeutung des Ortes aufgriff. Vincke galt bereits zu seinen Lebzeiten als westfälischer „Landesvater", ein Titel, der ihn weniger als Vertreter der preußischen Obrigkeit auswies, sondern ihn vielmehr als seinen „Untertanen" zugeneigt charakterisierte. Gemeinsam mit Karl Friedrich vom Stein und Friedrich Harkort zählt Ludwig von Vincke zu den „vaterländischen" Figuren in Westfalen, die noch im 20. Jahrhundert in der Region identitätsstiftende Funktionen einnahmen, in der Gegenwart jedoch als historische Persönlichkeiten immer mehr in Vergessenheit geraten.

Wenige Tage nach Vinckes Tod am 2. Dezember 1844 wurde in Duisburg-Ruhrort, wo der verstorbene Oberpräsident maßgeblich am Ausbau der dortigen Hafenanlage beteiligt war, ein Vincke-Denkmal in Form einer Ruhmessäule geplant und 1846 realisiert. Ein Monument zur Erinnerung an den Politiker für die Gesamtprovinz Westfalen wurde allerdings erst rund zehn Jahre nach seinem Tod projektiert. Der weite Ausblick vom Syberg in das Ruhrtal hatte zu Vinckes Lebzeiten eine große Faszination auf ihn ausgeübt, so dass sich dieser Platz auch als Denkmalstandort anbot.

Aus örtlichem Ruhrsandstein wurde ein neugotischer Aussichtsturm erbaut, der heute noch eine Höhe von 26 Metern besitzt. In Anlehnung an die benachbarte Burgruine erfolgte auch die Gestaltung. Am 3. August 1857 wurde der Denkmalturm im Beisein zahlreicher prominenter Gäste eingeweiht. Der Festakt entwickelte sich zu einem patriotischen Bekenntnis zu Preußen, doch Vertreter der Staatsbehörden und des Königshauses blieben der Veranstaltung fern. Georg von Vincke, der Sohn des mit dem Denkmal Geehrten, war wegen seiner Zugehörigkeit zum Frankfurter Paulskirchen-

Der Vincke-Turm auf der Hohensyburg. (Foto: Gerhard E. Sollbach) parlament 1848/49 und wegen seiner allzu liberalen Ansichten in monarchistischen Kreisen keineswegs beliebt.

Doch an dem Denkmal nagte schon in kurzer Zeit der Steinfraß, so dass bereits 1875 umfangreiche und langjährige Reparaturarbeiten durchgeführt werden mussten. Auf den Tag genau 25 Jahre nach der ersten Einweihung des Vincke-Turmes wurde das Denkmal am 3. August 1882 dem Westfälischen Provinziallandtag feierlich übergeben, diesmal in Anwesenheit lokaler Repräsentanten und staatlicher Vertreter. Gewürdigt wurde nun aber nicht mehr die Erinnerung an den ehemaligen „Landesvater" Vincke. Vielmehr diente diese zweite Eröffnungsfeier einer politischen Manifestation für das Kaiserreich und die Monarchie.

Heute wird das Denkmal lediglich als attraktives Fotomotiv und als Aussichtsturm wahrgenommen, von dem aus ein großartiger Rundblick über das gesamte Umland garantiert ist. Der Stiftungsgedanke hingegen ging ebenso verloren wie die Erinnerung an den Politiker und die westfälische Identifikationsfigur Ludwig von Vincke. Nur noch ein Steinrelief Vinckes verweist auf den Gewürdigten. Zeitlich wird das Turmmonument wegen seiner Nähe zur angrenzenden Burganlage fast durchweg dem Mittelalter zugeschrieben. Doch das war durch die historisierende Architektur und Ikonographie bereits bei der Errichtung durchaus beabsichtigt.

▶ **WEITERE INFORMATIONEN** (Karte 3, S. 360)

Vincke Turm
Hohensyburg, 44265 Dortmund

Kaiser-Wilhelm-Denkmal. (Foto: G. E. Sollbach)

56 *Das Kaiser Wilhelm-Denkmal*

Das Kaiser Wilhelm-Denkmal auf der Hohensyburg beherrscht aufgrund seiner exponierten Position das Ruhrtal im Norden von Hagen. Hintergrund des Denkmalbaus war der Tod Kaiser Wilhelms I. im März 1888. Bereits im April 1888 legte die Dortmunder Stadtverordneten-Versammlung einen ersten Plan zur Errichtung eines Kaiser Wilhelm-Denkmals für die gesamte Provinz Westfalen vor. Daraufhin bildete sich auch in Hohensyburg ein Lokalkomitee, das sich für den dortigen Standort einsetzte. Doch auch andere Örtlichkeiten in Westfalen beanspruchten dieses Denkmalprojekt für sich. So entbrannte ein langwieriger und heißer Kampf um die Standortfrage, der auch in den lokalen und regionalen Medien dieser Zeit seinen Niederschlag fand. Doch am 15. März 1889 fiel im Westfälischen Provinziallandtag die Entscheidung für den Bau des westfälischen Kaiser Wilhelm-Denkmals auf der Porta Westfalica bei Minden. Für das Hohensyburger Komitee war dieser politische Entschluss eine herbe Niederlage, die allerdings das Engagement nicht schmälern konnte.

Es bildete sich sogleich ein neues Regionalkomitee zur Errichtung eines zweiten Denkmals auf der Hohensyburg für den Raum

Südwestfalen und die vormalige Grafschaft Mark. Die Komiteemitglieder begründeten ihren Entschluss u. a. damit, dass sie mit dem Denkmal vornehmlich der ansässigen Arbeiterschaft einen zentralen Erholungsort und ein Ausflugsziel anzubieten planten. Aber auch die patriotischen Empfindungen der an sich vom Bürgertum weitgehend als „vaterlandslose Gesellen" betrachteten Arbeiterschaft sollten durch das Monument gestärkt werden. Der Grundstein zum Denkmal wurde am 18. Mai 1893 gelegt. Entwurf und Planung des Denkmals stammten vom Archi-tekten Hubert Stier aus Hannover. Die Standbilder von Kaiser Wilhelm I., Fürst Otto von Bismarck, Graf Helmuth von Moltke, Kronprinz Friedrich Wilhelm und Prinz Friedrich Karl wurden von den beiden Bildhauern Adolf Donndorf und seinem Sohn Karl entworfen und ausgeführt.

In der Region bewirkte der Denkmalbau eine rege Spendefreudigkeit, die sich durch alle gesellschaftlichen Schichten zog. Den Großteil der finanziellen Zuwendungen erbrachten jedoch vornehmlich regionale Industrielle, Honoratioren und weitere Mitglieder des Bürgertums. In gewissen Zeitabständen wurden auf der Baustelle patriotische Feiern und Versammlungen von Spendern abgehalten.

Das aus örtlich gewonnenem Ruhrsandstein gefertigte Denkmal wurde im neugotischen Stil errichtet. Der Hauptturm hatte eine Breite von neun Metern, eine Tiefe von sechs Metern und eine Gesamthöhe von 34 Metern. Um die Gesamtwirkung zu vergrößern, wurde das Denkmal auf ein künstlich geschaffenes Podest gesetzt, so dass die Fernwirkung wesentlich erhöht werden konnte. Dem trug dann auch die Position als zentraler Ausflugsort der Region Rechnung: Vom Denkmal aus kann man noch heute einen vorzüglichen und weiten Blick in das Ruhrtal und das Sauerland genießen.

Am 30. Juni 1902 wurde das für die Region so bedeutsame Monument mit den es umgebenden großflächigen Parkanlagen eingeweiht. Kaiser Wilhelm II. wohnte dieser Einweihung allerdings nicht bei, da er auf der Kieler Woche weilte. Ganz im Gegensatz zu seinen „Untertanen aus der Grafschaft Mark", von denen die Einweihung frenetisch gefeiert wurde, besaß der Hohensyburger Denkmalbau zum Leidwesen der örtlichen Honoratioren für den Kaiser offenbar keine große Bedeutung. Allerdings war Kronprinz

Wilhelm bei den Feierlichkeiten als Ersatz für seinen kaiserlichen Vater zugegen, um den öffentlichen Affront von offizieller Seite abzuschwächen. Einige Jahre später hingegen konnte die Hohensyburg doch noch den kaiserlichen Gast empfangen. Anlässlich der Feierlichkeiten zum 300-jährigen Jubiläum der Vereinigung der Grafschaften Mark und Ravensburg mit Brandenburg-Preußen weilte Kaiser Wilhelm II. nebst Gattin und Kindern am 10. August 1909 auf dem Denkmalsberg.

Das Hohensyburg-Denkmal überstand zahlreiche Veränderungen. Durch den Bau des Hengsteysees im Bereich der Ruhr-Lenne-Mündung unterhalb des Bergplateaus sowie des großen Verschiebebahnhofes Hagen-Hengstey wurde in den 1920er Jahren die umgebende Landschaft neu gestaltet. Einschneidend waren hingegen auch die umfangreichen Umbauten am Denkmal selber, die aufgrund vorgeblicher Substanzschäden in der Zeit von Januar 1935 bis Januar 1936 durchgeführt wurden. Das gesamte Erscheinungsbild des Denkmals, das zu Beginn des 20. Jahrhunderts erhebliche Finanzmittel gekostet hatte, änderte sich zugunsten einer an die NS-Architektur angelehnten Gestaltung, die einem Modell des Dortmunder Bildhauers Friedrich Bagdons folgte. Auch verschwanden die Standbilder des Kronprinzen Friedrich Wilhelm und des Prinzen Friedrich Karl. Die Standbilder des Fürsten Otto von Bismarck und des Grafen Helmuth von Moltke wurden dem Reiterstandbild Kaiser Wilhelms I. am Hauptturm direkt beigeordnet. Eine Weihetafel am Denkmalfuß verkündete den Neubau des Denkmals im dritten Jahr der Regierung von Adolf Hitler.

Nach dem Zweiten Weltkrieg und dem Ende der nationalsozialistischen Herrschaft wurde diese Tafel stillschweigend entfernt. Geblieben ist das Monument in der nationalsozialistischen Interpretation und Rezeption. Geblieben ist aber auch die Position der Hohensyburg als eines der zentralen Ausflugsziele der südwestfälischen Region. Nach einigen Jahren der Verwahrlosung der Gesamtanlage erfolgt seit den 1990er Jahren eine regelmäßige Pflege und Restaurierung des Denkmals und der umliegenden Bereiche.

▶ **WEITERE INFORMATIONEN** (Karte 3, S. 360)

Kaiser Wilhelm-Denkmal
Hohensyburg, 44265 Dortmund

Mit Gott
für König und Vaterland
1·8·1·3
DIE KRONE UNSERE
FALLEN. WEHE

57 *Das Eiserne Kreuz im Grünetal*

Nach dem Ende der französischen Herrschaft in der Region im November 1813 und dem endgültigen Sieg über Napoleon am 18. Juni 1815 in der Schlacht bei Waterloo kamen in der früheren Grafschaft Mark starke patriotische und nationale Gefühle auf. Sie äußerten sich besonders auch in der Lyrik, über Denkmale und in der Presse. Ein besonderes Denkmal befindet sich seit 1816 auf einem Felsen im unteren Grünetal bei Iserlohn-Letmathe.

Der Herausgeber der seit Februar 1814 in Hagen erscheinenden Zeitschrift „Hermann", der lutherische Pfarrer und Konsistorialrat Wilhelm Aschenberg, versuchte bereits im Spätsommer des Jahres, eine Sammelaktion für die Errichtung eines Denkmals auf dem Goldberg bei Hagen zur Erinnerung an die „Befreiungskriege" zu initiieren. Aschendorf begründete sein zentrales Denkmalprojekt für den südlichen Teil der Grafschaft Mark wie folgt: „Von Hagen aus ward der König um Nichtabtretung seiner westfälischen Mark gebeten. Hier bildeten sich die Scharen der Freiwilligen des Süderlandes. Hier ist die Schwelle der alten Cheruskia. Sollte hier nicht ein öffentliches, kolossales Denkmal unsere Wiedervereinigung mit Preußen verkündigen?"

Das geplante Denkmal auf dem Goldberg bei Hagen sollte als monumentales „Eisernes Kreuz", dessen Entwurf Aschenberg gleich zu Beginn seiner Kampagne skizzierte, über dem als „Tor zum Süderland" bezeichneten Volmetal errichtet werden. Obwohl der Vorschlag Aschenbergs auch von Vertretern des Bürgertums in Stadt und Region, u. a. von Angehörigen der Hagener Familien Harkort, Moll und Funcke, unterstützt wurde und selbst in der preußischen Hauptstadt für ein publizistisches Echo sorgte, kam es vermutlich aus finanziellen, möglicherweise aber auch aus politischen Gründen nicht zur Realisierung.

Das Eiserne Kreuz im Grünetal bei Iserlohn-Letmathe. (Foto: Horst Klötzer)

Zwei Jahre später, am 18. Oktober 1816, dem Erinnerungstag der Völkerschlacht bei Leipzig, wurde auf einem Felsen im etwas abgelegenen Grünetal bei Letmathe, an der von Hagen nach Iserlohn führenden Landstraße, ein Eisernes Kreuz „Zum Gedächtniss der Befreiung des Vaterlandes unter Friedrich Wilhelm III." errichtet. Die Initiative ging vom Iserlohner Nadelfabrikanten und späteren Landrat Peter Eberhard Müllensiefen aus. Das Denkmal griff inhaltlich die Intention des in den Vorjahren in Hagen geplanten Denkmals auf. Dennoch konnte es wegen seiner Lage und Größe bei weitem nicht die in Hagen geplante architektonische Bedeutung und topographische Ausstrahlung erreichen. Auf den Breitseiten des Sandsteinsockels sind vier Sinnsprüche angebracht, die einen direkten Bezug auf die französische „Fremdherrschaft" und die Befreiungskriege geben.

Das auf Initiative von Friedrich Harkort, der als Freiwilliger und Leutnant der Westfälischen Landwehr an den Befreiungskriegen teilgenommen hatte, in Wetter an der Ruhr 1819 errichtete Denkmal für die Gefallenen der Landwehr erfüllte schon einen anderen Zweck, nämlich den des Totengedenkens. Gemeinsam mit dem Denkmal für den Stiftsprediger Johann Friedrich Möller in Hohenlimburg und dem Landwehr-Denkmal in Wetter bildet das Eiserne Kreuz im Grünetal bei Letmathe ein frühes Beispiel bürgerlicher Denkmalkultur in Westfalen.

▶ **WEITERE INFORMATIONEN** (Karte 7, S. 364)

Eisernes Kreuz
Grüne Talstraße am Westrand des Iserlohner Stadtwalds
58642 Iserlohn-Letmathe

58 Der „Eiserne Schmied"

Der „Eiserne Schmied", seit 1998 im Eingangsbereich des Historischen Centrums Hagen im Stadtteil Eilpe, ist ein sogenannter Nagelmann. Monumentale Figuren dieser Art wurden während des Ersten Weltkriegs in mehreren deutschen Städten aufgestellt. Sie sollten den Abwehr- und Kampfwillen an der „Heimatfront" symbolisieren. Häufig enthielten sie einen Bezug zu lokalen Identifikationsfiguren. In Dortmund wurde z. B. eine Figur des Stadtpatrons Reinoldus als „Nagelmann" benutzt.

Die aus Eichenholz gefertigte Skulptur des „Eisernen Schmieds" wurde vom Dortmunder Bildhauer Friedrich Bagdons entworfen. Anfang 1915 hatten sich Künstler an einem

Arbeiten in der Werkstatt des Bildhauers Friedrich Bagdons an der Statue des „Eisernen Schmied", 1915. (Stadtarchiv Hagen)

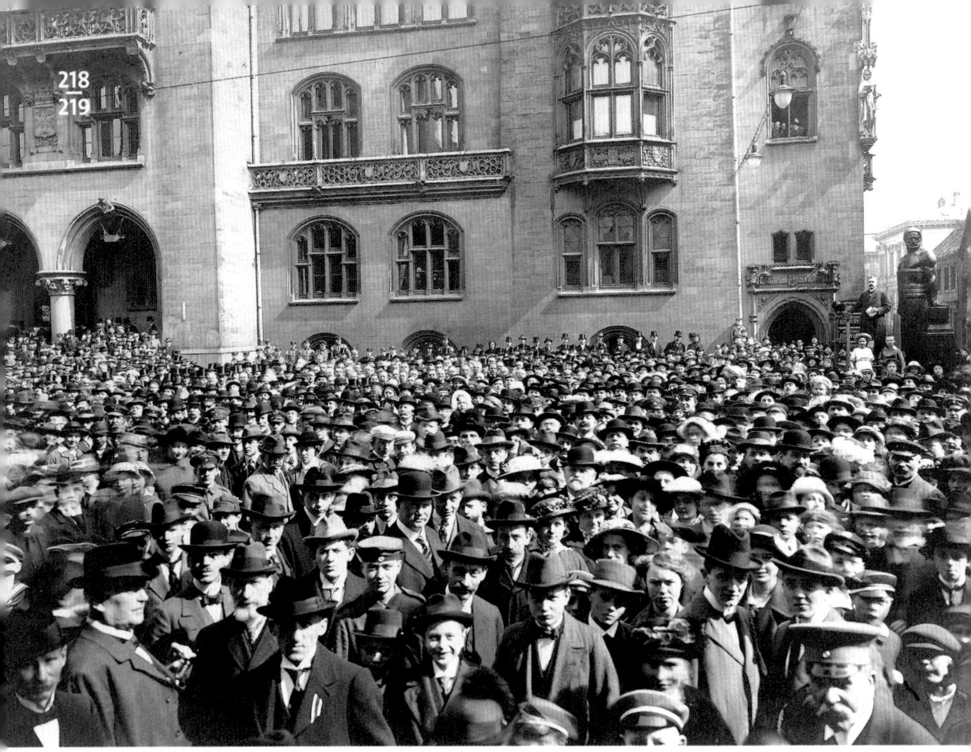

„Nagelfeier" auf dem Platz vor dem Rathaus Hagen, 1916. (Stadtarchiv Hagen)

öffentlich ausgeschriebenen Wettbewerb für die Figur eines Schmieds beteiligt. Der Hagener Kunstmäzen Karl Ernst Osthaus bevorzugte einen Entwurf des expressionistischen Künstlers Ernst Ludwig Kirchner. Die Vertreter der Stadt und des Vereins „Der Eiserne Schmied von Hagen" entschieden sich jedoch für die traditionelle Darstellung eines Schmieds von Bagdons.

Der „Eiserne Schmied" als Objekt und Mittel der politischen Propaganda an der „Heimatfront" des Ersten Weltkriegs enthält unterschiedliche Deutungen. Bereits äußerlich betonte die muskelbepackte, athletische Gestalt des „Eisernen Schmieds" Pathos und Heroismus. Die Figur des Schmieds vermittelte aber auch einen Bezug zur traditionellen Wirtschaftsweise im Hagener Raum. Als Symbolfigur greift der Schmied vor allem mythologische Elemente auf – wie die germanische Sagenfigur Wieland der Schmied und Otto von Bismarck als „Schmied des Reiches". Die Attribute Hammer und Amboss standen für das Deutsche Reich und die zu schlagenden Feinde.

Am 28. November 1915 wurde der „Eiserne Schmied" auf dem Platz vor dem Hagener Rathaus feierlich enthüllt. In den folgenden drei Jahren folgten dort zahlreiche „Nagelfeiern". Die

Bevölkerung konnte gegen einen Geldbetrag eigene Gedächtnisnägel in das Holz der Figur schlagen. Unternehmen und kapitalkräftige Geldgeber erwarben größere Eisenplatten mit ihrem Firmennamen. Offiziell sollten mit den Einnahmen, die bis 1918 eine beträchtliche Höhe und reichsweit einen Spitzenplatz erreichten, Hinterbliebene gefallener Soldaten unterstützt werden. Tatsächlich aber dienten sie zur Kriegsfinanzierung. Der 1915 gegründete Verein existierte bis in die 1920er Jahre fort.

Nach der deutschen Niederlage verschwand der „Eiserne Schmied" zunächst in der Stadthalle und damit aus dem öffentlichen Raum. Am 29. Januar 1934 erhielt die Figur unter der Säulenhalle des Rathauses einen neuen und wieder zentral gelegenen Standort. Die Nationalsozialisten nutzten den „Eisernen Schmied" als Symbol für die vermeintliche Widerstandskraft der „Heimatfront" im Ersten Weltkrieg. Sie griffen damit die ursprüngliche Sinnstiftung teilweise wieder auf.

Den Nationalsozialismus und die Bombenangriffe des Zweiten Weltkriegs überstand die Figur ohne Schäden. In der Nachkriegszeit wurde die Skulptur auf dem städtischen Bauhof deponiert und blieb dort dem Blick der Öffentlichkeit entzogen. Ab 1984 erhielt der „Eiserne Schmied" seinen Ausstellungsort im Stadtmuseum im alten Kreisgerichtsgebäude an der Hochstraße. Mit der Präsentation im Eingangsbereich des Historischen Centrums Hagen in Eilpe wurde ab 1998 ein vorläufig letzter Standort gefunden. Die Skulptur ist zu einem aussagekräftigen historischen Exponat in einem musealen Raum geworden.

▶ **WEITERE INFORMATIONEN** (Karte 10 und 11, S. 367/368)

Eisener Schmied
Eilper Straße 71, 58091 Hagen,
Tel. 0 23 31 / 2 07 27 40, www.historisches-centrum.de

Kaltwalzer-Denkmal an der Lennebrücke in Hohenlimburg. (Foto: Gerhard E. Sollbach)

59 Der Warm- und der Kaltwalzer in Hohenlimburg

An der Lennebrücke in Hohenlimburg stehen auf einem Sandsteinsockel zwei Figuren, die eine an der linken, die andere an der rechten Auffahrt. Beide aus Bronze hergestellten Denkmale zeigen Arbeiter, und zwar einen Warmwalzer und einen Kaltwalzer.

Am 12. Dezember 1959 wurde an der neu errichteten Straßenbrücke über die Lenne das Denkmal eines Warmwalzers enthüllt. Es handelte sich um eine vom Bildhauer Engelbert Kaps entworfene Skulptur, die durch die Hoesch Warmwalzwerke AG finanziert wurde und einen Arbeiter zeigt, der ein Stahlband schleudert – ein typischer Arbeitsschritt beim Warmwalzen.

Das Denkmal des Kaltwalzers wurde am 3. Juni 1961 enthüllt. Es war eine gemeinsame Stiftung der Hohenlimburger Kaltwalzwerke. Die Skulptur nach einem Entwurf des Krefelder Bildhauers Theo Akkermann zeigt einen Kaltwalzer in seiner typischen Schutzkleidung mit einer Bandstahlrolle.

Warmwalzer-Denkmal an der Lennebrücke in Hohenlimburg. (Foto: Gerhard E. Sollbach)

Beide Denkmale verweisen auf zwei bedeutende Industriezweige in Hohenlimburg. Das Warmwalzen bildet noch heute eine wichtige Produktionssparte der Industrie im Ortsteil Oege. Die Kaltwalzindustrie wurde im frühen 19. Jahrhundert in Hohenlimburg als innovative Weiterentwicklung der Drahtherstellung gegründet. Im Verlauf der Industrialisierung und der umfassenden Motorisierung entstand mit dem Kaltwalzen im Verlauf des 20. Jahrhunderts ein besonders für die Automobilindustrie zuliefernder Zweig der Stahlindustrie.

Entlang der so genannten Lenneschiene von Hohenlimburg bis nach Kabel liegen mehrere bedeutende Kaltwalzwerke. Sie verfügen heute über einen großen Anteil an der Produktionskraft des Wirtschaftsstandorts Hagen. Im Schloss Hohenlimburg zeigt das Deutsche Kaltwalzmuseum die Geschichte und Entwicklung dieser Industrie.

▶ **WEITERE INFORMATIONEN** (Karte 6 und 7, S. 363/364)

Denkmale Warmwalzer und Kaltwalzer
Stennertstraße (-Brücke), B7, Hagen-Hohenlimburg

Deutsches Kaltwalzmuseum
Schloss Hohenlimburg
Alter Schlossweg 30, 58119 Hagen-Hohenlimburg
Tel. 0 23 34 / 27 71, www.schloss-hohenlimburg.de/kaltwalzmuseum

Öffnungszeiten
April bis September: Di - Sa 10 -17 Uhr, So 10 - 18 Uhr
Oktober bis März: Sa 14 - 17 Uhr, So 11 - 17 Uhr

Am Rande des Sportplatzes auf dem Harkortberg sind verschiedene Beobachtungs- und Lüftungseinrichtungen der unterirdischen Gaubefehlsstelle zu sehen. (Foto: G. E. Sollbach)

60 Die Gaubefehlsstelle Harkortberg

Die Gauleitung der NSDAP in Westfalen-Süd hatte seit 1931 ihren Sitz in Bochum. In der „Gauhauptstadt" residierte der Gauleiter, dort waren auch die Amtsleitungen zu finden. Der alliierte Bombenkrieg führte ab 1943 zur Verlagerung von staatlichen und kommunalen Behörden. Auch die Partei-Kanzlei der NSDAP empfahl ihren regionalen Führungsstäben eine möglichst „bombensichere" Unterbringung. Ab November 1942 war der südwestfälische Gauleiter in seinem Territorium auch als Reichsverteidigungskommissar tätig. Neben seiner politischen Aufgabe übte er damit eine zusätzliche Funktion in der staatlichen Verwaltung aus.

Seit Februar 1943 amtierte Albert Hoffmann als Gauleiter-Stellvertreter, ab Juni des Jahres als Gauleiter in Westfalen-Süd. Wenige Wochen nach seiner Amtsübernahme begann das britische Bomber Command mit einer mehrmonatigen Luftoffensive gegen das rheinisch-westfälische Industriegebiet. Im Verlauf der bis Juli 1943 andauernden „Battle of the Ruhr" wurden die im Gau Westfalen-Süd gelegenen Städte und Gemeinden bombardiert. Auch in der „Gauhauptstadt" Bochum entstanden große Sachschäden.

Im Befehlsbunker auf dem Harkortberg wurden auf großen Planquadrat-Karten auch die Einflüge alliierter Bomber verfolgt. Über Drahtfunk wurden die Luftlagemeldungen u. a. an die Bevölkerung im Gaugebiet gesendet. (Foto: Walter Nies, 1944; Stadtarchiv Lippstadt)

Im April 1943 ordnete Hoffmann den Bau einer Befehlsstelle für die Gauleitung und den Reichsverteidigungskommissar auf dem 232 Meter hohen Harkortberg bei Wetter an. Die Gründe für die Auswahl des über dem Ruhrtal liegenden Standorts sind unbekannt. Möglicherweise wollte der junge, aufstrebende Parteifunktionär an den Nimbus des bekannten Industriepioniers Friedrich Harkort anknüpfen.

Am Rand des heutigen Sportplatzes und im Vorgelände des 1884 errichteten Harkortturms, der nun als Beobachtungsstelle diente, entstand eine weiträumige Tiefbunkeranlage. Sie wurde in den anstehenden Sandsteinfelsen getrieben bzw. in ein eigens aufgeschüttetes Areal betoniert. Mehrere Baracken auf dem Bergplateau dienten zur Unterbringung der Wachmannschaft aus den Reihen der SA-Standarte „Feldherrnhalle". Andere Baracken wurden von der Gauleitung zu Wohnzwecken und als Sitzungsräume genutzt. Gegen die

alliierte Luftaufklärung waren Bereiche der Befehlsstelle unter Tarnnetzen und Bäumen verborgen. Im Umfeld lagen einzelne leichte Flakgeschütze stationiert.

Im Juni 1943 konnte die teilweise fertiggestellte Gaubefehlsstelle von Hoffmann und seinem Stab bezogen werden. Ein an die „Heimatfront" zurück versetzter Wehrmachtsoffizier, ein hoher HJ-Führer, wurde zum Kommandanten der Anlage ernannt. Vom Befehlsbunker aus gingen direkte Fernsprechleitungen und Funkeinrichtungen zu allen wichtigen Behörden im Gaugebiet sowie auch zu Einheiten von Wehrmacht und Luftwaffe, zu Reichsministerien, zur Partei-Kanzlei und den jeweiligen Führerhauptquartieren. In einem Raum des Befehlsbunkers befand sich die Sendezentrale für den Drahtfunk, der über das regionale Telefonnetz ausgestrahlt wurde. Auf einer großen gläsernen Planquadratkarte wurde die regionale Luftlage verfolgt und ausgewertet. Seit

Herbst 1943 verbreitete der Drahtfunk vom Harkortberg aus regelmäßig Luftlagemeldungen sowie Sendungen und Verlautbarungen der Gauleitung.

Die Befehlsstelle hatte mehrere prominente Besucher aus den Reihen der politischen Elite der Nationalsozialisten. Bereits im Mai und Juni 1943 begrüßte Albert Hoffmann auf dem Harkortberg den Reichsminister des Inneren, Wilhelm Frick, mit seinem Staatssekretär Wilhelm Stuckart und den Reichsminister für Rüstung und Kriegsproduktion, Albert Speer. Sie waren angereist, um die am 17. Mai 1943 nach der Zerstörung der Möhnetalsperre entstandenen Schäden zu besichtigten. Joseph Goebbels, Reichsminister für Propaganda und Volksaufklärung, fand am 18. Juni 1943 nach einer eingehenden Besichtigung bewundernde Worte über die ausgebaute Befehlsstelle, die er als vorbildhaft beurteilte.

Nach der fast vollständigen Zerstörung von Bochum im Herbst 1944 durch britische Luftangriffe wurden auch die in der Stadt zurückgebliebenen Gaudienststellen auf den Harkortberg verlegt. Andere Parteiämter fanden in der Umgebung von Wetter ihr Ausweichquartier. Für den 12. Dezember 1944 ist ein weiterer Besuch des Reichspropagandaministers belegt. Am frühen Nachmittag dieses Tages beobachtete Goebbels von der Befehlsstelle auf dem Harkortberg aus einen britischen Luftangriff auf das benachbarte Witten und besuchte anschließend die Stadt Bochum und die Krupp-Werke in Essen. Am Abend des Tages fand auf der Gaubefehlsstelle Harkortberg eine Zusammenkunft der politischen, wirtschaftlichen und militärischen Führungselite aus dem Rheinland und Westfalen statt.

Auf dem Harkortberg hielt der Gauleiter regelmäßig seine Besprechungen mit den Behörden in seinem Bezirk ab. Auch die Leitungsstäbe von Gestapo und Sicherheitspolizei waren wöchentlich anwesend.

In der Endphase des Zweiten Weltkriegs wurden von der Gaubefehlsstelle zahlreiche Terror- und Mordbefehle sowie sinnlose Verteidigungspläne herausgegeben. Es war ein zentraler Ort, an dem sich in den letzten Kriegswochen der Untergang des „Dritten Reichs“ in der Region vollzog. Am Abend des 10. April 1945 wurde die Befehlsstelle aufgegeben und dabei teilweise zerstört, drei Tage später besetzten US-amerikanische Truppen das Gelände.

Von der Gaubefehlsstelle sind heute noch einige bauliche Reste im Gelände westlich des Sportplatzes vorhanden. Ein Ausstieg mit Beobachtungsöffnungen und mehrere Lüftungsschächte gehören zum Befehlsbunker. Auf dem angrenzenden, mit Wald bestandenen Gelände sind die Fundamente von Baracken auszumachen. Hangseitig liegt der durch den Einbau einer Trafostation in den 1950er Jahren veränderte Eingang des Befehlsbunkers.

Die anscheinend nur noch im vorderen Teil erhaltene Anlage besteht heute aus einem etwa 50 Meter langen, zur Vorbeugung von Druckwirkung bei Bombenexplosionen verwinkelten Gang. Von ihm zweigen weitere Gänge und mehrere Räume ab, deren einstige Funktion unklar ist. Der Hauptgang endet an zwei Stellen abrupt, so dass der weitere Verlauf verschüttet und nicht mehr zugänglich ist. Ob diese Unterbrechung von einer absichtlichen Sprengung bei der Aufgabe der Befehlsstelle oder von einer nachträglichen Entmilitarisierung durch die Alliierten herrührt, bleibt unbekannt.

▶ **WEITERE INFORMATIONEN** (Karte 4, S. 361)

Harkortberg
58300 Wetter

HISTORISCHE GEBÄUDE UND GÜTER

Das 1756/57 erbaute Haus Harkorten zählt zu den architektonischen Kostbarkeiten in Nordrhein-Westfalen. (Foto: Margrit Sollbach-Papeler)

Einleitung: Land und Stadt

von Gerhard E. Sollbach

Bis zur Industrialisierung war die Landschaft um Hagen durch Landwirtschaft und Handwerk geprägt, wie es sich an historischen Gebäuden und Stätten, z. B. alten Gütern und ehemaligen Gutshöfen, ablesen lässt. Das älteste von ihnen im Großraum Hagen ist das heute noch bewirtschaftete Gut Schöpplenberg in Breckerfeld-Waldbauer. Dessen Existenz lässt sich schon für die Zeit um 1050 urkundlich belegen. Als ehemaliger Fron- bzw. Oberhof der Abtei Werden an der Ruhr erinnert das Gut Schöpplenberg an das System der Grundherrschaft, das im Mittelalter bis weit in die Neuzeit die Lebens- und Rechtsverhältnisse auf dem Land prägte.

Auch eine Reihe von historischen Wohnbauten aus verschiedenen Epochen findet sich in und um Hagen. Der älteste ist das 1756/57 im heutigen Hagener Stadtteil Haspe im Rokokostil errichtete Herrenhaus auf dem Besitz der ehemaligen märkischen Unternehmerfamilie Harkort. Dieses Gebäude erinnert an das seit dem 17. und vor allem im 18. Jahrhundert aufstrebende Wirtschaftsbürgertum, das seine Wurzeln in der Landwirtschaft und im Handwerk hatte.

Der wirtschaftliche Erfolg und das anwachsende Vermögen, aber auch die Zeit der Aufklärung förderten das Selbstbewusstsein gegenüber dem vorherrschenden Adel. Auch in der Repräsentation versuchte das Bürgertum mit dem Adel gleichzuziehen. Von dem im 19. Jahrhundert verklärten Bild der mittelalterlichen Feudalgesellschaft zeugt das um 1870 erbaute Haus Ruhreck in Hagen-Eckesey.
In Hagen bot der Jugendstil in den Jahren vor dem Ausbruch des Ersten Weltkriegs eine Alternative. Von den verschiedenen Initiativen des Hagener Kunstmäzens Karl Ernst Osthaus auf dem baulichen Sektor zeugen heute noch die Häuserzeile „Am Stirnband“, die ehemalige Arbeitersiedlung „Walddorf“ im Wasserlosen Tal, das von Osthaus 1902 als Museum Folkwang gegründete und heute seinen Namen tragende Kunstmuseum und das Krematorium in Delstern. Von herausragender Bedeutung ist jedoch der Hohenhof, den Osthaus als Wohnsitz errichten ließ. Der Hohenhof zählt heute europaweit zu den wenigen noch vorhandenen Beispielen eines Jugendstil-Gesamtkunstwerks.

Ein architekturgeschichtlich bedeutsames Zeugnis für den kommunalen Sozialwohnungsbau bietet die Cuno-Siedlung in Hagen-Wehringhausen, während das 1923–1925, allerdings nach Plänen von 1914, erbaute neue Landgerichtsgebäude in Hagen die Tradition des historisierenden Verwaltungsbaustils dokumentiert. Am Bau sowie den nachfolgenden Um- und Neubauten des 1903 fertig gestellten Hagener Rathauses lässt sich dagegen die zeitbedingte städtische Entwicklung und Veränderung erkennen.

Hagen und die Umgebung der Stadt bieten noch viele weitere interessante und bedeutende Gebäude und Güter, so dass der vorliegende Band nur eine Auswahl treffen kann.

Ehemaliger Pachtkotten in Rumscheid.
(Foto: Gerhard E. Sollbach)

Der Wohnplatz Rumscheid. (Foto: Gerhard E. Sollbach)

61 Rumscheid

Der älteste urkundlich nachgewiesene Siedlungsplatz auf dem Gebiet der Stadt Hagen ist Rumscheid in Hagen-Dahl. Rumscheid wird erstmals in einem um 1050 angefertigten Besitz- und Einkünfteverzeichnis der Abtei Werden an der Ruhr erwähnt. Darin ist Rumscheid als einer der zum Oberhof Schöpplenberg gehörenden Unterhöfe aufgeführt. Der betreffende Eintrag in dem damals üblichen Latein lautet: *De Rumenscetha I siclum* – aus Rumscheid ein „Silberling" bzw. ein „Maß". Danach hatte der hofhörige Bauer, der damals den Hof Rumscheid bewirtschaftete, jährlich einen „Silberling" bzw. eine bestimmte Menge an Getreide als grundherrliche Abgabe an die Abtei als Eigentümerin des Hofes zu leisten. Diese Abgabe musste von ihm jedoch nicht an die Abtei in Werden, sondern an den Oberhof Schöpplenberg geliefert werden. Dessen Besitzer war ein Beamter der Abtei und sammelte für diese die Abgaben der zu seinem Oberhof gehörenden Unterhöfe ein.

Der auf der Höhe am rechten Volmeufer gelegene heutige Weiler Rumscheid besteht aus drei ehemaligen Bauernhöfen und einem früheren Kotten. Auf den ursprünglichen Hof Rumscheid geht mit großer Wahrscheinlichkeit die dortige Hofanlage Rumscheid Nr. 5 zurück.

▶ **WEITERE INFORMATIONEN** (Karte 13, S. 370)

Rumscheid
58091 Hagen-Dahl

62 Gut Schede

Schede liegt inmitten einer heute noch erkennbaren Rodungsfläche auf der bewaldeten Ardeyhöhe am rechten Ruhrufer in der äußersten Südwestecke des Gebiets der Stadt Herdecke. Erstmals taucht Schede in einem Güter- und Einkünfteverzeichnis aus dem späten 9. bzw. frühen 10. Jahrhundert der Abtei Werden an der Ruhr auf. In diesem Verzeichnis ist auch der Siedlungsplatz „Sceteh“ aufgeführt, von dem seinerzeit eine jährliche Abgabe von 14 Scheffeln Gerste, einem halben Scheffel Malzgetreide und 12 Pfennigen einkam. In einer Steuerliste aus dem Jahr 1486 findet sich auch ein „Ketteler to Schede“ aufgeführt. Dessen Hof muss eine beträchtliche Größe gehabt haben, denn er wurde zu dem für die größten Höfe festgesetzten Steuersatz veranschlagt.

Bis in das 17. Jahrhundert war das Gut immer in adeligem Besitz. Es diente aber nur für kurze Zeit als Wohnsitz der Besitzer, weshalb es auch nie zu den freien, landtagsfähigen Rittergütern der Grafschaft Mark gehörte. 1659 gelangte Gut Schede in den Besitz des Richters Reinermann in Wetter und kam zu Beginn der zweiten Hälfte des 18. Jahrhunderts teils durch Erbgang, teils durch Kauf an die Unternehmer-Familie Harkort bei

Das Herrenhaus auf Gut Schede. (Foto: Gerhard E. Sollbach)

Hagen. 1797/98 erwarb Peter Nikolaus Harkort I. das Gut Schede aus dem Harkortschen Familienbesitz und ließ sich dort mit seiner Familie nieder.

Die ältesten erhaltenen Gebäude gruppieren sich um einen Hof. Diese dreiflügelige Gutsanlage umfasst das zweistöckige Haupthaus aus dem Ende des 17. Jahrhunderts, den langgezogenen Wirtschaftstrakt in Fachwerkbauweise gegenüber und einen beide Gebäude verbindenden, durchfahrbaren Zwischentrakt mit „Pförtnerhaus". Die ältesten Teile der zwei letzteren Bauten stammen wohl aus der ersten Hälfte des 18. Jahrhunderts. Die übrigen Gutsgebäude wurden 1806 bis 1810 von Peter Nikolaus Harkort errichtet. Dazu gehören die heute noch vorhandene Haupt-Scheune mit einer fast einzigartigen freitragenden Bohlen-Lamellen-Dachkonstruktion und vor allem das Herrenhaus.

Das Herrenhaus ist ein zweigeschossiger, aus Ruhrsandstein errichteter Bruchsteinbau und gilt als eines der frühesten Beispiele für die Verwendung von Bruchstein für Wohnbauten im ländlichen nichtadeligen Bereich in der Region. Seine Errichtung dokumentiert die gehobenen Ansprüche der aufstrebenden Unternehmer aus dem Bürgertum.

Hof- und Wirtschaftsgebäude auf Gut Schede. (Foto: Gerhard E. Sollbach)

In den Jahren 1904 und 1905 wurden die Innenräume des Herrenhauses im zeitgenössischen Jugendstil umgestaltet. Der belgische Architekt Henry van de Velde entwarf zwei Zimmer im Ornamentstil. In der Nordwestecke des Wirtschaftsflügels wurde nach dem Entwurf von Peter Behrens, dem damaligen Leiter der Kunstschule in Düsseldorf, ein „Blauer Salon“ eingefügt. Dessen halbkreisförmige Fensterfront ragt aus der Hausecke über einer vorkragenden Platte mit Flachdach heraus.

Gut Schede befindet sich heute noch im Besitz der Familie Harkort, die es auch bewirtschaftet und im Herrenhaus wohnt. Zu Haus Schede gehört noch eine Familien-Erbgruft, in der auch der westfälische Industriepionier Friedrich Harkort (1793–1888) beigesetzt ist.

▶ **WEITERE INFORMATIONEN** (Karte 4, S. 361)

Gut Schede
58313 Herdecke-Voßkuhle

63 Gut Schöpplenberg

Das Gut Schöpplenberg in der früheren Bauerschaft Waldbauer, heute Teil der Stadt Breckerfeld, ist ein ehemaliger Oberhof der Abtei Werden an der Ruhr. Seine Geschichte reicht bis in das frühe Hochmittelalter zurück. Erstmals erwähnt wird Schöpplenberg als „Scubilinbura" in einem um 1050 angefertigten Verzeichnis der Güter und Einkünfte der Abtei Werden.

Nach einem weiteren, aus dem 12. Jahrhundert stammenden Verzeichnis gehörten zu dem Oberhof Schöpplenberg insgesamt 33 Unterhöfe und Abgabenpflichtige in der näheren und weiteren Umgebung. Die Verwaltung und das Eintreiben der grundherrlichen Abgaben von den Inhabern der Unterhöfe oblagen dem Besitzer des Oberhofs, der die Amtsbezeichnung bzw. den Namen „Schulte" führte. Der Schulte zum Schöpplenberg übte auch die Gerichtsbarkeit im Hofgericht aus, das für alle hofrechtlichen Angelegenheiten der zum Oberhof gehörenden Unterhöfe oder vielmehr ihrer Inhaber zuständig war.

Wohnsitz auf Gut Schöpplenberg. (Foto: Gerhard E. Sollbach)

Nach der Aufhebung der Abtei Werden 1803 ging deren Besitz und damit auch der Oberhof Schöpplenberg an den preußischen Staat über. 1832 löste Johann Carl Schöpplenberg sämtliche noch auf dem Gut lastenden grundherrlichen Abgaben durch eine einmalige Geldzahlung ab, wodurch der Hof sein Privateigentum wurde. Bis zum Verkauf 1915 blieb das Gut noch etwas mehr als zwei Generationen im Besitz der Familie Schöpplenberg, deren Geschichte als Hofbesitzer sich urkundlich bis in das 14. Jahrhundert zurückverfolgen lässt. 1916 erwarb die Familie von Boeselager den Hof, die ihn 1974 an die heutige Eigentümer-Familie Dominicus veräußerte.

Eine Wallanlage sowie ein befestigtes Vorwerk haben früher die Hofanlage geschützt. Außerdem stand bis zum Abriss 1829 in der Mitte des Hofs ein viereckiges turmartiges Gebäude von knapp 30 Quadratmetern Grundfläche mit dicken Mauern und vier Stockwerken. Im ersten Stockwerk befand sich ein großer Saal und im zweiten Stockwerk war eines der beiden Zimmer als Kapelle eingerichtet. Im Bodenraum fand man seinerzeit noch mehrere alte Helme, die angeblich aus mittelalterlicher Zeit stammten. 1862 wurde das alte Wohnhaus abgerissen und an dessen Platz eine massive Scheune errichtet.

Das heutige Wohnhaus stammt von 1861/62. Um 1850 hatte das Gut die beträchtliche Größe von insgesamt ca. 1.600 Morgen, wovon allerdings das Meiste Wald war. Die restlichen ca. 400 Morgen bestanden aus Ackerland und Wiesen. Heute gehören zu dem sich in Privatbesitz befindenden Hof noch rund 68 Hektar. Davon sind etwa 60 Hektar unter dem Pflug. Das Gut Schöpplenberg ist mit seiner mehr als 900-jährigen bäuerlichen Tradition somit der älteste landwirtschaftlich tätige Vollbetrieb im gesamten hiesigen Raum .

▶ WEITERE INFORMATIONEN (Karte 15, S. 372)

Gut Schöpplenberg
58339 Breckerfeld-Zurstraße

Der Schultenhof in Hagen-Halden. (Foto: Gerhard E. Sollbach)

64 Schultenhof in Halden

Der Schultenhof in Hagen-Halden ist vermutlich die älteste urkundlich bezeugte Hofanlage auf dem Gebiet der Stadt Hagen. 1229 wird der Hof erstmals erwähnt. Ein Schulte auf dem Hof ist jedoch bereits 1214 belegt. Bei dem Schultenhof handelte es sich ursprünglich um einen Fron- bzw. Oberhof des Frauenklosters und späteren adeligen Damenstifts in Herdecke. Der als Schulte bezeichnete Inhaber des Fronhofs führte als Verwaltungsbeamter des Herdecker Klosters bzw. Stifts die Aufsicht über die zum Fronhof gehörenden Unterhöfe und sorgte vor allem für das Einkommen der von diesen Unterhöfen dem Kloster bzw. Stift zustehenden Abgaben.

Nach der Auflösung der Fronhofverfassung wohl noch im Spätmittelalter wurde auch der Schultenhof ein normales Pachtgut in Erbpacht. Das besagte, dass das Stift bei Vorhandensein eines männlichen Erben auf dem Hof diesem beim Tod des bisherigen Pächters den Hof wieder verpachten musste. Bei der Aufhebung des Stifts in Herdecke zum 1. Januar 1812 fiel dessen Immobilienbesitz an den preußischen Staat und der Schultenhof wurde nunmehr ein Domänengut. Im Zuge der gesetzlich geregelten Bauernbefreiung in Preußen zu Beginn des 19. Jahrhunderts löste der damalige Hofbesitzer Friedrich Blankenagel 1824 die grundherrlichen Lasten des Hofes durch Zahlung einer Ablösungssumme ab und erwarb so den Hof als sein Eigentum.

Zu Beginn der 1980er Jahre stellte der Schultenhof als letzter noch aktiver Hof in Halden den landwirtschaftlichen Betrieb endgültig ein. Das heutige, von der Eigentümerfamilie bewohnte Hofgebäude ist vermutlich nach einem Brand 1853 ganz oder teilweise auf älteren Grundmauern neu errichtet worden.

▶ WEITERE INFORMATIONEN (Karte 5, S. 362)

Schultenhof
Wehbergstr. 3, 58091 Hagen-Halden

65 Gut Kuhweide in Hagen-Delstern

Der Hof Kuhweide im Volmetal in Hagen-Delstern existierte schon im Mittelalter. Urkundlich wird er erstmals 1453 erwähnt. In der Steuerliste der Grafschaft Mark von 1486 ist ein Hynrich tor Koeweyde als Besitzer genannt. Nach Angaben aus dem Jahr 1705 besaß der Hof 20 Morgen und war damit für die hiesige Gegend ein recht beachtliches Anwesen. In der Nähe des heutigen Gutshofs wurden archäologische Befunde einer umfangreichen Siedlung aus dem Früh- und Hochmittelalter untersucht. Sie wurde anscheinend im 12./13. Jahrhundert aufgegeben. Im Mittelalter und in der Frühen Neuzeit gehörte das Gut zur Kuhweider Mark, die im 18. Jahrhundert wie auch alle anderen Markenbezirke im Raum Hagen aufgelöst wurde.

Seit 1824 ist die Familie Heimhard Eigentümerin dieses ehemaligen königlichen Domänengutes, das u. a. 1835 durch den Zukauf eines weiteren königlichen Domänengutes, des benachbarten Gutes Höinghaus, vergrößert wurde. Heute

Gut Kuhweide. (Foto: Gerhard E. Sollbach)

Einweihung der „Adolf-Hitler-Eiche" auf der ‚Kuhweide' am 20. April 1933. (Stadtarchiv Hagen)

wird auf den Ländereien von der Familie Heimhard Forstwirtschaft betrieben, die auf den Anbau von Weihnachtsbaum-Nadelholzkulturen spezialisiert ist.

Das auf dem Hof Kuhweide vorhandene Herrenhaus wurde 1856/57 auf den Grundmauern eines niedergelegten Vorgängerbaues errichtet. Es ist seither aber mehrfach umgebaut worden. Ihm gegenüber steht ein um 1800 im Fachwerkstil errichtetes ehemaliges Kötter- oder Tagelöhnerhaus. Die so genannte Villa auf dem Hof wurde um 1900 nach Plänen des Architekten Carl Post erbaut und weist Jugendstilformen auf. Der Turm kam aber erst 1922 hinzu. Zu dem Gut gehört auch ein ab etwa 1850 genutzter Privatfriedhof.

Für die Nationalsozialisten besaß die Kuhweide während ihrer Herrschaft eine besondere Bedeutung als Erinnerungsort. Hier veranstalteten die NSDAP und ihr Propagandaleiter Dr. Joseph Goebbels am 12. Juli 1932 eine Großveranstaltung. Nach Auseinandersetzungen mit politischen Gegnern in Hagen nahmen mehr als 10.000 Menschen an dieser Veranstaltung teil. Zur Erinnerung an diesen Tag pflanzten die Nationalsozialisten am 20. April 1933 auf dem Versammlungsplatz eine „Hitler-Eiche", die kurz nach 1945 gefällt wurde.

▶ **WEITERE INFORMATIONEN** (Karte 11, S. 368)

Gut Kuhweide 3, 58091 Hagen
Tel. 0 23 31 / 7 72 26, www.heimhard.de

66 Haus Stennert

In dem historischen Fachwerkbau Haus Stennert in Haspe befindet sich seit 2007 das Museum „Unsere kleine Zwiebackwelt" der Zwiebackfabrik Brandt nebst einem Werksverkauf und einem Café. Das Museum zeigt die Herstellung und die Geschichte des Zwiebacks und schildert zudem die Entwicklung des 1912 in Hagen-Haspe gegründeten und hier 90 Jahre bis zur Verlagerung der Produktion nach Thüringen tätigen Unternehmens „Zwieback Brandt".

Das um 1750 errichtete Haus liegt direkt an der historischen Enneper Straße. Die Enneper Straße war Teilstück eines alten und bedeutenden Nord-Süd-Verkehrswegs, der so genannten Köln-Berliner Straße. Seinem Verlauf folgt heute noch weitgehend die Bundesstraße 7. Die Bedeutung dieses alten Fernwegs lässt sich auch daran ermessen, dass er einer der beiden

Haus Stennert. (Foto: Gerhard E. Sollbach)

ersten Fernstraßen war, die in Preußen zu Chausseen ausgebaut wurden. Die zweite war die ebenso bedeutende so genannte „Eisen-" oder „Frankfurter Straße", die von Meinerzhagen über Breckerfeld nach Hagen und von dort weiter über Herdecke, Bochum, Essen-Steele nach Holland führte. Auf ihr verläuft im hiesigen Raum heute noch die Bundesstraße 54. Die Enneper-Straße-Chaussee wie auch das Teilstück der Frankfurter-Straße-Chaussee von Meinerzhagen bis Herdecke wurden 1788–1794 gebaut. Bei den Chausseen handelte es sich um Kunststraßen mit einer befestigten Fahrbahn aus einer Tragschicht von gebrochenen Steinen und einer zumeist aus einem Sand-Lehm-Gemisch gebildeten Deckschicht. Nach heutigen Maßstäben waren sie aber nichts anderes als einfache Schotterwege. Doch gegenüber den bisherigen Straßen, die reine Erdwege waren, stellten sie einen enormen verkehrstechnischen Fortschritt dar. Wie andere Fernwege wurde auch die alte Enneper Straße von der in Brandenburg um 1650 eingeführten und auch Reisende befördernden Fahrpost als Postroute benutzt.

Im Haus Stennert befand sich nachweislich spätestens seit dem 19. Jahrhundert ein Gasthof, wo Reisende neben Kost auch Logis erhalten konnten. Ab 1887 betrieb hier Julius Suberg seine Gastwirtschaft mit einem großen Gartenrestaurant und Bierlokal. Anfang der 1920er Jahre erwarb die damalige Stadt Haspe die Besitzung und 1943 kaufte die Firma Zwieback Brandt das Anwesen. Danach haben noch mehrere Pächter einige Jahrzehnte den Gaststätten- und Hotelbetrieb fortgeführt.

▶ **WEITERE INFORMATIONEN** (Karte 8, S. 365)

Museum „Unsere kleine Zwiebackwelt"
Enneper Straße 3, 58135 Hagen-Haspe
Tel. 0 23 31 / 4 77-0

Besuch nur im Rahmen einer Führung:
Mo–Fr 15 und 16 Uhr mit Voranmeldung.

Der Bentheimer Hof. (Foto: Gerhard E. Sollbach)

67 Bentheimer Hof

An der Lennebrücke in Hohenlimburg befindet sich ein stattliches Gebäude, das über eine bemerkenswerte Geschichte verfügt. Der Name „Bentheimer Hof" bezieht sich auf die Grafen von Bentheim-Tecklenburg, bis 1808 Regenten der Grafschaft Limburg.

Die Errichtung des Gebäudes dürfte im Zusammenhang mit dem Bau der steinernen Lennebrücke 1796 gestanden haben. Der Bau besitzt im unteren Teil einen starken Sockel aus Bruchsteinmauerwerk. Im oberen Teil wurde es in Fachwerkbauweise mit einem Krüppelwalmdach erbaut. Im Verlauf des 19. Jahrhunderts erhielt die Fassade eine Verblendung mit Schiefer bzw. wurde verputzt.

Bauherr war der Kaufmann und Gastwirt Johann Peter Braß (1759–1821). Er besaß die Konzession für den Betrieb einer Gaststätte im Bentheimer Hof und es wurde ihm außerdem die Pacht des ab 1749 erhobenen gräflichen Brückengelds übertragen.

Seit 1795 amtierte Braß zudem als vom Landesherrn eingesetzter Erster Bürgermeister in Limburg. Mit Einführung der französischen Munizipalverfassung im Mai 1808 trat er von seinem Amt zurück. Seine Ehefrau Maria Wilhelmine hin-

Blick ins Lennetal nach Süden auf Limburg, die Lennebrücke mit dem Bentheimer Hof und das Schloss. Gouache nach einer Vorlage von Johann Heinrich Bleuler in Feuerthalen, vor 1810. (Stadtmuseum Hagen)

terließ ein umfangreiches Kochbuch, das von 1809 bis in die 1830er Jahre reicht und im Stadtarchiv Hagen verwahrt wird.

Im verkehrsgünstig gelegenen Gasthaus fanden sich in seiner über 200-jährigen Geschichte zahlreiche Gäste ein. Mit Ferdinand Freiligrath, der im September 1838 im Bentheimer Hof zu Gast war, ist sicherlich nur *ein* prominenter Besucher belegt. Am 20. Juni 1816 wurde hier der „Literarische Verein für die Grafschaft Mark" gegründet, einer der frühen Geschichtsvereine in Westfalen. Auch die 1826 in Hohenlimburg entstandene Honoratiorenvereinigung „Gesellschaft Erholung" nutzte das Gasthaus als Tagungsstätte.

Die 1796 erbaute steinerne Brücke ersetzte eine ältere, schon im Spätmittelalter urkundlich nachgewiesene Holzbrücke über die Lenne. 1712 wurde diese hölzerne Brücke neu errichtet. Sie ist auf einem um 1745 entstandenen Gemälde im Festsaal des Schlosses Hohenlimburg zu sehen. Im Siebenjährigen Krieg kam es im Januar 1758 an dieser Brücke zu einem Scharmützel zwischen Bückeburger Jägern und französischen Soldaten.

Der wichtige Lenneübergang bei Hohenlimburg lag auf der alten Fernstraße von Köln über Hagen nach Iserlohn und weiter ins kurkölnische Sauerland und nach Hessen. Sie wurde 1808 zu einer Chaussee ausgebaut und war die Vorgängerin der heutigen Bundesstraße B7. Die Lennebrücke bildet auch die Verbindung zwischen den beiden 1903 zu einer Stadt vereinigten Gemeinden Hohenlimburg und Elsey.

In Berichten aus dem 18. und 19. Jahrhundert wird immer wieder das hohe Verkehrsaufkommen auf der bis 1808 weitgehend unbefestigten Fernstraße erwähnt. Das Brückengeld und der Wegezoll waren wichtige Einnahmequellen für das Grafenhaus Bentheim-Tecklenburg. Am Unterhalt und Betrieb der wichtigen Fernstraße beteiligte sich auch die preußische Regierung. Die Gaststätte mit Rasthaus im Bentheimer Hof profitierte ebenfalls vom hohen Verkehrsaufkommen und den von den Reisenden zu erstattenden Abgaben.

Nach dem Verkauf der Lennebrücke an die Stadt Hohenlimburg 1905 wurde das Brückengeld von der Kommune erhoben. 1906 erhielt der städtische Brückenwärter ein eigenes Diensthäuschen, das gegenüber dem Bentheimer Hof stand. 1919 erfolgte die Aufhebung des städtischen Brückengelds.

Die historische Steinbrücke wurde am 15. April 1945 von deutschen Truppen gesprengt und nach Kriegsende repariert. Seit 1959 ersetzt eine moderne Straßenbrücke das im Zweiten Weltkrieg stark beschädigte Bauwerk. Der Bentheimer Hof befindet sich heute im Besitz des Hohenlimburger Bauvereins und wird derzeit als Restaurant mit Hotelbetrieb genutzt.

WEITERE INFORMATIONEN (Karte 6 und 7, S. 363/364)

Bentheimer Hof
Stennertstraße 20, 58119 Hagen
www.bentheimer-hof.com

68 Haus Ende

Das auf einer bewaldeten Höhe des Ardeygebirges im Ortsteil Ostende der Stadt Herdecke gelegene und heute denkmalgeschützte Haus Ende gehört zu den repräsentativen Unternehmervillen, die sich Großindustrielle im Ruhrgebiet während der zweiten Hälfte des 19. und zu Beginn des 20. Jahrhunderts erbauten. Haus Ende wurde in der kurzen Zeit von Oktober 1912 bis Juli 1913 als Alterssitz für den Junggesellen und damaligen Generaldirektor der Harpener Bergbau AG in Dortmund, Robert Müser (1849–1927), nach Plänen der Dortmunder Architekten Karl Pinno und Philipp Bachmann errichtet.

Die neobarocke südliche Schauseite verleiht dem zweigeschossigen Bauwerk mit Mansarddach und mehreren Risaliten einen schlossähnlichen Charakter. Doch weist der Bau außen wie innen auch typische Jugendstilelemente auf. Die Glasvordächer z. B. erinnern deutlich an Elemente des Metrobaus aus Paris. Das ist nicht weiter verwunderlich, denn der weitgereiste Bauherr, der sich längere Zeit nicht nur in den USA, sondern auch im europäischen Ausland, u. a. in Brüssel und Paris, aufgehalten hat, wird von dort auch Stilanregungen mit- und in den Bau eingebracht haben.

Hinter dem säulenumrahmten Portal an der südlichen Fassade, das auf eine heute jedoch weitgehend zugewach-

Blick von der Wittbräucke auf Haus Ende. (Foto: Gerhard E. Sollbach)

Haus Ende. (Foto: Gerhard E. Sollbach)

sene Sichtachse ausgerichtet ist, befindet sich im Innern die Halle mit einem riesigen, fast fünf Meter hohen Kamin. Daran schließen sich der Vestibülbereich und ein Saal in imitiertem Rokokostil an. Im Obergeschoss befanden sich ursprünglich außer der Bibliothek und Bädern überwiegend Schlafräume, die vorwiegend für die Unterbringung von Gästen bestimmt waren. Haus Ende sollte nämlich in erster Linie als ein der Stellung des Hausherrn angemessener Ort für Gesellschaften und Feste dienen. Das Innere des Gebäudes ist noch weitgehend im Originalzustand erhalten.

1926/27 erwarb der damalige Generaldirektor der Vereinigten Stahlwerke AG und Direktor des Rheinisch-Westfälischen Kohlensyndikats Albert Vögler (1877–1945), das in einem ca. acht Hektar großen, heute aber zugewachsenen Park gelegene Haus Ende, das er als seinen Wohnsitz nutzte. Vögler gehörte zu den führenden Vertretern der Schwerindustrie im Ruhrgebiet, die ab 1928 die NSDAP finanziell unterstützten und ab 1932 Hitler auch offen förderten. Obwohl Vögler nie NSDAP-Mitglied wurde, machte er unter dem NS-Regime Karriere. Während des Zweiten Weltkriegs war Haus Ende dann auch eine wichtige Leitstelle der Ruhr-

Haus Ende – die Große Halle, 1913 (aus: Ausgeführte Bauten der Architekten Bachmann & Pinno zu Dortmund. Dortmund o. J.)

industrie bzw. der Kriegswirtschaft. Ab 1941 war Vögler Präsident der Kaiser-Wilhelm-Gesellschaft und seit Dezember 1944 amtierte er als Rüstungsbevollmächtigter Rhein-Ruhr. Nach der Besetzung von Herdecke durch US-Truppen am 14. April 1945 wurde Vögler am selben Tag in Haus Ende von den Amerikanern verhaftet und abgeführt. Unterwegs und noch in Herdecke-Ende beging er jedoch Selbstmord durch die Einnahme von Gift.

Das anschließend von Dienststellen der britischen Militärregierung genutzte Haus Ende wurde 1957 von dieser an die Familie Vögler zurückgegeben. Die Familie Vögler veräußerte es jedoch an die Stadt Dortmund. Danach diente Haus Ende zuerst als Kinderheim und danach als Altenerholungsheim und als Ausbildungsstätte für Krankenschwestern. Schließlich erwarb es die Arbeiterwohlfahrt Westliches Westfalen, die es 1981 an das Bundesamt für Zivilschutz vermietete. Seit 1982 war hier eine Zivildienstschule untergebracht, für die auf dem Gelände einige Neubauten errichtet wurden. Derzeit wird Haus Ende als ein Bildungszentrum für den Bundesfreiwilligendienst genutzt.

▶ WEITERE INFORMATIONEN (Karte 1, S. 358)

Bildungszentrum Herdecke
Ostender Weg 21, 58313 Herdecke-Ostende
Tel. 0 23 30 / 8 09 00

69 Haus Harkorten

Die fast vollständig erhaltene historische Gutsanlage Haus Harkorten in Hagen-Westerbauer ist der Stammsitz der Unternehmerfamilie Harkort und die Geburtsstätte des westfälischen Industriepioniers und Politikers Friedrich Harkort (1793–1880), sowie seiner bekannten Brüder Johann Caspar V. (1785–1877), Gustav (1795–1865) und Eduard (1797–1836). Das denkmalgeschützte Gebäudeensemble besteht aus einem Wirtschaftsgebäude von 1681, einem 1707 errichteten Speicher, der zum Teil auch zu Wohnzwecken genutzt wurde, sowie dem ehemaligen Herrenhaus.

Das Herrenhaus ließ Johann Caspar Harkort III. (1716–1760) in den Jahren 1756/57 durch die Schwelmer Meisterschule im bergischen Rokokostil errichten. Die Anregung zu dem Neubau ging von seiner aus einer wohlhabenden Familie stammenden Ehefrau Louisa Catharina Märcker (1718–1795) aus, die einen ihrem Stand gemäßen Wohnsitz wünschte. Der zweigeschossige Fachwerkbau auf hohem Bruchsteinsockel besitzt ein gebrochenes, teilweise geschweiftes Walmdach, dem an der Eingangs- und Gartenseite jeweils ein großes Zwerchhaus mit geschweiftem Giebel vorgesetzt ist. In sechs Achsen sind große barocke Fenster über die Fassade verteilt.

Zu dem Eingang zwischen den mittleren Fenstern, der ein reich geschnitztes Portal mit verziertem Oberlicht besitzt, führt eine sechsstufige Freitreppe hinauf. Der quadratische Grundriss des Baus ist in drei Zonen geteilt: eine Diele und seitliche Zimmer, im Parterre repräsentative Wohnräume und darüber einfachere Wohn- und Schlafräume. Unter dem Erdgeschoss ist ein geräumiger Gewölbekeller vorhanden, der über eine eigene Wasserversorgung mit einem Tiefbrunnen verfügt. Interessant ist auch ein stark gesicherter „Tresorraum" im Erdgeschoss, der das Haus- und Unternehmensarchiv Harkort enthielt. Die Archivalien werden heute im Westfälischen Wirtschaftsarchiv in Dortmund und im Stadtarchiv Hagen verwahrt, aber ein kleiner Teil ist derzeit noch in Privatbesitz.

Louisa Catharina Harkort. Unbek. Künstler, Pastell, um 1750. (Stadtmuseum Hagen)

Haus Harkorten. (Foto: Willi Lehmacher, 1954; Stadtarchiv Hagen)

Das Herrenhaus auf Gut Harkorten ist der einzige erhaltene repräsentative Wohnbau des Wirtschaftsbürgertums aus dem 18. Jahrhundert im gesamten Hagener Raum.

Die weitere Nutzung des Guts Harkorten wird derzeit vorbereitet. Planungen für Altenwohnsitze durch eine Investorengruppe beziehen den Gutshof und das Herrenhaus mit ein. Eine denkmalgerechte und der historischen Bedeutung angemessene Nutzung, z. B. als Informations- und Ausstellungszentrum würde das Ensemble zu einem überregionalen Anziehungspunkt machen.

▶ **WEITERE INFORMATIONEN** (Karte 8, S. 365)

Haus Harkorten
Harkortstraße 1–3, 58135 Hagen-Westerbauer

70 Haus Ruhreck

Haus Ruhreck in Hagen an der Schwerter Straße ist ein gutes Beispiel für die Mittelalter-Rezeption im 19. Jahrhundert. Das einer Burg ähnliche Gebäude wurde von dem Unternehmer Caspar Diedrich Killing 1871–1879 als repräsentativer Wohnsitz im neugotischen Stil errichtet. Der Bauherr war Eigentümer der von ihm gegründeten Eisenbahnwaggon-Fabrik in Hagen-Eckesey, die bis 1928 bestand.

Das zweigeschossige Gebäude aus hellen Sandsteinquadern macht mit seiner umlaufenden Zinnenbekrönung am flach geneigten Dach, zwei unterschiedlich hohen Türmchen über der Hauptfront sowie einem das Gesamtgebäude

Haus Ruhreck. (Foto: Gerhard E. Sollbach)

überragenden runden Treppenturm mit Zinnenkranzabschluss einen burgähnlichen Eindruck. Das hat ihm im Volksmund dann auch die Bezeichnung „Killingsburg" eingebracht. Zu dem auf einer Hügelkuppe in einem Buchenwald stehenden Bauwerk führt eine repräsentative Auffahrt. Die Villa besaß früher auch Stallungen mit Kutscherhaus und sogar eine eigene Kegelbahn. Diese Nebengebäude, die sich im Baustil an das Haupthaus anlehnen, sind ebenfalls noch vorhanden. Sie dienen heute aber anderen Zwecken. Nach dem Tod von Caspar Diedrich Killing am 19. September 1888 im Alter von 71 Jahren veräußerte seine Witwe den Wohnsitz.

WEITERE INFORMATIONEN (Karte 2, S. 359)

Haus Ruhreck
Haus Ruhreck 1, 58099 Hagen-Boele

Das 1903 eingeweihte, im neugotischen Stil errichtete Rathaus. (Stadtarchiv Hagen)

71 Das alte Rathaus in Hagen

Kaum ein anderes Gebäude vermittelt die historische Entwicklung der Hagener Innenstadt so unmittelbar wie die baulichen Überreste des 1903 eingeweihten Rathauses. Schon wenige Jahre nach der Verleihung der Stadtrechte am 3. September 1746 war der Bau eines Rathauses geplant worden. Doch die preußische Regierung verbot den Bürgern der Stadt aus finanziellen Gründen die Errichtung des bereits als Planskizze vorliegenden Rathauses. Erst 1831 – wiederum unter finanziell schwierigen Bedingungen der Stadtkasse – wurde mit dem Bau eines Rathauses begonnen.

In den folgenden Jahren stieg die Bevölkerungszahl von Hagen durch Eingemeindungen und die Industrialisierung sprunghaft an. Ab 1870 war Hagen die größte Stadt im südlichen Teil der früheren Grafschaft Mark. Der neue Rathausbau im damals zeitgemäßen neugotischen Baustil sollte dieser Entwicklung Rechnung tragen und damit auch den Bürgerstolz repräsentieren. Oberbürgermeister Wilhelm Prenzel blickte optimistisch in die Zukunft, als er am 15. Mai 1899 Folgendes sagte: „Es ist die Hoffnung, dass dieser Grundstein, den zu legen wir im Begriffe stehen, und

Das 1965 eingeweihte Rathaus. (Stadtarchiv Hagen)

das Gebäude, welches sich über ihm erheben soll, ein neuer Eck- und Markstein werden möge für die glückliche Fortentwicklung unserer Stadt." Stadtbaumeister Rath richtete bei seinen Hammerschlägen die Worte: „Gerechtigkeit walte in diesem Haus. Nichts Böses gehe hinein, nur Gutes komme heraus! " an die Feiergesellschaft.

Der Erste Weltkrieg bedeutete für Hagen eine Zäsur. Jugendstil und Avantgarde hatten bis 1914 noch zu einem kulturellen und gesellschaftlichen Aufschwung geführt. Doch die katastrophalen Folgen des verlorenen Krieges machten ab 1919 allen positiven Hoffnungen in Hagen ein Ende. Politische Unruhen, die Ruhrbesetzung und Inflation ließen bis 1925 im Hagener Rathaus kaum Spielraum für günstige Prognosen. Danach folgten fünf halbwegs gute Jahre, die jedoch 1930 durch die Auswirkungen der Weltwirtschaftskrise wieder in den Abgrund führten.

Mit der Geburt der hunderttausendsten Einwohnerin wurde Hagen 1928 zur Großstadt. Die kommunale Neugliederung im folgenden Jahr und die Eingemeindung der Stadt Haspe sowie der Gemeinden Vorhalle und Boele nach Hagen gaben ein positives Signal. Doch die politische Entwicklung machte auch vor dem Hagener Rathaus nicht halt. Das bei der Grundsteinlegung als gebannt angesehene Böse gelangte im April 1933 in Person des Oberbürgermeisters und Stellvertretenden NSDAP-Gauleiters Heinrich Vetter dann doch im Hagener Rathaus an die Macht. Zwölf Jahre später hatten Bomben die Hoffnungen von 1899 und die anmaßenden Sprüche der Nationalsozialisten von 1933 in Trümmer gelegt.

Nach dem Zweiten Weltkrieg und während einer für die Bevölkerung entbehrungsreichen frühen Nachkriegszeit begann in Hagen 1947 der Wiederaufbau. Das ausgebrannte und in Teilen zerstörte Rathaus wurde instandgesetzt. Der neugotische Ratstrakt erhielt ein Notdach, während der Giebel und der von Zinnen gekrönte Turm nicht mehr in ursprünglicher Form aufgebaut wurden. Bereits 1948 lagen detaillierte Pläne für den Neubau des Rathauskomplexes vor, ohne jedoch umgesetzt zu werden. Anfang der 1960er Jahre war der Wiederaufbau der Hagener Innenstadt weitgehend abgeschlossen, neue Perspektiven für Industrie, Verwaltung und Verkehr eröffneten sich. Vom Wirtschaftswunder hatte die Stadt Hagen profitiert: Stahl, Nahrungsmittel, Papier und Batterien waren die Motoren des Wiederaufbaus.

Mit der Grundsteinlegung für das neue Rathaus der „Stadt des Stahls“ sollte am 24. September 1962 dieser Abschnitt der Hagener Stadtentwicklung abgeschlossen, und die Weichen in die Zukunft gestellt werden. Beton und Stahl waren dann auch die bestimmenden Elemente des 1965 eingeweihten Rathauses, dessen von sieben Stahlsäulen getragener Ratstrakt mit der Bürgerhalle bis zu ihrem Abriss 2002 die Stadtmitte prägte. Die Stellung eines wichtigen Zentrums der Stahlproduktion hatte Hagen mit der Schließung der Hasper Hütte im Jahr 1972 bereits verloren. Die folgende Strukturkrise führte zum Niedergang der über 100 Jahre das Wirtschaftsleben der Stadt bestimmenden Schwerindustrie. Gesellschaftliche, soziale und demografische Prozesse wirkten sich in den letzten beiden Dekaden des 20. und zu Beginn des 21. Jahrhunderts auch in Hagen aus.

Mit der Grundsteinlegung für das Rathaus an der Volme am 21. Juni 2002 begann ein neuer Abschnitt in der Stadtgeschichte. Der Strukturwandel galt als überwunden und die Stadtpolitik blickte optimistisch in die Zukunft. Die an Stelle der Bürgerhalle des Rathauses von 1965 errichtete Volmegalerie steht heute auch für die Rolle der Stadt Hagen als florierende Einkaufsstadt sowie als modernes Dienstleistungszentrum. Mit dem Neubau der Rathaus-Galerie erhält der Bereich des Hagener Rathauses 2014 einen weiteren architektonischen Akzent, der die Funktion der Stadt als Wirtschaftsstandort unterstreicht.

▶ **WEITERE INFORMATIONEN** (Karte 10, S. 367)

Rathaus Hagen
Friedrich-Ebert-Platz, 58095 Hagen
www.hagen.de

Die alte Reichsbank in Hagen-Haspe. (Foto: Gerhard E. Sollbach)

72 Alte Reichsbank

Das heutige Haus Nr. 52 in der Haenelstraße in Hagen-Haspe ist ein bemerkenswertes Bauwerk des Historismus. In diesem 1916 errichteten Fachwerkbau war bis 1945 eine Nebenstelle der Reichsbank untergebracht. Der Entwurf für das Gebäude stammte von dem Regierungs- und Baurat sowie späteren Reichsbankbaudirektor Dr.-Ing. Philipp Nitze. Dieser orientierte sich dabei an der spätbarocken Architektur der bergisch-märkischen Bürgerhäuser, für die das Herrenhaus auf dem Gut Harkorten ein besonders eindrucksvolles Beispiel ist. Die fünf Jahre nach der Gründung des Deutschen Reichs 1871 am 1. Januar 1876 geschaffene Reichsbank mit Sitz in Berlin fungierte als die zentrale Notenbank des Reiches und hatte als solche die Aufgabe, Preis und Volumen des Geldes zu bestimmen.

▶ WEITERE INFORMATIONEN (Karte 8, S. 365)

Alte Reichsbank
Haenelstraße 52, 58135 Hagen-Haspe

73 Osthaus Museum Hagen

Im Jahr 1898 fasste der kunstsinnige vermögende Bankierserbe Karl Ernst Osthaus (1874–1921) den Entschluss, ein naturwissenschaftliches Museum zu gründen. Er beauftragte daraufhin den Berliner Regierungsbaumeister Carl Gérard mit der Planung. Gérard entwarf ein dreigeschossiges Gebäude im Neorenaissancestil. 1900, als der Rohbau mit der Fassade stand, wurde Osthaus jedoch der konventionelle Charakter seines Ansatzes bewusst. Auf der Suche nach Anregungen entdeckte er den belgischen Künstler und Gestalter Henry van de Velde. Dieser entwickelte für die Innenarchitektur ein von den Zeitgenossen als revolutionär empfundenes Konzept. Die eisernen Stützen und Träger umkleidete er mit Stuck, der dem Bau eine organische Einheit und eine atmosphärische Gesamtstimmung verleiht.

Unter dem Einfluss von van de Velde änderte Osthaus die inhaltliche Konzeption seines Museums und wandte sich der zeitgenössischen Kunst zu. Seine bald weltberühmte Sammlung umfasste u. a. Werke von Cézanne, van Gogh, Hodler, Manet, Matisse, Renoir, Rodin, Rohlfs, Seurat und Signac.

Blick auf die Fassade des historischen Folkwang-Altbaus des Osthaus Museums Hagen. (Foto: Werner Hannappel)

Im Sommer 1902 eröffnete das Folkwang-Museum als weltweit erstes Museum für zeitgenössische Kunst. Der Knabenbrunnen von Georges Minne wurde 1906 in der Brunnenhalle aufgestellt. 1912 stiftete die Hagener Stadtbildhauerin Milly Steger den Frauenkopf über dem Eingangsportal. Die Zeit zwischen 1902 und 1921, in der Osthaus als Museumsgründer, Mäzen, Kulturvermittler und Organisator versuchte, seine Vision „die Schönheit wieder zur herrschenden Macht im Leben" werden zu lassen, ist heute unter dem kulturhistorischen Begriff „Hagener Impuls" bekannt.

Das Folkwang-Museum war das erste kulturpolitische Projekt von Karl Ernst Osthaus. Mit seiner umfassenden Kunstmission war er bestrebt, die soziale Realität seiner Heimatstadt Hagen positiv zu beeinflussen. Er setzte auf die Umgestaltung des gesellschaftlichen Lebens durch Kunst, Architektur und Städtebau. So bemühte sich Osthaus darum, hervorragende Künstler nach Hagen zu holen, ihnen Aufträge zu verschaffen, eine Künstlerkolonie, Werkstätten und ein Lehrinstitut zu gründen.

Osthaus' Tod 1921 in Meran beendete die Projekte. Im folgenden Jahr wurde von seinen Erben die Sammlung und mit ihr der Name des Folkwang-Museums an den Folkwang-Museumsverein Essen und die Stadt Essen verkauft. In dem früheren Folkwang-Museum in Hagen nahm die Verwaltung des Kommunalen Elektrizitätswerkes Mark ihren Sitz. Im August 1930 wurde das Christian-Rohlfs-Museum als neues Hagener Kunstmuseum gegründet.

Vier Jahre später erhielt das in der Villa Post in Wehringhausen untergebrachte Museum den Namen Haus der Kunst und wurde noch 1941 in Karl-Ernst-Osthaus-Museum umbenannt. Dem Versuch der Nationalsozialisten, Osthaus ideologisch zu instrumentalisieren, standen die 1937 begonnene Säuberung der Museumssammlung von „entarteten" Künstlern aus dem früheren Kreis von Osthaus und die Verfolgung Hagener Künstler gegenüber.

Das Karl-Ernst-Osthaus-Museum überstand den Zweiten Weltkrieg weitgehend unbeschadet und zog 1955 aus der Villa Post in das Gebäude des ehemaligen Folkwang-Museums an der Hochstraße. Im Zuge einer Erweiterung in den Jahren 1972–1974 wurde der historische Altbau zum ersten Mal renoviert. Um das ursprüngliche, dem Gesamtkunstwerk verpflichtete Raumkonzept vor Augen zu führen, wurde eine Replik des seit 1922 in Essen befindlichen Knabenbrunnens von George Minne im Zentrum der historischen Eingangshalle aufgestellt.

In einer groß angelegten Rekonstruktion wurden 1992 die wesentlichen Teile der verlorenen Inneneinrichtung, wie Türen und Geländer, wiederhergestellt, so dass die lebendige Struktur und das organische Raumgefühl der einzigartigen Museumsarchitektur wieder zur Geltung kommen. 2009 erhielt das Osthaus Museum im Zusammenhang mit dem Neubau des Emil Schumacher Museums eine großzügige Erweiterung. Beide Museen sind im Kunstquartier am Museumsplatz zusammengeschlossen. Mit dem spätklassizistischen Verwaltungsbau des Museums, dem früheren Kreis- und Landgericht, und der neogotischen Marienkirche bildet die

Historische Brunnenhalle im Osthaus Museum Hagen, Knabenbrunnen von Georges Minne, 1906 (Replik), Innenraumgestaltung von Henry van de Velde, 1900–1902. (Foto: Achim Kukulies, Düsseldorf)

Das Gebäude des 1902 von Karl Ernst Osthaus eröffneten Museum Folkwang in der Hochstraße. (Foto: Wilhelm Grenz, 1910; Stadtarchiv Hagen)

Neorenaisssance-Fassade des Osthaus Museums ein wertvolles Gebäudeensemble des Historismus.

Seit der Wiedereröffnung 2009 präsentiert das Osthaus Museum seine Sammlungen im historischen Folkwang-Bau: Werke des Spät-Impressionismus, des Expressionismus und der Klassischen Moderne, Arbeiten des Hagener Expressionisten Christian Rohlfs sowie Werke zeitgenössischer Kunst sind zu sehen. Die raumgreifende Installation „Die Architektur der Erinnerung" von Sigrid Sigurdsson thematisiert das Bewusstsein von Geschichte. Das „Junge Museum" bietet ein differenziertes Vermittlungsprogramm an, das sich an Kinder und Jugendliche richtet.

▶ WEITERE INFORMATIONEN (Karte 10, S. 367)

Kunstquartier Hagen
Museumsplatz 1 (Navi: Hochstraße 73), 58095 Hagen
Tel. 0 23 31 / 2 07 31 38, www.kunstquartier-hagen.de

Öffnungszeiten: Di, Mi, Fr 10–17 Uhr, Do 13–20 Uhr, Sa, So 11–18 Uhr

74 Hohenhof

Der Hohenhof in Hagen wurde vom belgischen Künstler und Architekten Henry van de Velde (1863–1957) als Wohnhaus für den Hagener Folkwang-Gründer Karl Ernst Osthaus und seine Familie gebaut. Er zählt zu den bedeutendsten architekturgeschichtlichen Gebäuden Europas kurz nach der Jahrhundertwende und ist eines der wenigen erhaltenen Beispiele für ein Jugendstil-Gesamtkunstwerk.

1906 beauftragte Osthaus van de Velde, den neuen Wohnsitz der Familie in Hohenhagen als Bezugspunkt einer Siedlung mit vorbildlichen Wohnbauten und einer Stadtkrone zu planen. Die Villa war als krönender Abschluss eines terrassierten Hanges oberhalb der Donnerkuhle gedacht, für den van de Velde einen Bebauungsplan mit weiteren 16 Villen konzipierte. Von der Architektur bis hin zu Möbeln, Wanddekorationen und Bodenbelägen, Lampen, Stoffen und Geschirr, die für jeden der Räume individuell entwickelt wurden, gestaltete Henry van de Velde in Absprache

Westfassade des Hohenhofs. (Foto: Tobias Roch, Hagen)

mit dem Bauherrn Osthaus das Gebäude. 1908 war der Hohenhof, dessen Grundriss der Form eines Doppelhakens entspricht, bezugsfertig. Nur die östliche Hangfassade zeigt Achsensymmetrie, während die Eingangs- und Gartenseiten die unregelmäßige Raumaufteilung im Innern widerspiegeln. Hier schuf van de Velde die Innenarchitektur vollständig aus einem Guss. Alle Details sind aufeinander abgestimmt, ohne die Funktion des zu gestaltenden Objektes zu vernachlässigen. Van de Veldes neuer Stil sollte einerseits den Lebensraum der Bewohner des Hauses bestimmen und andererseits vorbildlich nach außen wirken. Mit diesem Anspruch proklamierte Osthaus die Überwindung der überfrachteten Stilarchitektur.

Von Bedeutung für die dekorative Gestaltung der Haupträume waren verschiedene Kunstwerke, an denen sich die Farbkomposition der Einrichtung orientierte, so z. B. von Ferdinand Hodler „Der Auserwählte" im Empfangsraum sowie Edouard Vuillards „Herbst vor Paris" im Damenzimmer. Henri Matisse malte für den Wintergarten das

Damensalon im Hohenhof. (Foto: Achim Kukulies, Düsseldorf)

Fliesentriptychon „Nymphe und Satyr", von Johan Thorn-Prikker stammen die Treppenhausverglasung und die starkfarbige Schablonenmalerei im Arbeitszimmer. Reliefs von Hermann Haller flankieren das Hauptportal.

Henry van de Velde umgab den Hohenhof mit einem typischen Architektengarten, der als dekorative Rahmung des Hauses dienen sollte, mit geometrischem Grundriss aus vier leicht gegeneinander versetzten Achsen. 1913 modifizierte der Gartenarchitekt Leberecht Migge diesen Entwurf.

Nach Osthaus' Tod 1921 wurde der Hohenhof zunächst von seinem ältesten Sohn als Sitz einer Handweberei genutzt. 1927 verkaufte die Familie Gebäude und Ländereien an die Stadt Hagen mit der Auflage, die Anlage als Gesamtkunstwerk zu erhalten. 1933 überließ die Stadt den Hohenhof der NSDAP als Sitz einer Gauverwalter-Schule. Gegen Kriegsende wurde der Gebäudekomplex als Lazarett genutzt, von 1946 bis 1962 diente er als Frauenklinik und

Eingangsportal des Hohenhofs mit Reliefs von Hermann Haller. (Foto: Tobias Roch, Hagen)

bis 1976 als Abteilung der Pädagogischen Hochschule Dortmund. Zu Beginn der achtziger Jahre erfolgte eine umfassende Wiederherstellung der repräsentativen Innenräume, die 1984 abgeschlossen wurde.

Heute beherbergt das Haus, nach weiteren substanziellen Sanierungen, als Außenstelle des Osthaus Museums seit 1989 das „Museum des Hagener Impulses" und ist außerdem ein Ankerpunkt der „Route Industriekultur" des Regionalverbandes Ruhrgebiet. Die weitgehend originale Innenraumgestaltung führt ein einzigartiges Gesamtkunstwerk des Jugendstils vor Augen. Ergänzend ist eine umfangreiche Ausstellung mit Kunsthandwerk von Henry van de Velde zu sehen. Gezeigt werden außerdem Silber von Jan Ludovicus Mathieu Lauweriks und der Hagener Silberschmiede sowie eine Dokumentation des „Deutschen Museums für Kunst in Handel und Gewerbe". In den ehemaligen Kinderzimmern im Obergeschoss, die als Ausstellungskabinette genutzt werden, werden wechselnde Sonderausstellungen zum Hagener Impuls präsentiert.

▶ **WEITERE INFORMATIONEN** (Karte 5, S. 362)

Hohenhof
Stirnband 10, 58093 Hagen-Eppenhausen
Tel. 0 23 31 / 5 59 90, www.osthausmuseum.de

Öffnungszeiten: Sa, So 11–18 Uhr

75 Eduard-Müller-Krematorium

Der 1892 in Hagen gegründete „Verein für Feuerbestattung" stellte 1903, vertreten durch den 1. Vorsitzenden Sanitätsrat Dr. Eduard Müller, an die Ordnungsbehörde einen Bauantrag für ein Krematorium. Die Genehmigung wurde erteilt, jedoch mit dem Zusatz, dass Einäscherungen in Preußen nicht zugelassen seien. Die Inbetriebnahme des 1907 errichteten Krematoriums wurde durch die preußische Regierung untersagt. Der „Verein für Feuerbestattung" führte einen jahrelangen Rechtsstreit mit den Behörden. Erst die gesetzliche Regelung der Feuerbestattung in Preußen 1911 erlaubte am 16. September 1912 die Eröffnung des Krematoriums und damit die erste Einäscherung in Preußen.

Eduard Müller-Krematorium in Hagen Delstern. (Foto: Bildarchiv Foto Marburg)

Blick in die Apsis. (Foto: Bildarchiv Foto Marburg)

Der Entwurf für das Krematorium stammt von dem Künstler und Gestalter Peter Behrens, der von dem Mitbegründer des Feuerbestattungsvereins und Kunstmäzen Karl Ernst Osthaus 1905 mit der Planung beauftragt wurde. Das zwei Jahre später fertig gestellte Krematorium hob sich mit seinem kubisch geschlossenen, streng symmetrisch gestalteten Baukörper und typischen schablonierten Liniendekorationen von früheren Entwürfen für Krematorien ab. Bezug nehmend auf die frühchristliche Kirche San Miniato al Monte in Florenz, vereinte Behrens die säkulare Funktion mit einer sakralen Atmosphäre.

Dem Sakralbau hat Behrens eine streng geometrische Form gegeben. Der vorkragende Eingangsbereich wird durch sechs quadratische Pfeiler gestützt. Über dem Eingang erhebt sich eine fensterlose Fassade. Der Schornstein, ein hoher rechteckiger Turm, einem Glockenturm ähnlich, wurde von Behrens als wichtiger architektonischer Bestandteil dem Gebäude angefügt. Ursprünglich war die Fassade des Gebäudes mit Marmorplatten verkleidet. Aufgrund einer mangelhaften Befestigung wurden sie wegen Verletzungsgefahr bereits nach einem Jahr entfernt.

Behrens gelang es, die relativ kleine Halle monumental erscheinen zu lassen und ihr eine dem Anlass angemessene Atmosphäre zu verleihen. Das Innere der Andachtshalle griff die ursprünglichen Gestaltungsmerkmale der schwarz-weiß-Ornamentik von außen in vielfacher Variation wieder auf. Der Fußboden ist mit schwarz-weißen Fliesen mit unterschiedlichem Dekor belegt. In farblicher Korrespondenz dazu sind die Wände schwarz-weiß in Sgraffitotechnik gestaltet.

Im Eingangsbereich führen Stufen zu einer Empore, auf der ursprünglich die Orgel stand. Lediglich die Verkleidung

Krematorium, um 1910. (Stadtarchiv Hagen)

in Rosettenform, hinter der sich die Orgelpfeifen befanden, ist erhalten. Das Dekor auf der Apsidenseite erinnert mit dem spiralförmigen Oktogonalmuster an die riesigen Voluten der Fassade von Santa Maria Novella in Florenz. In der halbkreisförmigen Apsis mit schwarzen Marmorsäulen erscheint in der Wölbung das Steinmosaik von Emil Rudolf Weiß. Mit der goldenen Fassung erinnert es an die Mosaiken in Ravenna, verzichtet jedoch auf christliche Ikonographie. Statt dessen sind drei kniende Jünglinge zwischen Bäumen auf einem blumengeschmückten Rasen dargestellt. Die mittlere Gestalt hebt segnend die Hände. Links erscheint eine schlafende, rechts eine erwachende Jünglingsgestalt. Sie stehen sinnbildlich für das Werden und Vergehen. Sinnfällig ist zwischen den Palmenzweigen im oberen Bereich ein Zitat aus Johann Wolfgang von Goethes „Faust II“ eingefasst: „Alles Vergängliche ist nur ein Gleichnis.“

Das Gebäude erscheint sowohl stark entfernt von den Lineaturen des Jugendstils als auch von der funktionalen Sachlichkeit, zu der sich Behrens später bekannte. Das Gebäude wirkt in seiner strengen Monumentalität fast klassizistisch, ähnlich der Cuno-Villa in Hagen-Emst, die Peter Behrens 1909/10 im Auftrag von Karl Ernst Osthaus entworfen hat.

▶ **WEITERE INFORMATIONEN** (Karte 11, S. 368)

Eduard Müller Krematorium, Friedhof Delstern
Am Berghang 30, 58093 Hagen

76 Arbeitersiedlung Walldorf

1905 gelang es Karl Ernst Osthaus, eine Konferenz der Zentralstelle für Arbeiter-Wohlfahrtseinrichtungen zum Thema „Die Gestaltung von Arbeiterwohnhäusern" in Hagen zu veranstalten. Am Ende seines Eröffnungsreferats mit dem Titel „Der Wert des Hauses" resümierte Osthaus: „In wenigen Jahren ist, wie die Ausstellung mit Bezug auf das Arbeiterhaus zeigt, die Bewegung mächtig angewachsen. [...] Ist die Bewegung auch keineswegs eine Arbeiterfrage sondern eine Kulturfrage des ganzen deutschen Volkes, so liegen doch zweifellos auf dem Gebiete des Arbeiterhauses die größten Schwierigkeiten, weil die kulturellen Forderungen am genauesten mit den wirtschaftlichen Bedingungen zusammengepasst werden müssen."

Neben Osthaus kamen auf dieser Konferenz auch Hermann Muthesius, Karl Henrici, Paul Schultze-Naumburg und der Münchener Gestalter Richard Riemerschmid zu Wort. Im Anschluss an die Tagung gelang es Osthaus, das Unternehmen Hagener Textilindustrie für den Bau einer Arbeitersiedlung im „Wasserlosen Tal" zu gewinnen und so der Theorie die Praxis folgen zu lassen. Er veranlasste seinen Verwandten, den Textilfabrikanten Elbers, den Architekten Richard Riemerschmid mit dem Bau der so genannten Walddorf-Siedlung zu beauftragen, gelegen zwischen dem Betrieb der Hagener Textilindustrie im Volmetal und der von Osthaus konzipierten Künstlerkolonie und Stadtkrone Hohenhagen.

Riemerschmid entwarf 1907 einen Bebauungsplan für 84 Wohnhäuser, einen Gebäudekomplex mit Gemeinschaftseinrichtungen sowie einen Kindergarten mit Betreuerwohnung. Geplantes Zentrum sollte ein Marktplatz mit Brunnen sein. Für die einzelnen Häuserreihen waren jeweils verschiedene Haustypen mit eigenen Gärten vorgesehen. Zahlreiche Merkmale der Gartenstadt Hellerau, die Riemerschmid seit 1906 parallel konzipierte, tauchen in der Hagener Arbeitersiedlung wie in der Gartenstadt bei Dresden auf. Zwischen 1908 und 1911 wurde nur die erste Reihe mit elf Häusern realisiert, so dass die Planung der Gesamtanlage heute nicht erkennbar ist. Alle weiteren Bauvorhaben mussten wegen des Ersten Weltkriegs und seiner wirtschaftlichen Folgen aufgegeben werden.

Die Gebäude sind dem ansteigenden Gelände angepasst. Die steigenden Firstlinien sowie der Wechsel von giebel- und traufseitigen Häusern zeugen von einer differenzierten, ortsbezogenen Planung. Anhand der verwirklichten Häuserzeile aus grob behauenem Kalksandstein mit verschieferten Mansarddächern sowie grünen Türen und Fensterläden zeigt sich der rustikale Charakter des Ensembles.

Riemerschmid legte bei den ca. 50 Quadratmeter großen Wohnungen hohen Wert auf einen funktionalen Grundriss und fortschrittliche hygienische Verhältnisse, indem er – was für die damalige Zeit im Mietwohnungsbau nicht selbstverständlich war – jeder Wohnung ein eigenes Bad zuordnete. Charakteristisch für die Wohnungen sind die große Wohnküche und der Selbstversorgungsgarten mit Stall.

Die Siedlung war, obwohl sie Fragment blieb, für Riemerschmid von besonderer Bedeutung. Er bekam durch Osthaus die Gelegenheit, Haustypen zu entwickeln, auf die er bei der Planung der Gartenstadt Hellerau zurückgreifen konnte. Da-

Häuserzeile der Walddorf-Siedlung von Richard Riemerschmid. (Foto: Achim Kukulies)

rüber hinaus weckte die Realisierung der Walddorf-Siedlung in Osthaus den Wunsch nach einem eigenen sozialen Wohnungsbauprojekt. Er initiierte 1911 das groß angelegte Projekt Gartenstadt Emst, das die Errichtung von 2.500 preiswerten Wohnungen in Stadtnähe vorsah. Aus finanziellen Gründen scheiterte dieses Projekt jedoch.

2002 gelang es dem Osthaus Museum Hagen, ein Arbeiterhaus der Siedlung anzumieten und museal zu nutzen. Das Innere des Hauses konnte nach gründlichen Befunduntersuchungen im Wesentlichen originalgetreu wiederhergestellt werden.

▶ **WEITERE INFORMATIONEN** (Karte 10, S. 367)

Textilarbeitersiedlung Walddorfstraße
Walddorfstraße 1–21 (Besichtigung nach Vereinbarung: Walddorfstraße 17)
58093 Hagen-Emst, Tel. 0 23 31 / 2 07 31 38

Thorn-Prikker-Haus. (Foto: Jörg Ackermann)

77 Häuserzeile am „Stirnband“

Die Initiative zum Bau der Häuserzeile am „Stirnband“ im Hagener Stadtteil Emst ging auf Karl Ernst Osthaus zurück. Osthaus plante im Rahmen seiner Villenkolonie Hohenhagen modern vorbildliche Künstlerhäuser in unmittelbarer Nachbarschaft zu seinem eigenen Wohnhaus, dem Hohenhof. Während die Architekten Henry van de Velde und Peter Behrens bereits ab 1906 Teilbebauungspläne für das Areal erstellten, fiel die Entscheidung zur Errichtung der Künstlerhäuser auf den Niederländer Jan Ludovicus Mathieu Lauweriks. So erhielt der Architekturtheoretiker, Kunstgewerbler und Pädagoge in Hagen erstmals die Möglichkeit, seine auf theosophischer Grundlage entwickelte Methode des systematischen Entwerfens umzusetzen.

Dem Entwurf der drei Einzel- und drei Doppelhäuser liegt ein Maßsystem zugrunde, dessen kleinste Einheit ein Quadrat von 17 Zentimetern Kantenlänge bildet. Dieses Quadrat durchzieht als Grundmodul alle Häuser und Gartenanlagen, deren Formen jeweils Teile oder ein Vielfaches der Ausgangsform sind. Jedes Haus gestaltete Lauweriks als Einheit mit individuellem Grund- und Aufriss. Er kombinierte bei allen Häusern Mauerflächen aus dunklem holländischen Ziegel mit grob bossiertem westfälischen Kalkstein. Die Gebäudekanten, Trauflinien, Tür- und Fenstereinrahmungen sind in Buntsandstein gefasst.

Bei den ersten Häusern in der Reihe wird Naturstein überwiegend für die Gebäudebasis und die Wandabschlüsse verwendet. In einer aufsteigenden Bewegung sind bei den mittleren Gebäuden größere Bereiche an den Erkern, Fenstern und Wandabschlüssen durch den Naturstein akzentuiert. Von diesen mittleren Bauten aus wird in einer absteigenden Bewegung der Einsatz des Steins wiederum auf die Sockelzonen, Wandabschlüsse und Türeinrahmungen beschränkt.

Auch in der Führung der Firstlinie wird deutlich, dass die freistehenden Häuser durch eine einheitliche Bewegungsrichtung miteinander verbunden sind. Die einen Balkon stützende Karyatide am dritten Haus gestaltete die von Osthaus 1910 nach Hagen berufene Bildhauerin Milly Steger, die dort ihr Atelier besaß.

Das Wohn- und Atelierhaus für den holländischen Künstler Johan Thorn Prikker nimmt eine besondere Position im

Gesamtplan aus der Vogelperspektive, 1912. (Karl Ernst Osthaus-Archiv im Osthaus Museum Hagen)

Ensemble der Häuserzeile ein. Die massiven Initialen JTP über dem Hauseingang verweisen auf den Bewohner. Der Giebel mit dem Atelierfenster zeigt das so genannte Lauweriks-Motiv, eine aus dem quadratischen Raster entwickelte, in vielen Variationen abgeknickte Linie, die an verschiedenen Details der Lauweriks-Häuser und Gartenanlagen in immer neuen Modifikationen erscheint.

Dem Grundriss des Thorn Prikker-Hauses liegt ein Quadrat zugrunde, von dem drei Viertel bebaut und ein Viertel als Vorgarten gestaltet sind. Die bebaute Fläche beschreibt die Form eines Hakens, wodurch die Firstlinie zweifach geknickt ist. Durch diesen doppelten Richtungswechsel wird die Bewegung der Firstlinie umgelenkt und zum ersten Gebäude der Zeile zurückgeführt. Diese Bedeutung des Thorn-Prikker-Hauses als zentraler End- und Wendepunkt wurde von Lauweriks durch die Fassadengestaltung mit der ausgeprägten, nach oben weisenden Lineatur des weißen Holzgiebels betont, der in starkem Kontrast zur dunklen Farbigkeit der übrigen Häuser steht. In diesem wie in zwei weiteren Häusern der Zeile wurde originale Schablonenmalerei-Wandgestaltung von Thorn Prikker entdeckt.

Milly-Steger-Haus mit Karyatide. (Foto: Achim Kukulies)

▶ WEITERE INFORMATIONEN (Karte 5, S. 362)

Häuser am Stirnband und Villa Cuno
Stirnband 38–54 / Haßleyer Straße 35, 58093 Hagen-Eppenhausen

Osthaus Museum Hagen
Museumsplatz 3, 58095 Hagen

Torbau mit Mutter/Kind-Skulptur. (Foto: Gerhard E. Sollbach)

78 Cuno-Siedlung

Die Cuno-Siedlung auf dem Kuhlerkamp in Hagen-Wehringhausen ist ein auch überregional herausragendes Beispiel für den gemeinnützigen Siedlungsbau in den 1920er Jahren. Sie ist die einzige Siedlung, die damals von der Stadt Hagen als Bauherrin nach einem von mehreren Architekten erstellten Plan unter der Leitung des Stadtbaurats Emil Figge erstellt wurde. Zugleich gehört sie zu den wenigen Siedlungen im Ruhrgebiet, die unter dem Einfluss der Architekturbewegung des „Neuen Bauens" geplant wurden. In der Ratssitzung im Juni 1926 war der Bau von zunächst 90 vorzugsweise für sozialschwache und kinderreiche Familien bestimmten Wohnungen vorgesehen. In derselben Sitzung wurde auch festgelegt, dass aus Anlass des 25-jährigen Dienstjubiläums des im folgenden Jahr ausscheidenden Oberbürgermeisters Willy Cuno die neue Siedlung seinen Namen tragen sollte.

Mit dem Bau der aus vier flach gedeckten und zwei- bis viergeschossigen Gebäudezeilen bestehenden Siedlung wurde noch im Herbst 1926 begonnen. Ende 1927 waren die

Klinker- und Putzfassaden mit Figurenschmuck. (Foto: Gerhard E. Sollbach)

aus hartgebrannten, dunkelroten Klinkern errichteten Gebäude mit Natursteinsockel und Sprossenfenstern fertig gestellt. Die vier Bauzeilen des Komplexes sind blockartig vorspringend der Landschaftsform angepasst. Das burgartig geschlossen wirkende Äußere der Siedlung wird durch fast mittig angeordnete Toreinfahrten jeweils in der unteren und oberen Bauzeile sowie durch die vortretenden äußeren Baukuben noch verstärkt. Die Freiflächen zwischen den Häuserzeilen sind durch halbrund abgeschlossene Natursteinmauern terrassenförmig gegliedert und teilweise auch durch Treppen erschlossen.

Auf jeglichen bauplastischen Schmuck wie Gesimse und Erker ist verzichtet worden. Stattdessen wurde an den Hauswänden Skulpturenschmuck angebracht, den ausschließlich die beiden Hagener Bildhauer Hans Dorn und Karel Niestrath anfertigten. Bei diesen Skulpturen handelt es sich um etwa 40 mal 40 Zentimeter große Reliefplastiken, die sich neben fast jedem Hauseingang und an den Tordurchgängen befinden, sowie Figuren und Statuen. Mit der vertikalen Betonung der Treppenhausachsen sowie mit den Bauplastiken weist die äußere Gestaltung der Siedlung

Relief des Hagener Bildhauers Hans Dorn Es ist eine Anspielung auf den 1926–1929 in Hagen als Bürgermeister und dann bis 1933 als Oberbürgermeister amtierenden Dr. Cuno Raabe. (Foto: Gerhard E. Sollbach)

Willy Cuno (1860-1951), von 1901 bis 1907 Bürgermeister, anschließend Oberbürgermeister der Stadt Hagen bis 1927. (Foto: Janko & Schmitz, 1926; Stadtarchiv Hagen)

Stilmerkmale eines gemäßigten Expressionismus auf. Daneben sind in dem Gesamtkonzept mit den Flachdächern, der Staffelung der kubenförmigen Baublöcke und den standardisierten Wohnungsgrundrissen deutliche Elemente des „Neuen Bauens" enthalten. Andererseits bezeugt jedoch die Verwendung von Naturstein für die Sockel der Gebäude und für die Stützmauern der Freiflächen auch einen traditionellen Architekturstil.

1984 erfolgte eine umfassende Sanierung der architektonisch und sozialgeschichtlich bedeutenden Siedlung. Sie ist heute ein Haltepunkt der Themenroute „Arbeitersiedlungen" der Route Industriekultur.

▶ **WEITERE INFORMATIONEN** (Karte 9, S. 366)

Cuno-Siedlung
Leopoldstraße/ Heinrichstraße/ Albrechtstraße
58089 Hagen-Wehringhausen (Kuhlerkamp)

79 Landgericht in Hagen

Zwischen 1909 und 1911 erwarb der preußische Justizfiskus für den Bau eines neuen Justizgebäudes und Gefängnisses in Hagen von der Witwe des Unternehmers Moritz Ribbert in Hohenlimburg ein Grundstück zwischen der Heinitz-, Müller-, Blücher- und Aschenbergstraße. Das Gebäude des 1866 bezogenen alten Kreisgerichts in der Hochstraße mit angeschlossenem Gerichtsgefängnis reichte bei weitem nicht mehr aus, um einen zeitgemäßen Betrieb des Landgerichts zu ermöglichen. Der Ausbruch des Ersten Weltkriegs 1914 verhinderte jedoch zunächst den Baubeginn. 1916 wurden die Arbeiten am Gefängnisbau aufgenommen, jedoch nach Fertigstellung der Fundamente wieder eingestellt.

Erst Anfang 1919 erfolgte die Fortsetzung und im Frühjahr 1922 war der Gefängnisbau vollendet. Mit der Errichtung des Geschäftsgebäudes für die Justizbehörden mit Landgericht, Amtsgericht und Staatsanwaltschaft wurde schließlich 1923 begonnen. Im Herbst 1925 war das Bauwerk fertig gestellt und konnte am 28. November des Jahres eingeweiht werden.

Der Bauteil an der Heinitzstraße mit dem durch einen dreiachsigen Risalit mit Dreiecksgiebel betonten Haupteingang ist der architektonische Schwerpunkt des viergeschossigen Baus. Auch in der inneren Gliederung kennzeichnet eine doppelläufige Treppe diesen Gebäudetrakt als den bedeutungsvollsten. Die in einfachen Formen gehaltene Außenfront wurde im Bereich des Sockels, des Giebels, des Hauptgesimses, der Verzierungen und der Freitreppe mit wetterbeständigem fränkischem Muschelkalk ausgestattet. Für die Fensterrahmungen und die aufstrebenden Architekturteile kam Kunststein in der Farbe des Muschelkalks zur Anwendung. An äußerem Schmuck finden sich außer einiger Ornamentik vor allem unterhalb des Gesimses über dem Hauptportal noch drei Frauenköpfe über den Rundarkaden des Hauptportals. Sie stellen allegorisch die Schuld (Medusa), die Gerechtigkeit (Justitia) und die Unschuld (Innocentia) dar.

Das Land- und Amtsgerichtsgebäude in Hagen. (Foto: Gerhard E. Sollbach)

Das als Atrium von 1920 bis 1923 errichtete Gefängnis, die heutige Justizvollzugsanstalt Hagen in der Gerichtsstraße, wurde mehrfach umgebaut und erweitert; 2006 erfolgte eine vollständige Renovierung. Es dient vor allem als Untersuchungshaftanstalt für den Landgerichtsbezirk Hagen und Amtsgerichtsbezirk Witten. Von 1923 bis 1935 war die Haftanstalt auch Hinrichtungsstätte für den Landgerichtsbezirk. Am 14. September 1934 wurde ein Kommunist aus Hohenlimburg nach einem politisch motivierten Todesurteil des Hagener Schwurgerichts im Gefängnishof mit dem Handbeil enthauptet. 1936 richtete die NS-Justiz elf zentrale Hinrichtungsstätten ein. Daraufhin wurden die in Hagen zum Tode verurteilten Personen im Gerichtsgefängnis Dortmund durch die Guillotine hingerichtet.

▶ **WEITERE INFORMATIONEN** (Karte 10, S. 367)

Landgericht Hagen
Heinitzstraße 42, 58097 Hagen
Tel. 0 23 31 / 9 85-0

80 Hochbunker in der Körnerstraße

Die Nationalsozialisten begannen auch in Hagen mit einer von ideologischen Vorstellungen geleiteten Stadtplanung. Der 1941 fertiggestellte Generalbebauungsplan konnte dann aber nicht umgesetzt werden. Er verbrannte im Rathaus mit allen zugehörigen Unterlagen im Oktober 1943 beim ersten schweren Luftangriff. Von den umfassenden Bauplanungen der Nationalsozialisten blieben in der Innenstadt lediglich Hochbunker aus Beton übrig. In ihnen manifestieren sich allerdings die Architektur und die Ideologie des NS-Regimes.

Rückseite des Hochbunkers in der Körnerstraße. (Foto: Gerhard E. Sollbach)

Vorderfront des Hochbunkers nach dem ersten schweren Luftangriff auf Hagen am 1. Oktober 1943. (Foto: Willi Lehmacher, Oktober 1943; Stadtarchiv Hagen)

Der 1939 gebildete Luftschutzort I. Ordnung Hagen umfasste auch die Nachbarstädte Herdecke und Wetter. Im Oktober 1940 wurde das so genannte Luftschutz-Führerprogramm erlassen. In 54 als besonders kriegswichtig beurteilten Städten sollten große Hochbunker und aufwändige Luftschutzanlagen die Zivilbevölkerung vor den Bombardierungen durch die britische Royal Air Force schützen. Hagen gehörte zu den ausgewählten Städten dieses staatlichen Bauprogramms. Die Hochbunker wurden unter Vorgabe einer nationalsozialistischen Wehrarchitektur in die städtebaulichen Planungen einbezogen.

Nachdem die Planungen abgeschlossen waren, begann auch im Luftschutzort Hagen ab Frühjahr 1941 der Bau von zehn Hochbunkern. Doch bereits im Frühjahr 1942 mussten wie in anderen Städten auch die Baustellen weitgehend stillgelegt werden. Es fehlte an Material und Arbeitskräften. Die Anfang 1941 angeworbenen italienischen Baufacharbeiter kehrten im folgenden Jahr aus ihrem Urlaub nicht mehr nach Deutschland zurück.

Die zehn Hochbunker im Luftschutzort Hagen besaßen eine Kapazität von jeweils bis zu 1.000 Personen. Sie wurden durch Kriegsgefangene und Zwangsarbeiter provisorisch fertiggestellt. Ergänzt wurden die Luftschutzräume durch ausgebaute Kellerräume in Gebäuden und große Tiefstollen wie unter der Josephskirche in Altenhagen, sowie ab 1943 auch durch private Stollenbauten und Deckungsgräben.

Doch dass auch Hochbunker aus Stahlbeton keinen sicheren Schutz vor Bomben gaben, zeigte sich am Abend des 15. März 1945 in der Hagener Körnerstraße. Der dortige Hochbunker in der Nähe des Hauptbahnhofs war mit Schutzsuchenden völlig überfüllt. Während des Luftan-

Ein belgischer Soldat im August 1945 vor dem Hochbunker mit dem riesigen Einschlagloch einer Sprengbombe. (Foto: unbekannt, August 1945; Stadtarchiv Hagen)

Der Hochbunker in der Körnerstraße mit dem Einschlagsloch in der Seitenwand. (Foto: Otto Fernholz, 1946; Stadtarchiv Hagen)

griffs wurden der Bunker und seine Umgebung von mehreren Spreng- und Minenbomben getroffen. Auf der Straße und dem Platz vor dem Bunker starben zahlreiche Menschen. Viele von ihnen waren von den Ordnungskräften zuvor nicht in den Bunker gelassen worden.

Schließlich kam es zu einem Volltreffer von mindestens einer schweren Sprengbombe. Sie traf den oberen Teil der straßenseitigen Außenwand, durchschlug den bis zu 150 Zentimeter starken Stahlbeton und explodierte im Inneren des Bunkers. Die Zahl der dabei getöteten Menschen lässt sich nicht genau angeben, wahrscheinlich waren es zwischen 270 und 500 Personen. Dieser Treffer zählt zu den folgenschwersten Bunkerunglücken auf dem europäischen Kriegsschauplatz.

Nach dem Zweiten Weltkrieg wurde der Bunker Körnerstraße auf Anordnung der britischen Besatzungsmacht entmilitarisiert und in ein zivil genutztes Gebäude umgebaut. Bis 2005 war das traditionsreiche Uhren- und Schmuckgeschäft „Schmidt im Bunker" dort ansässig. 2011 erwarb die kurdisch-islamische Gemeinde in Hagen den früheren Hochbunker, um ihn u. a. als Moschee zu nutzen.

Der Hochbunker in der Körnerstraße ist ein Baudenkmal, das für die nationalsozialistische Stadtplanung und Architektur steht. Darüber hinaus erinnert der Bunker an die beim Bau eingesetzten Kriegsgefangenen und Zwangsarbeiter sowie an den Luftkrieg. Dabei ist er vor allem Gedenkort für die im März 1945 getöteten Menschen. Seine Entmilitarisierung dokumentiert den Wiederaufbau und das rund 50 Jahre dort bestehende Geschäft den wirtschaftlichen Aufschwung nach 1949.

Die Nutzung als Gotteshaus und Sitz der kurdisch-islamischen Gemeinde in Hagen seit 2011 bildet vorerst den Schlusspunkt einer wechselvollen Geschichte des Bauwerks. Der Hochbunker steht auch für den Wandel in der Nachkriegs-Gesellschaft in Deutschland, für die kulturelle und religiöse Vielfalt und damit auch für die Niederlage der menschenverachtenden Ideologie des Nationalsozialismus. Der bauliche Überrest aus der NS-Zeit wurde in Hagen in einer toleranten und multikulturellen Gesellschaft zu einem islamischen Gotteshaus umgewidmet.

▶ **WEITERE INFORMATIONEN** (Karte 9, S. 366)

Hochbunker
Körnerstraße 94, 58095 Hagen

HISTORISCHE STADTBEBAUUNG

Einleitung: Wohn-Orte

von Gerhard E. Sollbach

Der vorwiegend im 18. und 19. Jahrhundert gewachsene historische Stadtkern von Hagen ging im Bombenhagel des Zweiten Weltkriegs nahezu vollständig unter. Von der ursprünglichen Bebauung sind keine Reste mehr vorhanden. Doch schon die Modernisierung der Stadtgestalt in Hagen hatte in der ersten Hälfte des 20. Jahrhunderts viele historische Gebäude beseitigt. Die Bomben des Zweiten Weltkriegs trafen daher eine Großstadt, die auch in ihrem Kern überwiegend eine moderne Bausubstanz enthielt.

In Klein- und Mittelstädten der Umgebung hingegen, die vom Bombenkrieg weitgehend verschont blieben und in denen sich die Abrissbegeisterung und der Neuerungswahn der 1950er und 1960er Jahre wenigstens in Grenzen hielten, sind heute noch beträchtliche Teile des alten Stadtkerns mit den ihn prägenden historischen Gebäuden vorhanden. Im 1876 nach Hagen eingemeindeten Stadtteil Wehringhausen hat sich eine geschlossene, im 19. und 20. Jahrhundert entstandene und historisch gewachsene Wohnviertelbebauung erhalten.

In der Herdecker Altstadt sind es die charakteristischen Fachwerkbauten aus dem 16. bis 19. Jahrhundert, deren Schlichtheit von dem nur bescheidenen Wohlstand der früher hier lebenden Handwerker, Gewerbetreibenden und kleinen Kaufleute zeugen. Hier hat sich zudem die Wegeführung des durch den Ort verlaufenden alten Fernwegs erhalten, dem heute noch die jetzt zum Teil allerdings als Fußgängerzone eingerichtete Hauptstraße folgt.

In Breckerfeld vermitteln die Gassen und Winkel im Altstadtkern einen Eindruck von dem Erscheinungsbild einer Stadt in früheren Jahrhunderten, während die anstelle der Stadtmauer heute um die Altstadt führende Ringstraße die geringe Ausdehnung der mittelalterlichen Stadt sichtbar macht.

Die früheren Freiheiten Wetter und Volmarstein liegen am Rande mittelalterlicher Burgen. Sie wurden in die Befestigungen einbezogen und waren ihrerseits mit Ringmauern, Wällen, Gräben und Toren versehen. Als so genannte Minderstädte besaßen sie bereits im Hoch- und Spätmittelalter erweiterte Rechte und Privilegien, die sie von einfachen Dörfern und Flecken unterschieden.

In Gevelsberg und Elsey prägten mittelalterliche Klöster und neuzeitliche Adelsstifte die Baugestalt. Doch lediglich Gevelsberg erlangte 1886 Stadtrechte, während die Landgemeinde Elsey 1902 mit der im Jahr darauf zur Stadt erhobenen Gemeinde Hohenlimburg zusammengelegt wurde. Hohenlimburg und das 1873 mit Stadtrechten versehene Haspe sind heute Stadtteile von Hagen. Trotz ihrer Eingemeindungen 1929 und 1975 im Zuge von kommunalen Neugliederungen behielten sie ihre eigenständige Identität. Das frühere Stadtzentrum von Haspe entwickelte sich im Verlauf der Industrialisierung und zeigt durchweg eine moderne Baugestalt. Dagegen lassen sich in der Innenstadt von Hohenlimburg noch Relikte des frühneuzeitlichen Ortes erkennen. Für einen mittelalterlichen Markt mit entsprechenden Privilegien und einer der Burg zugehörigen Freiheit, wie in Volmarstein und Wetter, gibt es in Hohenlimburg weder sichere historische Belege noch archäologische Befunde.

Die Ansiedlung unter dem Schloss Hohenlimburg entwickelte sich während des 17. Jahrhunderts. Um das örtliche Drahtgewerbe zu fördern, verlieh Graf Friedrich Moritz I. von Bentheim-Tecklenburg der kleinen Siedlung am Fuße seiner Residenz im März 1709 erweiterte Privilegien für eine eingeschränkte bürgerschaftliche Selbstverwaltung, die mit Freiheitsrechten allerdings nicht vergleichbar waren.

Von einer historischen Stadtbebauung kann heute nur noch in Herdecke, Wetter und Breckerfeld gesprochen werden. Wehringhausen ist ein gutes Beispiel für eine geschlossene historische Stadtteilbebauung.

Teil der alten Stadtmauer am Westring in Breckerfeld. (Foto: Gerhard E. Sollbach)

81 Breckerfeld

Die Altstadt von Breckerfeld mit ihren engen Gassen und Winkeln besitzt eine verhältnismäßig große Zahl von rund 20 unter Denkmalschutz stehenden Gebäuden. Die Häuser stammen zwar vorwiegend erst aus dem 18. und 19. Jahrhundert, ihre Grundmauern sind aber zumeist älter und reichen teilweise bis in mittelalterliche Zeit zurück. Ältestes Bauwerk im Altstadtkern ist jedoch die heute evangelische Jakobuskirche vom Ende des 14./Anfang des 15. Jahrhunderts. In ihrer unmittelbaren Nähe steht die 1728 erbaute ehemalige reformierte Kirche. Sie wurde nach der Union der lutherischen und der reformierten Gemeinden in Breckerfeld 1841 von der katholischen Gemeinde erworben und dient ihr bis heute als Gotteshaus.

Am Rand des Altstadtkerns sind noch Reste der mittelalterlichen Stadtbefestigung vorhanden. Das am besten erhaltene und größte Teilstück der wohl im ausgehenden 14. und beginnenden 15. Jahrhundert errichteten Stadtmauer findet sich am Westring. Dem ursprünglich doppelten Mauerring war ein tiefer Graben vorgelagert. Dieser Graben wurde jedoch bereits nach dem großen Stadtbrand von 1727 mit Brandschutt aufgefüllt.

Breckerfeld wird 1184 erstmals urkundlich als *„vicus Brecheruuelde“* erwähnt, wobei jedoch nicht klar ist und auch nicht geklärt werden kann, ob es sich hierbei um die spätere Stadt Breckerfeld oder um das südwestlich davon gelegene Altenbreckerfeld handelt. Die Siedlung lag an einer über den Höhenzug durch das Sauerland nach Süden führenden Fernstraße, die als „Eisenstraße“ bekannt war. 1396 verlieh Graf Dietrich II. von der Mark dem Ort Stadtrechte.

Ihre wirtschaftliche Blüte erlebte die Stadt vom 14. bis etwa zur Mitte des 16. Jahrhunderts durch die hier handwerklich betriebene Erzeugung von Eisen bzw. Stahl und die Herstellung sowie den Vertrieb von Stahlwaren. In der Umgebung der Stadt sind zahlreiche Verhüttungs- und Schmiedeplätze archäologisch belegt. Besonders die Messer und Dolche

Im Altstadtkern von Breckerfeld, im Hintergrund die katholische Jakobuskirche. (Foto: Gerhard E. Sollbach)

Im Altstadtkern von Breckerfeld. Blick auf die evangelische Jakobuskirche. (Foto: Gerhard E. Sollbach)

aus Breckerfeld waren weit über die Region hinaus bekannt und als Handelsgut begehrt. Die damals wohlhabende Stadt gehörte nachweislich im 15. Jahrhundert auch dem Hansebund an. Kaufleute aus Breckerfeld finden sich in hansischen Schriftquellen, beispielsweise in Brügge, London, Lübeck, Riga und Nowgorod. Die Söhne dieser Kaufleute studierten u. a. an der Universität in Köln.

Den wirtschaftlichen Niedergang von Breckerfeld bewirkte ab dem 16. Jahrhundert die immer übermächtiger werdende Konkurrenz der Hammerwerke in den Flusstälern von Lenne, Volme und Ennepe, die unter Ausnutzung der Wasserkraft Stahl und Stahlprodukte billiger herstellen konnten. Der Dreißigjährige Krieg und einige Großbrände vom 17. bis zur Mitte des 19. Jahrhunderts schädigten die Stadt und ihre Bewohner noch weiter. In der Neuzeit besaß die Stadt eine wenig verkehrsgünstige Lage und spielte auch während der Industrialisierung keine Rolle. Breckerfeld sank daraufhin zu einem unbedeutenden Landstädtchen mit einer weitgehend verarmten Bevölkerung herab.

▶ **WEITERE INFORMATIONEN** (Karte 16, S. 373)

Stadtmuseum Breckerfeld
Museumsgasse 3, 58339 Breckerfeld
www.breckerfeld.de/heimatmuseum.htm

Öffnungszeiten: Sonntags 15:00 bis 17:00 Uhr

82 Herdecke (Karte 1, S. 358)

Die Altstadt von Herdecke ist der Kern des Dorfes, das in mittelalterlicher Zeit um das Stift herum und vor allem unterhalb des Stiftshügels entstand. Aufgrund der verkehrsgünstigen Lage an einem wichtigen Ruhrübergang und Durchlass durch das Ardeygebirge am nördlichen Ruhrufer entwickelte sich die Siedlung, die 1355 das Marktrecht und 1739 das Stadtrecht erhielt, zu einem Marktort. Der hier bis in die zweite Hälfte des 19. Jahrhunderts abgehaltene Kornmarkt hatte sogar große regionale Bedeutung.

Entlang der heutigen oberen, vor allem aber in der unteren Hauptstraße sowie in der parallel dazu verlaufenden Kampstraße und im Bachviertel unterhalb des Stiftshügels und heutigen Rathausplatzes hat sich eine teilweise sogar dichte historische Bebauung erhalten. Sie besteht fast vollständig aus Fachwerkbauten des 17., hauptsächlich aber des

Die Altstadt von Herdecke mit den historischen Fachwerkhäusern in der unteren Hauptstraße. (Foto: Gerhard E. Sollbach)

18. und 19. Jahrhunderts. Eines der ältesten und auch eindrucksvollsten ist das ehemalige Ackerbürgerhaus Hauptstraße 1 am südlichen Ortseingang. Sein ältester, vorderer Teil stammt aus dem späten 16. Jahrhundert. Die sich hier erweiternde Hauptstraße war der Platz, auf dem ab 1630 der aus dem Oberdorf hierhin verlegte Kornmarkt stattfand. Daran erinnert der 1937 neben dem Gebäude Hauptstraße 1 errichtete Sackträgerbrunnen. In dem ersten Obergeschoss des spätestens zu Beginn des 17. Jahrhunderts erbauten Fachwerkhauses Hauptstraße 3 wurde nach der Erhebung des Fleckens Herdecke zur Stadt 1739 die Ratsstube eingerichtet.

Die Kampstraße hat heute noch eine sogar recht einheitliche Fachwerkbebauung bewahrt. Die Gasse war früher das Wohnviertel der Handwerker und Kleinbürger, was sich auch in der Bebauung widerspiegelt: Die Hausgrößen sind beschei-

Das Bachviertel in der Herdecker Altstadt. (Foto: Gerhard E. Sollbach)

den, das Fachwerk ist einfach und die Wohnhäuser stehen dicht nebeneinander auf engem Raum. Aus dem Rahmen fällt lediglich der 1809 bzw. 1819 errichtete dreigeschossige Gebäudekomplex Kampstraße 18–20 mit zwei hintereinander liegenden Tordurchfahrten. Hier richtete 1852 Friedrich Ph. F. Grave seine Bierbrauerei ein, die schließlich als einzige der früher mehr als 20 Brauereien in Herdecke überlebte und noch bis 1926 existierte.

Der so genannte Nackehof in der Vestestraße Nr. 4 ist ein ehemaliger Oberhof (Fronhof) des Stifts. Er wird bereits 1229 genannt und ist somit die älteste urkundlich belegte Hofstätte in Herdecke. Im Bachviertel konzentrierten sich früher am Unterlauf des dortigen Herdecker Bachs die Lohgerbereien. Von den hier vorhandenen verschiedenen historischen Bauwerken sind vor allem der ursprünglich 1675 errichtete mächtige Fachwerkbau mit dem Deelentor (Bachplatz 4) und das 1834 von dem Lohgerber Adolf H. W. Schäfer erbaute zweigeschossige Bruchsteinhaus zu erwähnen. Wegen der früher regelmäßig wiederkehrenden Ruhrüberschwemmungen gab es in dem ebenerdigen Geschoss nur Wirtschafts- und Kellerräume. Eine gusseiserne Hochwassermarke an der Außenwand neben der Kellertür zeigt die Höhe des Hochwassers am 24. November 1890 an.

83 Ortskern Hohenlimburg

(Karte 6 und 7, S. 363/364)

Der historische Ortskern des unterhalb des Burg- bzw. Schlossberges entstandenen ehemaligen Residenzstädtchens Hohen-Limburg weist noch heute die Reste einer planmäßigen Karree-Bebauung des 18. Jahrhunderts auf. Trotz einiger nach dem Zweiten Weltkrieg errichteter Neubauten besitzt der Hohenlimburger Stadtkern immer noch einen Altstadt-Charakter.

Stadtkernbebauung in Hohenlimburg mit dem Turmhelm der reformierten Kirche. (Foto: Gerhard E. Sollbach)

Neben einigen älteren, teilweise noch aus dem 18. Jahrhundert stammenden und zumeist in den 1980er Jahren restaurierten Fachwerkhäusern um den Marktplatz herum sind es vor allem die aus der so genannten Gründerzeit stammenden und in den 1870er Jahren bis zum Beginn des 20. Jahrhunderts errichteten Mietwohn- und Geschäftshäuser mit ihren Historismus- und Jugendstil-Architekturelementen, die das Erscheinungsbild der Altstadt prägen.

Innenstadt von Hohenlimburg mit der 1751 fertiggestellten reformierten Kirche, um 1930. (Stadtarchiv Hagen)

Alt-Volmarstein und die frühere Freiheit Volmarstein. (Foto: Gerhard E. Sollbach)

84 Freiheit Volmarstein (Karte 4, S. 361)

Im Vorgelände der zu Beginn des 12. Jahrhunderts errichteten kurkölnischen Burg Volmarstein entstand eine mit landesherrlichen Privilegien versehene Freiheit. Der 1307 von Mauer und Graben umgebene, im Süden an die Burg stoßende Ort wird in der betreffenden Urkunde als *„oppidum“* bezeichnet. Ab 1563 lassen sich eigene Bürgermeister der Freiheit Volmarstein nachweisen. Bauliche Reste und archäologische Befunde der mittelalterlichen Siedlung sind bislang jedoch nicht bekannt.

Um die Mitte des 18. Jahrhunderts entwickelte sich in Volmarstein die zunächst handwerklich betriebene Schlossindustrie. Ein weiterer wichtiger Erwerbszweig der Bewohner war das Fuhrgeschäft an dieser für die regionale Wirtschaft bedeutenden Stelle. 1754 brach in der Freiheit ein Großbrand aus, der 17 Wohnhäuser vernichtete.

Heute hat sich vor allem entlang der oberen Hauptstraße im Bereich der Kirche noch eine teilweise dichte historische Fachwerk-Bebauung erhalten. Die Fachwerkhäuser um den Kirchplatz stammen zu einem kleinen Teil noch aus dem 17., meistens aber aus dem 18. Jahrhundert, als die Freiheit nach dem Großbrand wieder aufgebaut wurde.

Wehringhauser Straße. (Foto: Karsten-Thilo Raab)

85 *Wehringhausen* (Karte 9, S. 366)

Wehringhausen im Jahr 1811: Umgeben von Feldern und Wiesen standen hier und da, vor allem entlang des Wehringhauser Baches, kleine Gehöfte, auf denen überwiegend Ackerbau und Viehzucht betrieben wurde. Die heutige Wehringhauser Straße und Bundesstraße 7 war damals eine Chaussee. Sie setzte die alte Fernstraße zwischen dem Rheinland und Westfalen, die Kölner Straße bzw. Enneperstraße, in Richtung Ruhr fort. In den dichter besiedelten Orten und Siedlungen, wie in Wehringhausen, lagen entlang dieser stark genutzten Fernstraße mehrere Wirtshäuser und Poststationen.

Baulich entwickelte sich der Ortsteil Wehringhausen also naturgemäß zunächst in der Nähe der Ennepe im Bereich der Wehringhauser Straße. Der Wehringhauser Bach querte die Straße in Höhe des heutigen Bodelschwinghplatzes. Es entstand ein kleines Ortszentrum um einen Platz, der damals noch „Kaiserplatz" hieß. Entlang der Bachstraße wurde dann der Hang zum Stadtwald im Verlauf weniger Jahre dicht bebaut. Zunächst entstanden die Augustastraße und dann in rascher Folge die Bebauungen an der Bismarck-, Wiesen-, Mauer- und Sternstraße. Zwischen Augusta-, Lange- und Buscheystraße entwickelte sich ein von der Mittelschicht geprägtes Wohnviertel, in dem überwiegend Handel und Gewerbe angesiedelt waren. Metzger, Bäcker, Ankleide- und Einrichtungsgeschäfte dienten der unmittelbaren Versorgung der wachsenden Bevölkerung. Aber vor allem gab es hier auch bezahlbare Mietquartiere.

Weiter oberhalb, weit genug entfernt von Mittelschicht und Arbeiterquartieren, entstand ein Wohnviertel, das der besser situierten Bevölkerungsschicht vorbehalten war. Mittelständische Unternehmer, die zunächst in der Nähe ihres Gewerbes wohnten, versuchten mit dieser gesellschaftlichen Entwicklung Schritt zu halten. Sobald sie es sich finanziell leisten konnten, zogen auch sie hoch an den Hang. Begehrteste Straße war hier die Grünstraße in unmittelbarer Nähe zum allgemeinen Krankenhaus.

Die Bombenangriffe im Zweiten Weltkrieg verursachten zwar viele Schäden, doch blieb die Bausubstanz in den Stadtvierteln weitgehend erhalten. Die meisten Gebäude in Wehringhausen brannten nur im Dachstuhl aus, so dass sie beim Wiederaufbau nicht aufwändig neu hochgezogen werden mussten. Heute zeigt sich der Stadtteil Wehringhausen dicht bebaut und liegt fast übergangslos direkt am Zentrum von Hagen.

Zwischen den hohen Wohnhäusern aus der Gründerzeit sind auch die letzten Baulücken geschlossen. Von den großen Firmen an der Ennepe hat sich das frühere Stahlwerk Eicken & Co., heute Stahlwerke Südwestfalen AG, gehalten. Dagegen wurden die letzten historischen Werksgebäude der einstigen Accumulatoren Fabrik (seit 1962: VARTA) abgebrochen. Doch auch über 125 Jahre nach der Gründung werden in Wehringhausen durch das Unternehmen EnerSys immer noch Batterien gefertigt.

Engagierte Geschäftsleute und Bewohner kämpfen um die Qualität ihres Wohnviertels, das als einziger Stadtteil das alte Gesicht der blühenden Stadt Hagen vor dem Ersten Weltkrieg überliefert hat. Für die Denkmalpflege in Hagen stellt Wehringhausen umso mehr einen wichtigen Teil der lokalen Baugeschichte der Stadt dar. Rund 20 Prozent der denkmalwerten Substanz in Hagen konzentrieren sich in Wehringhausen. Nicht nur der lebendige Stilmix der historischen Fassaden und die oft im Innern noch erhaltenen originalen Details sind wichtige Zeugen einer Epoche. Auch der städtebauliche Gedanke, den die damalige Stadtverwaltung verfolgte, zeigt sich hier. Die Bebauung folgte dem ansteigenden Gelände und wurde in drei Zonen unterteilt: unten in der Nähe zur Ennepe Produktion, in der Mitte Wohnen und Gewerbe, im oberen Teil zum Stadtwald lockere Villenbebauung. Die bis heute erhaltene Einteilung und der Verlauf der Straßen sind für die Geschichte der Stadt, deren Wohlstand auch oder vor allem auf den industriellen Errungenschaften des 19. Jahrhunderts begründet ist, ein schützens- und erhaltenswertes Gut.

Freiheit Wetter – das Fünf-Giebel-Eck. (Foto: Gerhard E. Sollbach)

86 Freiheit Wetter

(Karte 4, S. 361)

Die Freiheit war einer der beiden Siedlungskerne von Wetter, der andere – und sehr wahrscheinlich ältere – war das in einer Talmulde über der Ruhr gelegene Dorf Wetter, wo sich auch die Pfarrkirche befand. An der Stelle der alten Pfarrkirche steht heute die lutherische Kirche. Die zwei Siedlungskerne sind erst ab etwa den 1880er Jahren zusammengewachsen. Die auf einem aus dem Ardeygebirge vorspringenden und ca. 40 Meter über der Ruhr aufragenden Plateau gelegene Freiheit lehnte sich an die dortige Burg an. Sie entwickelte sich wahrscheinlich gleichzeitig mit dem etwa um 1250 erfolgten Bau dieser Befestigung der Grafen von der Mark. Bei Bauarbeiten wurden im Gebiet der früheren Freiheit einzelne archäologische Funde wie Keramikgefäße aus dem 15. und 16. Jahrhundert gemacht.

In der von einer Ringmauer umgebenen Freiheit wurden die Burgmannen angesiedelt, denen vorrangig der Schutz der Burg und die Sicherung des umliegenden Territoriums oblag. Die Freiheit war, das besagt ihr Name, ein von dem gräflichen Gericht befreiter Rechtsbezirk mit einem eigenen Richter. Sie unterschied sich dadurch von einem Dorf oder dem flachen Land. Diese rechtliche Sonderstellung der Freiheit und ihrer

Blick auf die damalige Gemeinde und Burg Wetter.
(Foto: Theodor Mende, 1890; Stadtarchiv Hagen)

Bewohner wurde 1355 von dem damaligen Landesherrn, Graf Engelbert III. von der Mark, durch die Gewährung des Freiheitsprivilegs auch rechtlich anerkannt. Ab 1661 wurden in der Freiheit mit Genehmigung von Kurfürst Friedrich Wilhelm von Brandenburg aus dem Herzogtum Berg eingewanderte Messerschmiede angesiedelt.

Trotz der 1957 begonnenen und bis 1986 andauernden verschiedenen Sanierungsmaßnahmen, die bis Ende der 1970er Jahre auf eine Flächensanierung mit Häuserabriss und die Errichtung von Großbauten zielten, haben sich in der Freiheit doch ein Reihe von historischen Gebäuden vor allem aus dem 17. und 18. Jahrhundert erhalten. Dazu gehören die erhaltenen Burgmannssiedlungsplätze Burgstraße 15 („Küchen- oder Küsterhaus") und Burgstraße 26, die Messerschmiede-Häuser im Bereich „Alter Bock" und das Freiherr-vom-Stein-Haus (Freiheit 18). In dieser ehemaligen Gastwirtschaft logierte der Reichsfreiherr Karl vom und zum Stein als neu ernannter Bergamtsdirektor bei seiner Ankunft in Wetter im Mai 1784 vor dem Einzug in das neue Bergamtsgebäude für einige Tage.

Im Harkort-Haus (Burgstraße 17), bei dem es sich um das ehemalige reformierte Schulgebäude handelt, wohnte der westfälische Industriepionier Friedrich Harkort in den 1850er Jahren. Ein besonderes historisches Schmuckstück der heutigen durchsanierten Freiheit ist jedoch das Fachwerkensemble „Fünfgiebeleck", dessen Haus Freiheit 4 aus dem Jahr 1644 und dessen kleinerer Vorbau aus dem Jahr 1652 stammen. Als Siedlungsplatz ist das heutige „Fünfgiebeleck" aber bereits im 16. Jahrhundert belegt.

87 Der historische Dorfkern Wetter-Wengern

Die historische Kirche und die Gebäude „Leimkasten“, „Schlucks Hof“, „Altes Pfarrhaus“ und „Henriette Davidis-Museum“ bilden neben weiteren Fachwerkhäusern das historische Gebäudeensemble des Dorfkerns von Wengern.

Die Ursprünge der Kirche könnten noch in der Zeit Karls des Großen liegen. Heimatforscher vermuten, dass die Mönche des Klosters Werden damals hier missioniert haben. An der Stelle, wo die Kirche errichtet wurde, befand sich vor der Christianisierung angeblich ein heidnisches Heiligtum. Bei der Kirche soll es sich bis etwa zum Jahre 1000 um eine Holzkapelle gehandelt haben. Erst danach sei eine kleine Steinkir-

Der „Leimkasten“ in Wengern. (Foto: Gerhard E. Sollbach)

che gebaut worden. So lautet jedenfalls die heimatkundliche Gründungslegende, die jedoch nicht durch archäologische Funde und Schriftquellen belegt werden kann. Erstmals urkundlich erwähnt wird die Kirche in Wengern 1246. Im Jahr 1264 erfolgte eine Umgestaltung des Kirchengebäudes im gotischen Stil. Die Turmspitze wurde jedoch erst 1743 aufgesetzt. Von den vier im Kirchturm hängenden Glocken ist der so genannte „Kleine Anton" aus dem Jahr 1521 die älteste. Ihr Name rührt von der auf ihr angebrachten Inschrift her: „Anton heiß ich, Johann Schick goss mich." Von den drei anderen Glocken stammt eine aus dem Jahr 1826, die beiden anderen sind 1952 gegossen worden. Die Uhr im Kirchturm wurde 1972 eingebaut und stammt vom Rathaus in Wetter.

Das „Alte Pfarrhaus" und Geburtshaus von Henriette Davidis. (Foto: Gerhard E. Sollbach)

1891 wurde die Kirche umgreifend nach Osten hin erneuert und erhielt im Wesentlichen ihre heutige Gestalt. Dabei verkleinerte man das Kirchenschiff und schuf die bisher nur angedeuteten Querschiffe, die dem Grundriss der Kirche heute eine Kreuzform geben. Damals erhielt auch der bisher achteckige Chor seine heutige quadratische Form. Die heute sichtbaren Kirchenmauern stammen daher im vorderen Teil von 1891, der hintere Teil des Kirchenschiffs ist wesentlich älter, wobei lediglich die Fundamentteile des Kirchengebäudes aus mittelalterlicher Zeit stammen. 1891 wurde aus statischen Gründen auch der zweite, kleine Kirchturm angebaut, und im Kircheninneren wurden damals viele Verzierungen am Altar und an der Kanzel entfernt.

Die Dorfkirche in Wengern.
(Foto: Gerhard E. Sollbach)

Altarraum der Dorfkirche in Wengern. (Foto: Gerhard E. Sollbach)

Die heutige Kassettendecke stammt von 1936, der Anstrich des Kircheninnenraums wurde 1959 angebracht. Zu den historischen Kirchenschätzen im Innenraum gehört der geschnitzte Barockaltar von 1714 bzw. der heute noch davon vorhandene Rest mit dem Bild des letzten Abendmahls. Das Lesepult mit der Christus symbolisierenden naturgetreuen Pelikanfigur datiert von 1688. Ein von 1689 stammender Taufstein sowie ein weiterer Taufstein aus romanischer Zeit und die aus dem 17. oder Anfang des 18. Jahrhunderts stammende geschnitzte Kanzel sind ebenfalls beachtenswert. Der wertvollste kirchliche Gegenstand ist jedoch das Kreuz über dem Altar. Vom Stil her handelt es sich um ein romanisches Triumphkreuz. Es stammt aber aus spätgotischer Zeit und wurde um 1486 geschaffen.

Eine Besonderheit der Kirche sind Mauernischen an zwei Außenwänden, in denen ursprünglich Menschenschädel eingemauert waren. Die Schädel wurden in den 1930er Jahren freigelegt und entfernt, die Maueröffnungen sind jedoch heute noch vorhanden. Die Schädelnischen an der Dorfkirche in Wengern sind für die gesamte Region einmalig und es gibt bis heute keine einheitliche Erklärung für ihre Entstehung oder Bedeutung. Als spätester Zeitpunkt für ihre Entstehung wird die Zeit des Dreißigjährigen Kriegs bzw. das Barockzeitalter angenommen, da der Geschmack späterer Zeiten solche grausigen Eindrücke nicht mehr zuließ.

Insgesamt stellt die Evangelische Dorfkirche in Wengern somit ein einmaliges Kulturdenkmal der Region dar.

In seinen ältesten Teilen stammt der „Leimkasten“ von 1541 und ist somit eines der ältesten Häuser im mittleren Ruhrtal überhaupt. Der dem Kernbau angepasste Erweiterungsbau wurde nach Ausweis der über dem Türsturz angebrachten Jahreszahl 1621 errichtet. Der „Leimkasten“ war das Elternhaus des Pfarrers und bedeutenden Humanisten Johann Fabricius (1545–1639). Seit 1954 steht das Bauwerk unter Denkmalschutz. Der Name „Leimkasten“, den das Gebäude erst seit 1955 trägt, leitet sich von einer Akademikervereinigung dieses Namens ab, die hier bis vor dem Ersten Weltkrieg ihre Zusammenkünfte abhielt.

Der so genannte „Schlucks Hof“ ist die ehemalige Scheune eines großen bäuerlichen Anwesens, die aufwändig restauriert wurde. Der Name erinnert an den Reformator Hildebrand Schluck, der von diesem Hof stammen soll und 1543 die Reformation in Wengern einführte.

In unmittelbarer Nähe des Dorfkerns steht am Henriette-Davidis-Weg das „Alte Pfarrhaus“. In diesem 1614 errichteten Haus wurde am 1. März 1801 Henriette Davidis, Deutschlands bekannteste Autorin von Kochbüchern und Frauenratgebern im 19. Jahrhundert, als zehntes von 13 Kindern des örtlichen Pfarrers Ernst Heinrich Davidis und seiner holländischen Ehefrau Katharina Litthauer geboren. Ebenfalls nicht weit vom Dorfkern befindet sich seit 1994 am Elbscheweg in einem aus dem Jahr 1801 stammenden Fachwerkhaus („Mühlchen“) das Henriette-Davidis-Museum, das sich dem Leben und Werk von Wengerns berühmter Tochter widmet.

▶ **WEITERE INFORMATIONEN** (Karte 4, S. 361)

Henriette-Davidis-Museum
Elbscheweg 1, 58300 Wetter
Tel. 0 23 35 / 6 11 16, www.henriette-davidis-museum.de

Öffnungszeiten: So 15–17 Uhr, Führungen nach telefonischer Vereinbarung

INDUSTRIE
UND VERKEHR

Luftaufnahme des über die Ruhr führenden Eisenbahnviadukts bei Herdecke. (Foto: Margrit Sollbach-Papeler)

Einleitung: Arbeit und Energie

von Ralf Blank

Die frühesten gewerblichen Spuren im Raum Hagen sind durch archäologische Befunde nachzuweisen. Es handelt sich um die Bodenspuren von Verhüttungs- und Verarbeitungsplätzen für Buntmetall und Eisen. Sie können anhand der aufgefundenen Keramik in das Früh- und Hochmittelalter datiert werden. Es spricht vieles dafür, dass damals bereits Bergbau auf die besonders in den Gesteinsschichten des Massenkalks anstehenden Erze betrieben wurde. Doch erst seit dem 16. und 17. Jahrhundert wird die Gewinnung von Bodenschätzen und hier besonders Eisenstein, Blei- und Kupfererz, Steinkohle, Kalkstein, Galmei und Alaun auch in Schriftquellen erwähnt. Zu dieser Zeit förderten und regelten bereits eigene landesherrschaftliche Verordnungen den Bergbau und das Metallgewerbe in der preußischen Grafschaft Mark sowie im Territorium der eigenständigen Grafschaft Limburg.

Im 15. und 16. Jahrhundert werden erstmalig Hammerwerke und Drahtrollen entlang der Lenne, Ennepe und Volme und ihrer Zuflüsse erwähnt. Diese Betriebe nutzten die Wasserkraft der Flüsse und Bachläufe im großen Stil, um Produktionsanlagen zu betreiben. 1521 gab die jülich-klevische Regierung für die Grafschaft Mark eine eigene Wasser-Ordnung heraus. Sie sollte den weiteren Ausbau von Stauwehren für Hammerwerke und Eisenschmieden an den Flüssen reglementieren und dadurch auch den Fischbestand, der zu den Grundnahrungsmitteln zählte, schützen.

Klingen, Sensen, Draht, Tuch und Papier

Am Ende des Dreißigjährigen Kriegs 1648 lagen Wirtschaft und Gewerbe am Boden. Die schweren und bis in das folgende Jahrhundert noch spürbaren Kriegsfolgen in der Grafschaft Mark sollten durch eine systematisch betriebene Wirtschaftsförderung aufgefangen werden. Mit kurfürstlicher Genehmigung siedelten sich in der zweiten Hälfte des 17. Jahrhunderts Klingenschmiede aus dem Herzogtum Berg in Eilpe und Wetter an. Entlang der Enneperstraße bei Haspe errichteten bergische Sensenschmiede mit Wasserkraft angetriebene Hämmer. 1692 wurde im Volmetal bei Delstern die erste Papiermühle eröffnet. Im Verlauf des 18. Jahrhunderts folgten weitere Werke zur Papierherstellung. Sie wurden von Angehörigen der aus Broich bei Mülheim stammenden Familie Vorster betrieben. Noch heute ist Hagen ein wichtiges Zentrum der industriellen Produktion von Papier.

Im Nahmertal bei Hohenlimburg wird 1571 zum ersten Mal eine Drahtrolle urkundlich genannt. Am fließstarken Wesselbach, an der Nahmer und am Oestricher Bach in der Grafschaft Limburg nutzten Drahtrollen spätestens seit dem 16. Jahrhundert die Wasserkraft. 1619 werden an den Zuflüssen der Lenne in Limburg und Oestrich mehr als 15 Drahtrollen gezählt. Im ausgehenden 17. und während des 18. Jahrhunderts

Das Bahnhofsgebäude in Hagen mit Ansicht der Stadt im Hintergrund.
Lithografie nach Vorlage eines Aquarells von Wilhelm Riefstahl, 1857. (Stadtmuseum Hagen)

stieg die Textilproduktion stark an. Nicht nur in den deutschen Territorien, auch in Frankreich, den Niederlanden und anderen europäischen Ländern kam ein hoher Bedarf an hart gezogenem „Kratzendraht" auf. Er diente zur Herstellung von speziellen Bürsten für Wolle und Tuch.

Die Drahtzieher in der Grafschaft Limburg erwiesen sich als besonders erfolgreich in der Produktion von Feindraht. Durch die Nutzung der Wasserkraft und die Einführung neuer Technologien hielten sie der starken Konkurrenz des kapitalkräftigen Drahtgewerbes in der preußischen Grafschaft Mark stand. Die Hauptproduktionsstätten der in „Drahtstapeln" organisierten märkischen Drahtzieher lagen in Iserlohn, Altena und Lüdenscheid.

Auch die Produktion und Verarbeitung von Textilien erlebte im Raum Hagen im 18. Jahrhundert einen Aufschwung. Aus dem 1740 gegründeten Unternehmen Christian Moll, der 1822 ausgebauten Rotfärberei und Buntweberei der Gebrüder Elbers in Hagen sowie der 1805 entstandenen Stoffdruckerei Moritz Ribbert und der 1826 von Heinrich Dietrich Nettmann gegründeten Tuchfabrik in Hohenlimburg entstanden im 19. Jahrhundert leistungsstarke Großbetriebe.

Während der „Wirtschaftswunderzeit“ nach dem Zweiten Weltkrieg erlebte die Hagener Textilproduktion für kurze Zeit einen letzten Höhepunkt. In den 1970er Jahren verschwand die Textilindustrie dann aber aus Hagen – geblieben sind nur leere Fabrikhallen, die teilweise einer neuen Nutzung zugeführt wurden.

Darüber hinaus gründeten sich seit dem 18. Jahrhundert im Raum Hagen weitere Gewerbezweige, hier besonders Brauereien, Brennereien, Brot- und Gebäckfabriken sowie Steinbrüche und Ziegeleien. Bis in das 19. Jahrhundert betrieben die Handelshäuser Harkort und Post einen florierenden und auch international tätigen Kommissionshandel.

Der beherrschende Wirtschaftszweig im Raum Hagen war und ist die Metallverarbeitung. Ihre Anfänge liegen in ferner Vergangenheit. Sie prägt bis heute den Wirtschaftsraum des märkischen Sauerlandes mit der Großstadt Hagen. Die Region gilt sicherlich mit einigem Recht als die Wiege des Ruhrgebiets. Ab 1850 konnte sich die zwischen Ruhr und Lippe gelegene Landschaft als bedeutendes Industriegebiet etablieren. Daran Anteil hatte auch der intensive Steinkohlenbergbau, der im Ruhrtal nördlich von Hagen seinen Anfang nahm.

Industrialisierung

Der Wandel vom handwerklich geprägten Gewerbe hin zur Eisen- und Stahlindustrie setzte in der ersten Hälfte des 19. Jahrhunderts ein. In der Ruine der Burg Wetter errichtete Friedrich Harkort 1819 eine Fabrik für Dampfmaschinen. Zu den frühesten Fabrikanlagen im Rheinland und in Westfalen zählt die Harkortsche Fabrik in Haspe. Sie wurde nach 1800 von Johann Caspar IV. Harkort gegründet. Bereits in den 1840er Jahren stellte sie Zubehör für den Bau und Betrieb von Eisenbahnen her. Die 1836 in Haspe gegründete Markaner Hütte betrieb zu dieser Zeit einen der ersten nach industriellen Maßstäben arbeitenden Hochofen. Aus wirtschaftlichen Gründen musste der Betrieb bereits wenige Jahre später eingestellt werden.

In der zweiten Hälfte des 19. Jahrhunderts vollzog sich der Ausbau der Stahlindustrie und Metallverarbeitung im Raum Hagen in einem rasanten Tempo. Seit 1905 bestimmten für rund 70 Jahre die Hochöfen der Hasper Hütte das Erscheinungsbild der 1929 in die Stadt Hagen eingemeindeten Kommune. Der 1923 dem Klöckner-Konzern angeschlossene Betrieb gehörte bis zu seiner Schließung 1972 zu den wichtigsten Produzenten von Roheisen und Stahl in Westdeutschland. Andere Unternehmen spezialisierten sich auf Federn, spezielle Stahlsorten, Ausgangsmaterialien, Walzprodukte, Draht, Werkzeuge, Zubehörteile für Kraftfahrzeuge, Beschläge und vieles andere mehr.

Im Ersten und Zweiten Weltkrieg waren sie besonders auch als Zulieferer für die Rüstungsindustrie tätig – eine Produktionssparte, die bereits im 18. Jahrhundert in Hammerwerken und Schmieden im Raum Hagen weit verbreitet war. So lieferten die Betriebe von Johann Caspar Post in Wehringhausen schon im 18. Jahrhundert im großen Stil verschieden große Kanonenkugeln, Bajonette, Geschützteile und anderes mehr an die preußische Armee sowie für den Export an andere Mächte.

Das bis Anfang des 19. Jahrhunderts florierende und auch auf Export ausgerichtete Drahtgewerbe in der Grafschaft Limburg kam in der Zeit der französischen Herrschaft 1806–1813 in Folge der Kontinentalsperre fast vollständig zum Erliegen. Erst die Einführung innovativer Produktionsverfahren, wie der mechanische Drahtwebstuhl und die Entwicklung der Walztechnik, vermochte den Niedergang anschließend aufzuhalten. Die Herstellung von Drahtgeweben für die im Ruhrbergbau ab 1817 und im weiteren Verlauf des 19. Jahrhunderts eingeführten Sicherheitsgrubenlampen und das Kaltwalzen von Draht ab 1821 erwiesen sich als wichtige Innovationen. Dadurch entstanden neue wirtschaftliche Perspektiven für die sich weiter entwickelnde Industrie im Lennetal bei Hohenlimburg. Bis heute sind die Kaltwalzindustrie und die Drahtherstellung die wichtigsten Wirtschaftszweige in der 1975 nach Hagen eingemeindeten früheren Stadt Hohenlimburg.

Die Stadt Hagen und die Einführung der Elektrizität im späten 19. und frühen 20. Jahrhundert sind eng verbunden. Im Dezember 1887 wurde an der Ennepe in Wehringhausen die Accumulatoren-Fabrik gegründet. Fünf Jahre später erfolgte die Umwandlung in eine Aktiengesellschaft mit Verwaltungssitz in Berlin und Stammwerk in Hagen. In den folgenden Jahren entwickelte sich der Betrieb zum größten Produzenten von Batterien und Akkumulatoren im Deutschen Reich. Über Tochtergesellschaften und mehrere Zweigwerke gehörte das kurz AFA genannte, seit 1962 unter Varta firmierende Unternehmen nicht nur in Europa, sondern auch weltweit zu den führenden Batterielieferanten. Die Produktion von Batterien wird bis heute durch die Unternehmen EnerSys und Hawker in Hagen-Wehringhausen fortgeführt.

Doch auch die Herstellung und der Vertrieb von Genuss- und Nahrungsmitteln, wie Bier, Schnaps, Süßigkeiten und Backwaren, nahmen seit dem 19. Jahrhundert einen raschen Aufschwung im Raum Hagen. Firmen wie Zwieback Brandt, Marzipan Grothe, Villosa, Eversbusch und Andreas Bier standen synonym für Hagen. In beiden Jahrzehnten nach dem Zweiten Weltkrieg waren in den beiden Städten Hagen und Hohenlimburg besonders Stahl und Eisen, Federn, Draht, Kaltwalzprodukte, Stoffdruck, Batterien, Bier und Zwieback die Motoren für den Wiederaufbau und das Wirtschaftswunder. Gegen Ende der 1960er Jahre führten die Stahlkrise und die Schließung mehrerer großer Unternehmen im Raum Hagen zu einer Strukturkrise. Die vor allem im Lennetal angesiedelte Kaltwalzindustrie sowie die Produktion von Federn und anderen speziellen Produkten überlebten den industriellen Niedergang. Als Zulieferer für die Kraftfahrzeug-Industrie und andere Fertigungszweige war ihre Marktstellung in Deutschland und im internationalen Raum weniger gefährdet. Doch die größten Stahlproduzenten, wie das Gußstahl-

Kattundruckerei, Weberei und Spinnerei der Gebrüder Elbers in Hagen. Kolorierter Holzschnitt von R. Brend'amour [Franz Robert Richard, Düsseldorf], Druck bei Leonard Schwann in Neuss, um 1865. (Stadtarchiv Hagen)

werk Wittmann in Wehringhausen, die Stahlwerke Brüninghaus in Vorhalle und das Klöckner-Werk in Haspe, sowie weitere Betriebe mussten schließen. Zehntausende Arbeitskräfte wurden in kurzer Zeit arbeitslos. Erst zu Beginn des 21. Jahrhunderts schwächten sich die Folgen der Strukturkrise auch in Hagen allmählich ab.

Straßen und Schienen

Die wirtschaftliche Entwicklung im Raum Hagen wurde durch die verkehrsgünstige Lage dieser Region begünstigt. Schon im 18. und zu Beginn des 19. Jahrhunderts zählten die durch Hagen führenden Fernwege zu den am stärksten genutzten Straßen in den preußischen Westprovinzen. Von kommunaler und unternehmerischer Seite wurde seit Mitte des 18. Jahrhunderts immer wieder über den starken Verkehr geklagt und ein weiterer Ausbau der Wege gefordert. Der Ausbau der Enneperstraße zu einer der ersten Chausseen in Preußen ab 1788 führte dann zu einer noch intensiveren Nutzung. Doch erst im Verlauf des 19. Jahrhunderts erfolgten die Befestigung und die Erschließung der wichtigsten Haupt- und Nebenstraßen in der Stadt und im Raum Hagen. Die Ruhr wurde seit 1781 von Langschede bei Fröndenberg in Richtung Duisburg-Ruhrort schiffbar gemacht, um auf Lastkähnen vor allem Steinkohle zu transportieren.

Eine Alternative zum beschwerlichen Straßenverkehr bot die Eisenbahn. Bereits 1826 ließ Friedrich Harkort eine Eisenbahn errichten. Sie wurde als Kohlenbahn zwischen der Zeche Schlehbusch und der Harkortschen Fabrik in Haspe betrieben. Anfänglich zogen Pferde die Loren, später kamen Dampflokomotiven zum Einsatz. Der Anschluss von Hagen an die Bergisch-Märkische Eisenbahn 1848 und der weitere Ausbau des Streckennetzes gaben einen nachhaltigen Impuls. Aufgrund dieses Standortvorteils und der vermehrten Ansiedlung von Industriebetrieben stieg auch die Bevölkerungszahl in Hagen schnell an. Bereits in den 1870er Jahren wurde Iserlohn, die bis dahin bevölkerungsreichste Stadt südlich der Ruhr, von Hagen überholt.

Die zunehmende Motorisierung durch Kraftfahrzeuge seit den 1920er Jahren führte zu einem weiteren Ausbau des Straßenverkehrs. 1937 sollte Hagen an die damals im Bau befindliche Reichsautobahn angeschlossen werden. Im Norden der Stadt begannen bis 1941 fortgeführte Bauarbeiten für die Trassen und Brücken. Doch erst 1960–1964 wurden die ersten Autobahnabschnitte der A1 und A45 im Raum Hagen eröffnet. Bis heute ist die Stadt Hagen wegen ihrer günstigen Lage ein wichtiger Knotenpunkt für den Straßen- und Schienenverkehr in Westdeutschland.

88 Bergbau am Syberg im Ruhrtal

In Dortmund-Syburg stehen in der südlichen Syburger Mulde die ältesten Schichten des produktiven Oberkarbons an, die „Sprockhöveler Schichten". Sie bildeten sich in einem Zeitraum vor etwa 318 bis 299 Millionen Jahren. Am steilen Nordwesthang des Sybergs zwischen den Serpentinen der Hengsteystraße und der Hohensyburg ist das 50 bis 60 Zentimeter dicke Magerkohlenflöz Sengsbank aufgeschlossen. Es handelt sich um das geologisch älteste abbauwürdige Steinkohlenflöz im Ruhrgebiet.

Die erste urkundliche Erwähnung von Kohleabbau am Syberg stammt aus dem Jahr 1582. Damals erhielt der Richter Mathias Beckers aus Schwerte die landesherrliche Genehmigung, hier nach Kohle zu graben. Seine Zeche wird dementsprechend heute als Beckersches Feld bezeichnet und war bis mindestens 1663 in Betrieb. In dieser ersten Periode des Syberger Kohlebergbaus wurde die Kohle wahrscheinlich nur im Tagebau, im so genannten Kuhlenbergbau, gewonnen. Danach haben noch zwei Stollenzechen am Syberg Kohle gefördert: die Zeche Schleifmühle (1740–1801) und als letzte die Zeche Graf Wittekind (1858 bis vor 1900). Allerdings handelte es sich bei allen drei Zechen um Kleinbetriebe. 1755 waren z. B. in der Zeche Schleifmühle sechs Mann beschäftigt; die Jahresförderung betrug lediglich 244 Tonnen.

Stollenmundloch der ehemaligen Zeche „Schleifmühle" am Syberg. (Foto: Gerhard E. Sollbach)

Rekonstruiertes Stollenmundloch der ehemaligen Zeche „Graf Wittekind“ am Syberg. (Foto: Gerhard E. Sollbach)

Seit 1986 sind von dem Arbeitskreis Dortmund des Fördervereins Bergbauhistorischer Stätten Ruhrrevier e. V. mehrere Stollen zum Teil wieder frei geräumt worden. Außerdem wurden 250 Meter der untertägigen Grubenbaue begehbar gemacht und als Besucherbergwerk „Graf Wittekind“ eingerichtet. Dieses Besucherbergwerk ist die früheste begehbare Steinkohlenzeche Deutschlands und bietet einen Einblick in die Verhältnisse einer typischen Klein-Zeche der vor- bis frühindustriellen Epoche. Führungen durch die niedrigen, aber für das Ruhrgebiet einmaligen Stollen sind nach vorheriger telefonischer Vereinbarung möglich.

Außerdem hat der Arbeitskreis einen bergbaugeschichtlichen Rundweg – den Syburger Bergbauweg – mit Erläuterungstafeln an den einzelnen Stationen angelegt, der die Stollen und Einsturztrichter (Pingen) der drei alten Bergwerke verbindet und etwas über zwei Kilometer lang ist. Zu sehen sind dort vier restaurierte Stollenmundlöcher, ein Flözaufschluss, die Standorte ehemaliger Zechenhäuser sowie ein Bremsberg mit einer Haspel (Handwinde) und frühe Kohlenziehwege.

▶ WEITERE INFORMATIONEN (Karte 3, S. 360)

Besucherbergwerk „Graf Wittekind“
Syburger Kirchstraße 14, 44265 Dortmund
Tel. 02 31 / 71 36 96 (nach 17 Uhr)
info@bergbauhistorischer-verein.de

Öffnungszeiten: Das Besucherbergwerk „Graf Wittekind“ ist nur im Rahmen von Führungen zu besichtigen. An Samstagen sind Untertageführungen für Gruppen nach telefonischer Anmeldung möglich.

Syburger Bergbauweg
Ausgangspunkt: Infotafel am Eingang des Casino-Parkplatzes
Hohensyburgstraße 200, 44265 Dortmund

89 „Lange Riege" in Eilpe

Die „Lange Riege" im Hagener Stadtteil Eilpe ist die früheste erhaltene Handwerker-Siedlung in Westfalen. Das im Verlauf seiner über 300-jährigen Geschichte immer wieder veränderte Bauensemble am Selbecker Bach zeigt sich heute dennoch weitgehend intakt. Die vor 1665 von Zimmerleuten aus den bergischen Kirchspielen Solingen und Wald errichteten Wohn- und Arbeitshäuser wurden in Fachwerk ausgeführt. Wie die ursprüngliche Bebauung des Viertels ausgesehen hat, ist jedoch unbekannt.

Die Gründung der „Langen Riege" geht auf einen Erlass Kurfürst Friedrich Wilhelms von Brandenburg vom 21. Mai 1661 zurück. Der brandenburgische Regent versuchte durch die Ansiedlung von Handwerkern in der Grafschaft Mark die Folgen des Dreißigjährigen Kriegs aufzufangen und die Wirtschaftslage zu verbessern. In Eilpe und in Wetter siedelten sich Klingenschmiede aus dem Herzogtum Berg an. Sie waren aus dem Bergischen abgewandert, da ihnen dort die Ausübung ihres lutherisch-reformierten Glaubens verwehrt wurde. Gleichzeitig mit den Klingenschmieden ließen sich bergische Sensenschmiede auf der Enneperstraße zwischen Wehringhausen und Gevelsberg nieder.

Bis 1680 siedelten sich über 140 Personen aus den bergischen Produktionszentren Solingen und Wald in Eilpe an. Der heutige Stadtteil gehörte damals zum Kirchspiel Hagen. 1678 gründeten die Klingen- und Sensenschmiede eine reformier-

Die „Lange Riege" in Eilpe, baulicher Zustand um 1930. (Stadtarchiv Hagen)

te Kirche, die im Volksmund wegen ihrer Form als „Kaffeemühle" bezeichnet und 1873 abgerissen wurde.

Im 17. und 18. Jahrhundert wurden in Eilpe vor allem Schwerter, Säbel und Degen hergestellt, um die umfangreichen Rüstungsaufträge der Regierung über die damals bereits standardisierten Hieb- und Stichwaffen für das preußische Heer zu erfüllen. Die in Eilpe ansässigen Messerschmiede bildeten zusammen mit den seit 1661 in Wetter tätigen Handwerkern eine eigene Zunft. Wie begehrt die spezialisierten Klingenschmiede als Arbeitskräfte waren, zeigte sich am 16. Juni 1731.
An diesem Tag „überließ" der preußische König Friedrich Wilhelm I., der als „Soldatenkönig" in die Geschichte einging, der russischen Zarin Anna I. für eine Zeit von sechs Jahren acht Meister und Gesellen aus der Klingenschmiede Eilpe. Als „Gegenleistung" erhielt König Friedrich Wilhelm I. mehrere großgewachsene Soldaten für seine Leibgarde. In der zentralrussischen Stadt Tula, rund 200 Kilometer südlich von Moskau, begründeten die Handwerker aus Eilpe eine staatliche Klingenmanufaktur. Nach Ablauf der sechs Jahre kehrten sie jedoch nicht mehr nach Eilpe zurück, sondern mussten auf königlichen Befehl eine Produktionsstätte in Spandau einrichten.

Ab 1750 führte die starke Konkurrenz der Klingenmanufakturen im bergischen Solingen und preußischen Spandau dann aber zu wachsenden Absatzproblemen der Werkstätten in Eilpe. Gegen Ende des 18. Jahrhunderts blieben auch die Regierungsaufträge für die Ausrüstung des Militärs aus. Daraufhin wurden in Eilpe überwiegend Messer für den alltäglichen Gebrauch hergestellt. 1814 produzierten die Eilper Schmieden insgesamt 577.500 Messer im Wert von 385.000 Talern. Im Jahr 1850 arbeiteten noch 50 Klingenschmiede in Eilpe, doch am 18. Februar 1899 wurde der letzte Messerschmied aus dem Kataster der Berufsgenossenschaft gelöscht.

Die „Lange Riege" gehört zur Route der Industriekultur und ist Teil der Themenrouten „Industriekultur an Volme und Ennepe" sowie „Bedeutende Siedlungen".

▶ **WEITERE INFORMATIONEN** (Karte 10 und 11, S. 367/368)

Lange Riege
Riegestraße 6–18, 58091 Hagen-Eilpe

Luftaufnahme der Haper Talsperre. (Foto: Margit Sollbach-Papeler)

90 Die Hasper Talsperre

Mit der fortschreitenden Industrialisierung in der zweiten Hälfte des 19. Jahrhunderts und dem daraus resultierenden Bevölkerungswachstum stieg auch der Wasserbedarf rapide an. Um eine ausreichende Trinkwasserversorgung in Zukunft sicherzustellen, wurden im Jahr 1885 von der damals noch selbstständigen Stadtgemeinde Haspe Vorarbeiten zur Ausarbeitung eines Wassergewinnungsprojektes in Auftrag gegeben. Doch das im Zusammenhang damit erstellte Gutachten über die Leistungsfähigkeit der Quelle im großen Kettelbachtal auf dem Hasper Stadtgebiet ergab, dass die gewünschte Menge von täglich 300 Kubikmetern Wasser dort nicht zu erzielen war. Daher wurde der Plan einer Quellwasserversorgung im Jahr 1887 fallengelassen. Im selben Jahr hatte jedoch die Stadt Hagen ein eigenes Wasserwerk in Hengstey gebaut.

Nach längeren Verhandlungen schloss die Stadt Haspe einen Wasserlieferungsvertrag mit der Stadt Hagen ab. Daraufhin wurde im Frühjahr 1889 mit der Verlegung von Rohrleitungen im südlichen Teil von Haspe begonnen. Obwohl

Zugang auf die Staumauer. (Foto: Gerhard E. Sollbach)

Blick auf den Stausee der Hasper Talsperre, 27.2.1905. (Stadtarchiv Hagen)

nun für einen Großteil der Stadt Haspe die Wasserversorgung gesichert war, gab man dort die Hoffnung auf eine eigene Wasserversorgung noch nicht auf. 1893 wurden weitere entsprechende Untersuchungen im Kettelbach- und im Hasperbachtal durchgeführt, die jedoch alle negativ verliefen. So reifte schließlich die Überzeugung, dass sich eine eigene Wasserversorgung der Stadt Haspe nur durch den Bau einer Talsperre erreichen ließ.

Im August 1896 erhielt der Bauingenieur und Professor an der Technischen Universität in Aachen, Otto Intze, den Auftrag, einen Plan für den Bau einer Talsperre mit einem Fassungsvermögen von zwei Millionen Kubikmetern im Hasperbachtal auszuarbeiten. Nach diesem Plan wurde dann am 1. August 1901 mit den Bauarbeiten zur Aufstauung des Hasperbachs begonnen. Drei Jahre später war die Talsperre fertig gestellt und nach der Abnahme erfolgte am 11. Oktober 1904 die feierliche Einweihung. Der Stausee hat bei vollständiger Füllung eine Fläche von ca. 18 Hektar. Die leicht gebogene Staumauer besteht aus Natursteinquadern mit einer Länge von 260 Metern und einer Höhe von fast 34 Metern.

Bis zum Jahre 1934 mussten aus der Hasper Talsperre neben dem Trinkwasser werktäglich mindestens 9.000 Kubikmeter für die unterhalb der Talsperre ansässigen Triebwerksbesitzer bereitgestellt werden. Danach diente die Talsperre ausschließlich der Trinkwasserbereitstellung für das seit 1929 mit Hagen vereinigte Hasper Stadtgebiet. Ab Mai 1943 waren bis Kriegsende leichte Flakgeschütze an der Staumauer und entlang des Sees postiert, um Luftangriffe abzuwehren. Nachdem die Mauer fast 90 Jahre ihren Dienst getan hatte, machten neue technische Regeln und der altersbedingte bauliche Zustand 1991 eine bis 1994 dauernde umfangreiche Sanierung erforderlich. Dabei musste die Sperre für mehrere Jahre entleert werden. Die Mauer erhielt auf der Wasserseite eine neue Vorsatzschale aus Beton. Bei dem Sanierungsprogramm wurde aber weitgehend Rücksicht auf die Belange von Denkmal- und Landschaftsschutz genommen, so dass das historische Erscheinungsbild der Mauer – zumindest auf der Luftseite – gewahrt blieb und auch die typischen Turmaufbauten wieder einen Platz in der Mauer erhielten.

Im Jahr 2003 erwies sich jedoch die Qualität des von der Hasper Talsperre bzw. von dem dortigen Wasserwerk gelieferten Trinkwassers als nicht mehr den Vorschriften genügend und die Talsperre verlor ihre Funktion als Trinkwasserlieferant. Es war zunächst daran gedacht, sie in Zukunft nur noch als Freizeitgelände zu nutzen. Auf Grund von Bürgerprotesten und auch um im Bedarfsfall einen Ersatz für das Hengstey-Wasserwerk in Reserve zu haben, entschloss sich die Mark-E als Betreiberin schließlich, die Hasper Talsperre als Trinkwasserspenderin zu reaktivieren und zu diesem Zweck das dortige Wasserwerk entsprechend aufwändig zu sanieren.

▶ WEITERE INFORMATIONEN (Karte 15, S. 372)

Hasper Talsperre
Talsperrenweg, 58256 Ennepetal

91 Der Hengsteysee

Der in den Jahren 1926–1928 vom Ruhrverband geschaffene Hengsteysee ist der erste und am weitesten östlich gelegene der ursprünglich geplanten insgesamt sieben Ruhr-Stauseen, von denen bisher aber nur fünf verwirklicht wurden. Schon zu Beginn der 1920er Jahre waren Pläne für eine Neugestaltung des Ruhrtals entwickelt worden, die auch die Anlage von Stauseen vorsahen. Dabei spielten neben den aktuellen wasserwirtschaftlichen Bedürfnissen auch energiewirtschaftliche und gesundheitspolitische Überlegungen eine Rolle.

Hauptzweck auch des Hengstey-Stausees war jedoch die Reinigung des Flusswassers, das den anliegenden Städten auch heute noch als Hauptquelle für ihre Trinkwasserversorgung dient. Man hatte nämlich Stauseen als eine vorzügliche Einrichtung zur Reinigung und Reinhaltung von Flusswasser durch den Vorgang der so genannten Selbstreinigung erkannt. Vordringlich war auch die Säuberung und Filterung der unterhalb Hohensyburg in die Ruhr fließende Lenne. Sie wurde bis in die 1970er Jahre durch Industrieabwässer stark verschmutzt.

Blick über den Hengsteysee auf das Koepchenwerk. (Foto: Gerhard E. Sollbach)

Die fertigen Pläne für die Schaffung eines künstlichen Ruhrsees unterhalb der Hohensyburg lagen schon 1922 vor. Doch die damalige Wirtschaftskrise verhinderte zunächst eine Verwirklichung des Vorhabens. Erst im April 1926 konnte mit den Arbeiten begonnen werden, die bis zum Frühjahr 1928 andauerten. Bereits im April desselben Jahres war dann der See mit einer Gesamtlänge von ca. 4,2 Kilometern, einer mittleren Breite von 296 Metern sowie einer durchschnittlichen Tiefe von rund 1,90 Metern aufgestaut. Über den See wurde eine breite Fußgänger- und Straßenbrücke geführt, die über aufwändig gestalteten Serpentinen am nördlichen Ufer eine direkte Verbindung von Hagen über die Hohensyburg nach Dortmund ermöglichte.

Außer der Wasserwirtschaft dient der Hengsteysee entsprechend den ursprünglichen Planungen auch heute noch der Energiegewinnung. In der Gegenwart ist seine Bedeutung als Reservoir für erneuerbare Energie sogar gestiegen. Bei der Anlage des Hengsteysees wurden von der damaligen Rheinisch-Westfälischen-Elektrizitätswerk AG (RWE) zwei Wasserkraftwerke errichtet: ein Pumpspeicher-Kraftwerk (Koepchenwerk) am Nordufer sowie ein Laufwasserkraftwerk

Das Laufwasserkraftwerk Hengstey. (Foto: Gerhard E. Sollbach)

mit Walzenwehr (Hengstey-Werk) am südlichen Ende des Sees. Als dritte Anlage kam 1929 das weiter die Ruhr abwärts in Richtung Harkortsee am Zusammenfluss von Ruhr und Volme errichtete Laufwasserkraftwerk „Stiftsmühle“ hinzu. Während des Zweiten Weltkriegs lagen im Umfeld der Kraftwerke am Hengsteysee mehrere Flakbatterien. Nach dem Angriff auf die Möhne-Talsperre am 17. Mai 1943 wurde das Laufwasserkraftwerk überflutet. Es nahm erst nach einer mehrere Wochen andauernden Instandsetzung wieder den Betrieb auf.

Die wuchtigen Baukörper des Laufwasserkraftwerks am Hengsteysee sind ein besonders eindrucksvolles Beispiel für die Industriearchitektur der 1920er Jahre. Es wurde 2007 renoviert und technisch instand gesetzt sowie im darauf folgenden Jahr mit einer Fischtreppe versehen. Die Höchstleistung des Hengstey-Werks beträgt derzeit 3.3 Megawatt; es liefert jährlich rund elf Millionen Kilowattstunden Strom.

Neben der Aufgabe, als Klärbecken und wichtiger Lieferant umweltschonender erneuerbarer Energie zu dienen, sollte der Hengsteysee aber auch breiten Schichten der Bevölkerung in den umliegenden Industriestädten die Möglichkeit zur Bewegung und Erholung in der freien Natur bieten. Diese Rolle als herausragendes Erholungs- und Freizeitgelände erfüllt der Hengsteysee auch heute noch. Gleichzeitig ist er ein wertvoller Lebensraum für zahlreiche geschützte Vögel, Fische, Insekten, Amphibien und Pflanzen.

▶ **WEITERE INFORMATIONEN** (Karte 1 und 2, S. 358/359)

Hengsteysee und Kraftwerke, RWE Innogy
Laufwasserkraftwerk Hengstey
Hengsteyseestraße, 58089 Hagen-Hengstey

92 Das Koepchenwerk Herdecke

Das 1927–1939 vom Rheinisch-Westfälischen-Elektrizitätswerk Essen errichtete und bereits 1931 nach seinem Planer, Dr. Ing. Arthur Koepchen (1876–1954) „Koepchenwerk" genannte Pumpspeicherkraftwerk in Herdecke an der Ruhr ist eines der beiden ersten, zeitgleich mit dem sächsischen Pumpspeicherkraftwerk Niederwartha an der Elbe verwirklichten Pumpspeicherkraftwerke in Deutschland, die bis heute als große technische Pionierleistungen gelten.

Der Standort Herdecke bot sich seinerzeit an, da hier der Ruhrverband Essen bereits plante, den Hengsteysee aufzustauen, der als das zukünftige Unterbecken für das Pumpspeicherkraftwerk genutzt werden konnte. Auch die natürliche Geländestruktur der Örtlichkeit war von Vorteil: Am rechten nördlichen Seeufer ragt das Ardeygebirge mit einer 160 Meter hohen Kuppe fast bis an das Ufer heran und bot somit beste Gegebenheit für die Errichtung des benötigten Oberbeckens.

Für die Stadt Herdecke und die Region war der Bau des Kraftwerks in der damaligen, von hoher Arbeitslosigkeit geprägten wirtschaftlichen Krisenzeit ein Segen. Bis zu 2.000 Personen fanden auf der Großbaustelle gleichzeitig Arbeit. Das Oberbecken des Koepchenwerks ist rund 510 Meter lang und 210 Meter

Das Koepchen Pumpspeicherkraftwerk. (Foto: Gerhard E. Sollbach)

Bau des Koepchen Pumpspeicherkraftwerks 1928. Quer über den Hengsteysee verläuft zur Versorgung der Baustelle eine Brücke zum großen Verschiebebahnhof Hengstey auf dem gegenüber liegenden Ufer. (Privatarchiv Gerhard E. Sollbach)

breit und verfügt über einen Speicherinhalt von 1,53 Millionen Kubikmeter Wasser. Vier auf dem Berghang verlegte, genietete stählerne Druckrohre mit einem Durchmesser von oben 3,20 Metern und unten 2,55 Metern und rund 300 Metern Länge speisten das Koepchenwerk. Das unmittelbar am Ufer des Hengsteysees errichtete Maschinenhaus ist ein monumentaler Kraftwerksbau größten Formats.

Rund zwei Monate nach Niederwartha ging am 28./29. Januar 1930 das Koepchenwerk komplett mit allen vier Maschinensätzen und 132 Megawatt Leistung ans Netz. Das Leistungsvermögen und die Bedeutung des Kraftwerks weckten nicht nur wirtschaftliche Interessen. Im Zuge der Planungen für einen strategischen Bombenkrieg gegen das Deutsche Reich stand das Koepchenwerk bereits 1937 auf den Ziellisten der britischen Bomber. Im „Ruhr Plan" 1938–1940 waren gezielte Luftangriffe auf dieses Kraftwerk vorgesehen. In einigen Nächten im Sommer und Herbst 1940 unternahmen einzeln fliegende britische Bomber Luftangriffe. Im Zweiten Weltkrieg waren die langen Rohrleitungen und das Umspannwerk durch Tarnnetze verhängt, das Maschinenhaus erhielt einen Tarnanstrich. Zeitweise schützten Sperrballone und Flakbatterien die Wasserwirtschaftsanlagen am Hengsteysee. Am 30. Oktober 1940 trafen die Bomben eines gezielten Angriffs durch eine zweimotorige britische Blenheim auch das Werksgelände und beschädigten eine Pumpleitung. Größere Schäden entstanden allerdings erst als Folge von Überflutung nach der Zerstörung der

Der rund 160 m über dem Turbinenhaus liegende Speichersee mit Entnahmewerk. (Foto: Gerhard E. Sollbach)

Möhne-Talsperre am 17. Mai 1943. Bei einem US-amerikanischen Luftangriff am 23. März 1945 auf den benachbarten Verschiebebahnhof Hengstey wurde das Umspannwerk getroffen. Doch bereits wenige Wochen nach Kriegsende war das Koepchenwerk wieder betriebsbereit.

Bis 1980 arbeitete das Koepchenwerk dann ohne größere Störungen. Materialschäden und Materialermüdungen veranlassten aber 1981 den Beschluss des RWE-Vorstands, das alte Koepchenwerk stillzulegen und neben ihm ein neues und leistungsfähigeres Pumpspeicherkraftwerk zu errichten, von dem das Oberbecken und der Hengsteysee als Unterbecken jedoch wie bisher genutzt werden sollten. 1985–1989 entstand dann ein neues Schachtkraftwerk mit einer reversiblen Pumpturbine mit 153 Megawatt Leistung. Die Altanlage des Koepchenwerks steht seit 1986 unter Denkmalschutz und wurde 1994 endgültig stillgelegt.

▶ **WEITERE INFORMATIONEN** (Karte 2, S. 359)

Koepchenwerk, RWE Power
Pumpspeicherkraftwerk Herdecke
Im Schiffswinkel 43, 58313 Herdecke
Tel. 0 26 37 / 64-3211, www.rwepower.com

Führungen für Gruppen: Mo–Fr 10 und 13 Uhr
Anmeldung erforderlich, maximal 20 Personen

Blick aus der imposanten Hallenkonstruktion. (Foto: Ina Hanemann)

93 Textilfabrik Gebrüder Elbers in Hagen

Als letzter Großbetrieb in der Hagener Innenstadt musste die Textilfabrik Elbers 1996 schließen. Hervorgegangen aus einer kleinen Rotfärberei mit angeschlossener Buntweberei, entwickelte sich der Betrieb unter Carl Elbers ab 1822 zu einer Türkischrotgarnfärberei und Stoffdruckerei. Mit dem Bau einer eigenen Spinnerei und Weberei für Baumwollstoffe in den 1860er Jahren wurde die Produktion deutlich vergrößert und unabhängig von der Lieferung von Rohgewebe.

Der Betrieb wuchs mit den veränderten Marktbedingungen und war Sinnbild für den wirtschaftlichen Aufschwung Hagens im Übergang vom 19. zum 20. Jahrhundert. Die erhaltenen Betriebsgebäude der Textilfabrik Elbers dokumentieren auf engstem Raum ein breites Spektrum zeittypischer

Architektur aus der Zeit zwischen 1850 und 1960. Nachdem bereits im Jahre 2001 das Verwaltungsgebäude an der Dödterstraße in die Denkmalliste der Stadt Hagen eingetragen wurde, steht seit 2003 der überwiegende Teil der früheren Betriebsgebäude unter Denkmalschutz.

Das einstige Verwaltungsgebäude, heute Sitz der städtischen Musikschule, entstand 1905 in Anlehnung an die italienische Renaissance. Der Sitzungssaal wurde von Henry van de Velde gestaltet. Seine Ausstattung ist leider nicht mehr vorhanden.

Der langgezogene Baukörper an der Tuchmacherstraße (die frühere Bleicherei, später Nessellager, Wäscherei und Seiferei, heute Büronutzung) wurde zwischen 1850 und 1922 überwiegend backsteinsichtig mit historisierenden Formen errichtet. Der verputzte Baukörper an der Tuchmacherstraße wurde überformt und stellt sich heute so dar, wie ihn der Architekt Georg Metzendorf zu Beginn des 20. Jahrhunderts gestaltete. Auch die gegenüberliegenden Wohnhäuser, ein ehemaliges Ledigenheim und ein Wohnhaus für Meisterfamilien, stammen vom Zeichenbrett Metzendorfs. Er plante verschiedene Gebäude auf dem Firmengelände und auch das weiter oberhalb errichtete zu Elbers gehörende Arbeiterwohnheim in der Natorpstraße stammt aus seiner Feder.

Erwähnenswert ist der freistehende Kamin von ca. 85 Metern Höhe aus Backstein über achteckigem Grundriss. Er wurde 1861 für das Kesselhaus der heute nicht mehr erhaltenen Weberei und Spinnerei errichtet und gehört zu den frühesten erhaltenen Großkaminen in Westfalen.

Besonders hervorzuheben ist auch die so genannte Kapelle. 1862–1864 als Maschinenhaus für eine Zwillingsdampfmaschine errichtet, sorgt ihr Aussehen für manche Spekulationen. Die sakrale Gestaltung spiegelt jedoch das Selbstverständnis der Industriearchitektur wider, die in der Baukunst der Gotik den Inbegriff des konstruktiven, technischen Denkens sah. Kurz nach dem Zweiten Weltkrieg wurde sie als Kaffeerösterei genutzt. Dieses Gebäude ist von seiner Nutzungsgeschichte und Erhaltung her heute wohl einmalig in Westfalen.

Aus der Anfangszeit der Elektrizitätserzeugung in Hagen hat sich das 1906 in Anlehnung an die florentinische Renais-

Das 1862–1864 im neugotischen Baustil errichtete Maschinenhaus. (Foto: Ina Hanemann)

sance errichtete, direkt an der Volme gelegene ehemalige Turbinenhaus der Firma Elbers erhalten.

In einem mittlerweile zehn Jahre andauernden Prozess wurden die einzelnen Gebäude behutsam und sukzessive einer neuen Nutzung zugeführt und das gesamte Areal unter städteplanerischen Gesichtspunkten der Öffentlichkeit zugänglich gemacht. Unter den Dächern der verschiedenen Fabrikationsgebäude findet sich heute eine bunte Mischnutzung aus Gewerbe, Freizeit und Dienstleistung. Zentrumsnah und einzigartig in der Gestaltung, erfreut sich das Gelände zunehmender Beliebtheit. Seit 2012 sind die Elbershallen einer von drei Ankerpunkten in Hagen auf der Route der Industriekultur.

▶ **WEITERE INFORMATIONEN** (Karte 10, S. 367)

Elbershallen
Dödterstraße 10, 58095 Hagen
www.elbershallen.de

94 *Die Vormann-Brauerei in Dahl*

Die Geschichte der Vormann-Bierbrauerei in Hagen-Dahl reicht bis 1877 zurück. Am 1. Oktober dieses Jahres pachtete nämlich Eduard Vormann die örtliche Friedrich Funkesche Löwen-Brauerei mit Gaststätte für fünf Jahre. Das Bierbrauer-Handwerk hatte der Pächter in der Bierbrauerei Ostermann in Schwerte erlernt. Bereits ein Jahr später heiratete er die Dahlerin Anna Millhoff. Die Familie lebte anschließend auch in dem Elternhaus der Braut, dem jetzigen Haus Dahler Straße 61, wo sich heute noch der Vormann-Brauereiausschank befindet. 1888 konnte Eduard Vormann das jetzige Brauerei-Grundstück erwerben.

Das Brauereigebäude in Dahl. (Foto: Gerhard E. Sollbach)

Der dortige Brauereikomplex entstand in mehreren Bauabschnitten. Als erstes wurde 1890 der Gär- und Lagerkeller mit darüber liegendem Eiskeller und darauf anschließend das Haus Eiskeller 9 errichtet. Nacheinander folgten dann ab 1896/97 das Sudhaus, dahinter das Maschinenhaus mit Dampfmaschine, Kühlmaschine und der Solebehälter zur Stangeneisherstellung. Vom Hof aus gesehen schlossen sich rechts neben dem Sudhaus im Dachgeschoss das Kühlschiff und im Erdgeschoss die Schankhalle mit der Fassfüllung an. Links vom Sudhaus war der Kohlenvorrat für den Dampfkessel untergebracht. Dessen leichtes Fachwerkgebäude bildet heute noch den östlichen Abschluss der Brauerei.

Noch vor dem Ersten Weltkrieg erhielt die Anlage im Wesentlichen ihre heutige bauliche Gestalt. Nach dem Ersten und Zweiten Weltkrieg konnte die Privatbrauerei vor allem durch eine gelungene Geschäftspolitik, die geschickt Tradition und Innovation verband, als einzige der Hagener Bierbrauereien die von dramatischen wirtschaftlichen Umbrüchen geprägten 1970er Jahre überstehen. Die meisten mittleren und kleinen Brauereien mussten sich der mächtigen Konkurrenz der großen Dortmunder und anderer Ruhrgebietsbrauereien teils aus wirtschaftlichen, teils aber auch aus familiären Gründen geschlagen geben. So wurde z. B. 1977 das Brauen von Altbier in das Produktionsprogramm aufgenommen. Dieses Altbier hat sich inzwischen zur Hauptbiersorte der Vormann-Brauerei entwickelt. Heute wird die Brauerei von der Familie Vormann in vierter Generation betrieben.

▶ **WEITERE INFORMATIONEN** (Karte 13, S. 370)

Vormann Brauerei,
Braugasse 5, 58091 Hagen-Dahl
Tel. 0 23 37 / 4 45, www.vormann-brauerei.de

Öffnungszeiten: Mo–Fr 7–17 Uhr, Sa 9–12 Uhr

Von der Harkortschen Fabrikanlage ist dieses restaurierte Bauwerk erhalten geblieben. (Foto: Gerhard E. Sollbach)

95 Harkortsche Fabrik in Haspe

Der von der zweiten Hälfte des 17. bis zur Mitte des 19. Jahrhunderts betriebene Kommissionshandel der Familie Harkort umfasste zahlreiche Produkte. Neben Sensen von der Enneperstraße, Draht aus Limburg und Klingen aus Eilpe waren nahezu alle Erzeugnisse aus dem Raum Hagen vertreten. „Die Harkorts“ vertrieben sie schon im 18. Jahrhundert in ganz Europa und bis nach Nord- und Südamerika.

Das unternehmerische Engagement von Vertretern dieser Familie führte zum Aufbau von eigenen Produktionsbetrieben. Die Harkortsche Fabrik in Hagen-Haspe wurde 1832 von Johann Caspar V. Harkort (1785–1877) auf den Geländen einer früheren Walkmühle und eines Hammerwerks errichtet. Von diesem an der Grundschötteler Straße gelegenen Betrieb sind nur noch die baulichen Reste einer früheren Maschinenhalle erhalten. Nach einer umfassenden Konservierung und Restaurierung stehen sie heute unter Denkmalschutz. Die Gebäudeteile stehen stellvertretend für die früheste nach industriellen Maßstäben geführte Fabrik in Westfalen. Die Harkortsche Fabrik gilt als die Wiege der Industrialisierung des Ruhrgebiets.

Sie produzierte zunächst u. a. Waffen, Brustpanzer, Werkzeuge und Hausrat. Nur wenige Jahre später spezialisierte sich Johann Caspar V. Harkort dann aber auf Zubehör für den

Ansicht der Harkortschen Fabrik. Zu sehen ist auch die 1829/30 für den Transport von Steinkohle angelegten Schlebusch-Harkorter-Eisenbahn. (Foto: Dorn und Merfeld, 1886; Stadtmuseum Hagen)

Bau und den Betrieb von Eisenbahnen. Im Dezember 1838 wurde auf der Linie Düsseldorf–Erkrath der Eisenbahnverkehr in Westdeutschland aufgenommen. Die seit Monaten mit dem Bau der Gleisstrecke beschäftigten Arbeiter waren mit Hacken und Schaufeln aus der Harkortschen Fabrik ausgerüstet. Sie verwendeten Schienenverbindungen, Schrauben und Gleisschuhe, die ebenfalls im Betrieb von Johann Caspar V. Harkort produziert wurden.

Harkort lieferte seit 1835 zahlreiche Zubehörteile für den Eisenbahnbau, auch Räder und Achsen für Waggons und Lokomotiven. Sie wurden von der in Haspe gelegenen Fabrik an verschiedene Eisenbahngesellschaften geliefert. Damit hat die Firma einen großen Anteil an der Entstehung der Eisenbahn in Deutschland. Nach einer grundlegenden Modernisierung zählte der Betrieb um 1850 zu den leistungsfähigsten Industriebetrieben in Preußen. Die weitere industrielle Entwicklung in dem sich zu dieser Zeit herausbildenden Ruhrgebiet ließ die Bedeutung der Harkortschen Fabrik bis 1880 sinken.

Unter Johann Caspar VI. Harkort entstand schließlich ein europaweit tätiges Brückenbau-Unternehmen, das seit 1860 in Duisburg-Hochfeld ansässig war.

▶ **WEITERE INFORMATIONEN** (Karte 8, S. 365)

Hartkortsche Fabrik
Grundschötteler Straße 6, 58135 Hagen-Westerbauer

96 Der Kupferhammer im Nahmertal

Im Nahmertal bei Hohenlimburg liegt ein schlichter Fachwerkbau, der im Zusammenhang mit einem frühen Industriedenkmal steht. Am 4. November 1571 erlaubte Graf Adolf von Neuenahr dem aus Essen stammenden Burchhard von Stade die Errichtung eines Kupferhammers im Nahmertal. Die Urkunde des Landesherrn in der Grafschaft Limburg erwähnt ebenfalls „unsere korn- und draetmuelle", deren Wasserversorgung ausdrücklich nicht behindert werden durfte. Dabei handelt es sich um die früheste bekannte Erwähnung einer Drahtmühle auf dem Gebiet der Grafschaft Limburg.

In der von 1571 bis 1589 andauernden Regentschaft des Grafen Adolf von Neuenahr über die Grafschaft Limburg begann nicht nur ein gezielter Ausbau der Metallverarbeitung.

Wohngebäude des Kupferhammers vor der Verlegung aus dem Nahmertal, um 1910. (Stadtarchiv Hagen)

Auch die Suche nach Bodenschätzen sowie der Bergbau, besonders auf Alaun, Eisen-, Blei- und Kupfererz, wurden verstärkt betrieben. Diese frühneuzeitlichen Ansätze für eine Gewerbeförderung markierten den Beginn eines Modernisierungsprozesses, der das kleine Territorium aus dem Mittelalter führen sollte. Allerdings wurden die landesherrschaftlichen Maßnahmen 1589–1610 durch die kurkölnische Besetzung der Grafschaft weitgehend zunichte gemacht. Der wirtschaftliche Neuanfang im 17. Jahrhundert wurde dann durch die Auswirkungen des Dreißigjährigen Kriegs und der folgenden Konflikte beeinträchtigt.

Einzig das zum Kupferhammer gehörige Wohnhaus blieb bis heute erhalten. Es handelt sich um einen zweigeschossigen Ständerbau mit gemauertem Kellersockel und aufgesetztem Fachwerk. Das unter Denkmalschutz stehende Wohnhaus trägt Spuren mehrfacher Umbauten, wie 1628 die Errichtung eines massiven Kamins. Nach 1912 wurde es aus dem Tal an den jetzigen Standort versetzt. Über dem Eingang ist heute wieder der historische Schriftbalken angebracht. Er trägt folgende Inschrift: *Anno 1571 A DO Denn 29 Augustei • Wann Gadt nicht helft bawen uns • So ist alle unsere Arbeit umsonst • Wer Gadt tortrut der hat wohgebawt.*

Ansicht des Kupferhammers. Zeichnung von Heinrich Arnold Tilmann, um 1860. (Stadtarchiv Hagen)

Im 19. und 20. Jahrhundert wurde das Gelände durch Industriewerke überbaut. Wahrscheinlich lag der von einem Wasserrad angetriebene Hammer unmittelbar am Nahmerbach. Archäologische Spuren und im Gelände noch nachzuweisende Überreste lassen sich wegen der Bebauung jedoch nicht mehr feststellen. Am Nahmerbach wurde auch ein eigenes Stauwehr angelegt, um den Wasserzufluss für den Antrieb des Hammers zu steuern. Das für den Betrieb notwendige Kupfererz wurde bis 1584 von einem dem Grafenhaus Neuenahr gehörenden Bergwerk bei Olpe bezogen. Diese Rohstoffquelle war nach der kurkölnischen Besetzung versiegt. Burchards Sohn Clemens entdeckte im Volmetal bei Dahl ein neues Kupfervorkommen. Bis in das 19. Jahrhundert wurde diese ergiebige Lagerstätte daraufhin bergmännisch ausgebeutet. Das gewonnene Erz gelangte u. a. in den Betrieb des Kupferhammers im Nahmertal.

Die gehämmerten Platten aus Kupfer waren das Halbzeug für Bleche, Töpfe, Kessel, Braupfannen, Kochgeschirr und Geräte. Das Halbzeug wurde entweder an örtlich tätige Kupferschläger veräußert oder aber im eigenen Betrieb weiter verarbeitet. 1619 wird eine dem Kupferhammer angeschlossene Drahtrolle erwähnt. 1659 lieferte der Kupferhammer im Nahmertal beispielsweise nach Bochum den Boden eines großen Braukessels. Ein Teil der Produktion gelangte auch in den überregionalen Handel.

▶ **WEITERE INFORMATIONEN** (Karte 7, S. 364)

Kupferhammer
Schleipenbergstraße 31, 58119 Hagen-Hohenlimburg

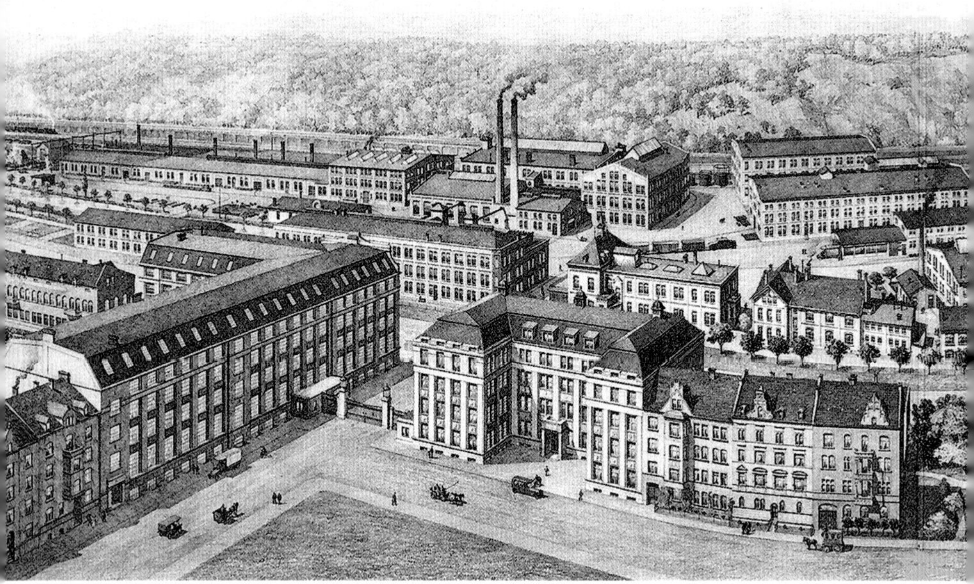

97 *Die Batteriefabrik Varta*

Die Wirtschaft in der südwestfälischen Region Mark ist besonders durch die metallverarbeitende Industrie geprägt. Unternehmen in anderen Sparten sind vor allem mittelständisch und konzentrieren sich auf spezielle Produkte und Herstellungsverfahren. Eine Ausnahme hinsichtlich der Produktion und ihrer auch internationalen Bedeutung stellt die Produktion von Batterien und Akkumulatoren dar. Sie wurde 1889 durch die damals gegründete Accumulatoren Fabrik auf dem Gelände eines früheren Hammerwerks an der Ennepe im Hagener Stadtteil Wehringhausen aufgenommen. Bereits ein Jahr nach ihrer Gründung entstand aus dem Unternehmen eine Aktiengesellschaft (AFA) mit Sitz in Berlin.

Ansicht der Accumulatoren Fabrik AG Berlin-Hagen in Wehringhausen. Lithografie von Hans Meyer, Leipzig 1913. (Stadtarchiv Hagen)

1913, im 25. Jubiläumsjahr der AFA, wurde nach einem Entwurf des Berliner Architekten A. Winkler das Verwaltungsgebäude in der Dieckstraße errichtet. Das repräsentative zweiflügelige und viergeschossige Gebäude entstand auf dem Höhepunkt der bis dahin erfolgreichen Unternehmensgeschichte.

Im Deutschen Reich und in der k. u. k. Monarchie sowie in Spanien, in den skandinavischen Ländern und in Russland gewann die AFA bis 1913 auf dem Gebiet der Batterien die marktbeherrschende Stellung. Über Freundschaftsverträge hatte sie sich den Weltmarkt mit der US-amerikanischen Electric Storage Battery Company und der britischen Chloride Electrical Storage Co. aufgeteilt.

Im Verwaltungsgebäude drücken sich die damalige Wirtschaftskraft und der bisherige Unternehmenserfolg der AFA aus. Allerdings bedeutete der Erste Weltkrieg eine deutliche Zäsur in der Unternehmensgeschichte. Ebenso ist die Zeit des Nationalsozialismus und des Zweiten Weltkriegs ein erst spät aufgearbeitetes Kapitel der Firmengeschichte, da in der Produktion tausende ausländische Arbeitskräfte, Kriegsgefangene sowie – in den Zweigwerken Hannover und Wien – auch Häftlinge der Konzentrationslager Neuengamme und Mauthausen zur Zwangsarbeit herangezogen wurden.

Die Accumulatoren Fabrik war einer der wichtigsten Rüstungsproduzenten an Rhein und Ruhr. Bereits 1904 wurden die ersten Batterien für U-Boote in Hagen hergestellt. Im Ersten und Zweiten Weltkrieg hatte dieser Fertigungsbereich einen großen Anteil am Ausstoß der Hagener Batteriefabrik. Das Werk lieferte bis 1945 auch Batterien für Torpedos, Flugzeuge, Panzer und Raketen. Hinzu kamen Batterien für Bergbaulokomotiven, Fahrzeuge und die Bahn. Hier befand sich auch das konzerneigene Forschungslabor und Entwicklungszentrum. Für U-Boot-, Torpedo- und Batterien für Flugkörper war das Werk Hagen 1939–1945 die „Leitfertigungsstelle".

Bereits 1916/17 plante die britische Admiralität und ab 1918 die damals gegründete Royal Air Force Luftangriffe auf die „Tudor works" in Hagen. Im Zweiten Weltkrieg entstanden schwere Schäden, die nach zwei Luftangriffen im Oktober 1943 und im Dezember 1944 auf Veranlassung des Rüstungsministeriums repariert wurden.

Im April 1945 besetzten US-Truppen die Batteriefabrik, britische und US-amerikanische Einheiten untersuchten das Werk und die Produktion. Als einer der ersten Betriebe in der britischen Besatzungszone erhielt das AFA-Werk in Hagen im Spätsommer 1945 von der Militär-Regierung ein „Permit", um Batterien für den Bergbau und die Bahn herzustellen. Ab 1954 wurde die Produktion von Rüstungsgütern wieder aufgenommen, seit Anfang der 1960er Jahren auch von U-Boot-Batterien, die noch bis 2008 in Hagen gefertigt wurden. 1962 erfolgte die Umbenennung in Varta.

Zu Beginn des 21. Jahrhunderts und nach dem Abriss der historischen Fabrikgebäude der AFA, über die die Trasse der Bahnhofshinterfahrung führen wird, bilden das Verwaltungsgebäude sowie die ähnlich gestalteten Gebäude der früheren Maschinenfabrik und des bereits 1892 gegründeten Zentrallabors ein geschlossenes Bauensemble. Es handelt sich um die einzigen historischen Gebäude der früheren Batteriefabrik. Heute bestimmen moderne Industrie-Zweckbauten die am Ort von einem anderen Unternehmen in Hagen fortgeführte Produktion von Batterien und Akkumulatoren.

▶ **WEITERE INFORMATIONEN** (Karte 9, S. 366)

Varta Verwaltungsgebäude
Diekstraße 42, 58091 Hagen

98 Der „Alte Postweg"

Im Bereich des Mäckingerbach-Tals im bewaldeten Süden der Stadt Hagen haben sich zwischen dem Ortsteil Selbecke und dem zu Breckerfeld gehörenden Zurstraße sichtbare Spuren eines in der Überlieferung als „Alter Postweg" bezeichneten historischen Verkehrswegs erhalten. Es handelt sich hierbei um ein Teilstück der bis ins Mittelalter und wahrscheinlich noch weiter in die Vergangenheit zurückreichenden Nord-Süd-Fernverbindung durch das Sauerland. Diese alte Wegstrecke wurde später Frankfurter-Straße bzw. auf Grund eines seiner darauf transportierten wichtigsten Güter auch Eisen-Straße genannt.

Die Hauptspur dieses Jahrhunderte lang benutzten und etwa 3,8 Kilometer langen Wegstücks in der Selbecke ist heute im Gelände noch an vielen Stellen deutlich zu erkennen. Am Steilhang zum Selbecker-Bach hin zieht sich der Weg als teilweise tiefer Hohlweg entlang. Seine Sohlbreite geht nirgends über zwei Meter hinaus. An den felsigen Abschnitten sieht man noch die von den Wagenrädern durch den Abrieb der Wegoberfläche eingeschnittenen Radspuren, die dann von der folgenden Erosion weiter ausgehöhlt worden sind. Von der Selbecke bis zur Hochebene bei dem schon 1229 urkundlich bezeugten heutigen Wohnplatz Rafflenbeul sind etwa 240 Höhenmeter zu überwinden. Vor allem das untere Teilstück des Wegs ist ausgesprochen steil. Hier beträgt die

Der Pferdeplatz auf dem „Alten Postweg". (Foto: Gerhard E. Sollbach)

Durch Wagenräder ausgefahrene Fahrrillen auf dem anstehenden Felsboden. (Foto: Gerhard E. Sollbach)

Steigung auf etwa 320 Metern rund 20 Prozent. Die folgende Wegstrecke von etwa 520 Metern bis zum so genannten Pferdeplatz auf 309 Metern Höhe weist immerhin noch eine Steigung von ungefähr 16 Prozent auf.

Der weitere Weg bis Rafflenbeul ist dagegen mit einer Steigung von rund fünf Prozent einigermaßen erträglich. Mit ihrer eigenen Bespannung konnten die Fuhrwerke die steilen Wegstücke nicht überwinden. Sie benötigten daher einen Vorspann von in der Regel sechs Pferden. Dieser Vorspann wurde offensichtlich bis zum „Pferdeplatz" geleistet, der daher wohl auch seinen Namen hat und örtlich noch gut erkennbar ist. Die beschriebene Wegstrecke ist aber als eine Art Einbahnstraße nur von dem bergan fahrenden Verkehr benutzt worden. Bergab fahrende Wagen und auch die am „Pferdeplatz" abgeschirrten Vorspanne nutzten dagegen einen der vom „Pferdeplatz" abgehenden Seitenwege. Zweck dieser Regelung war es, Gegenverkehr auf der Hauptstrecke zu vermeiden, da in den dortigen Hohlwegen ein Ausweichen wegen der Enge nicht möglich war und auch ein Herausfahren aus den überall auf dem Weg tief eingefahrenen Wagenspuren die Gefahr eines Rad- und Achsenbruchs heraufbeschwor.

Nach dem Bau der Chaussee 1788–1794, über die heute die L 528 verläuft, verödete der „Alte Postweg" und diente in der Folgezeit nur noch als Wirtschaftsweg. Heute ist er Teil eines von der Abteilung Hagen des Sauerländischen Gebirgsvereins ausgewiesenen, etwa 4,8 Kilometer langen und vor allem wegen der steilen Teilstücke und der rund 277 Höhenmeter als schwer eingestuften Wanderwegs vom Parkplatz des Westfälischen Freilichtmuseums nach Breckerfeld-Zurstraße.

▶ **WEITERE INFORMATIONEN** (Karte 12, S. 369)

Wanderweg „Alter Postweg", Start Parkplatz
LWL-Freilichtmuseum Hagen
Mäckingerbach, 58091 Hagen

Erinnerungstafel an der früheren Gleistrasse der Schlehbusch-Harkortschen Eisenbahn in Gevelsberg-Silschede. (Foto: Gerhard E. Sollbach)

99 Die Schlebusch-Harkorter-Eisenbahn

An der Grundschötteler Straße in Hagen-Haspe erinnert ein Denkmal an die erste Eisenbahn in Deutschland. 1829 gründete Friedrich Harkort die Schlebusch-Harkorter-Eisenbahn. Harkort hatte bereits vier Jahr zuvor in der Zeitschrift „Hermann" mit „Railroads – Eisenbahnen" einen weithin beachteten Beitrag zu diesem damals für viele Menschen utopisch wirkenden Verkehrsmittel veröffentlicht. Mit der Schlebusch-Harkorter-Eisenbahn setzte er seine Vorstellungen um.

Die bis 1856 auf hölzernen, danach auf eisernen Gleisen laufende Bahn führte zunächst von der Zeche Schlebusch in Silschede zur Harkortschen Fabrik in Haspe. Bis 1830 waren bereits rund acht Kilometer Gleisstrecke angelegt, Brücken und Dämme gebaut sowie Tunnel und Trassen gegraben worden. Auf eigens konstruierten Waggons wurde die Steinkohle mit Pferden aus der Zeche zur Fabrik transportiert.

Für Friedrich Harkort erwies sich die 1846 durch die Zechengesellschaft Gewerkschaft Vereinigte Trappe erworbene Bahnstrecke finanziell als wenig erfolgreich. Nachdem 1876 zwei Dampflokomotiven die Zugpferde ablösten, kam es in den folgenden Jahrzehnten immer wieder zu weiteren Nutzungen der Bahn durch anliegende Fabriken. Nach dem Anschluss der Zeche 1889 an das staatliche Eisenbahnnetz wurde die Bahnstrecke schon kurz darauf stillgelegt. Zu dieser Zeit war auch die Hauptproduktion der Harkortschen Fabrik in Haspe durch Johann Caspar Harkort VI. längst nach Duisburg verlegt. Die Hasper Eisen- und Stahlwerke nutzten von 1905 bis 1965 den unteren Abschnitt der früheren Kohlenbahn zum Transport von Produktionsabfällen. Der obere Gleisabschnitt diente den Eisen- und Stahlwerken Walter Peyinghaus in Wetter-Volmarstein von 1921 bis 1959 als Werksbahn.

Gleise und Wagen der 1831 eingeweihten Prinz Wilhelm-Eisenbahn von Hinsbeck an der Ruhr und Langenberg sowie der ab 1829 in Betrieb genommenen Schlehbusch-Harkortschen Eisenbahn. Harkort, Friedrich: Die Eisenbahn von Minden nach Cöln, Hagen 1833, Tafel 1. (Stadtarchiv Hagen)

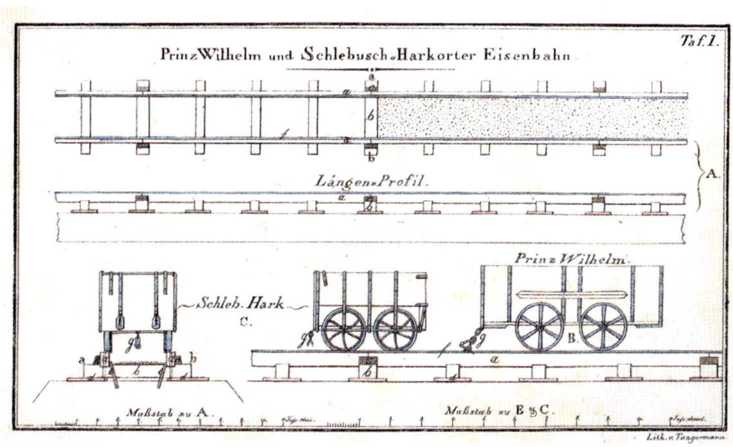

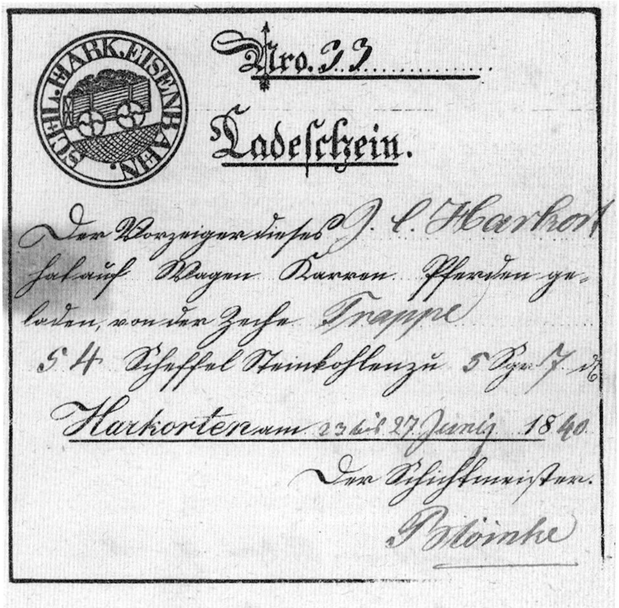
SCHL. HARK. EISENBAHN.

Nro. 33

Ladeschein.

Der Vorzeiger dieses J. C. Harkort
hat auf Wagen Karren Pferden ge-
laden, von der Zeche Trappe
5 4 Scheffel Steinkohlen zu 5 Sgr. 7 d
Harkorten am 23 bis 27 Juni 1840.
Der Schichtmeister.
Bönke

Ladeschein der Schlehbusch-Harkortschen Kohlebahn, 27.6.1840. (Stadtarchiv Hagen)

Von der Schlebusch-Harkorter-Eisenbahn als einer der ersten gewerblich genutzten Eisenbahnen in Deutschland sind heute nur noch wenige Relikte zu finden. In der Regel handelt es sich um Überreste der Trassenführung, Brücken und Dämme zwischen Silschede und Haspe. Aus industriearchäologischen Gründen sind das wichtige Bodendenkmäler.

Mitglieder des Hasper Heimat- und Brauchtumsvereins und des Hagener Heimatbundes sowie die Stadt Hagen rekonstruierten 2005 den früheren Tunnel an der Straße „An der Kohlenbahn“ in Haspe. Das seitdem dort befindliche Denkmal informiert über die Geschichte der Kohlenbahn.

▶ **WEITERE INFORMATIONEN** (Karte 4, S. 361)

Harkortsche Kohlebahn
Schlebuscher Straße, 58285 Gevelsberg-Silschede

100 Der Eisenbahnviadukt bei Herdecke

Der als eine Steinbogenbrücke erbaute Eisenbahnviadukt über die Ruhr bei Herdecke entstand 1875–1878 im Zusammenhang mit dem 1873 begonnenen Bau einer Eisenbahnstrecke von Düsseldorf über Wuppertal und Hagen nach Dortmund durch die private Rheinische Eisenbahngesellschaft. Noch in den ersten Jahrzehnten des Eisenbahnbaus in Deutschland war es üblich, Bahnstrecken von privaten (Aktien-)Gesellschaften bauen und betreiben zu lassen, die hierfür allerdings eine staatliche Konzession benötigten.

Der Bau der Rheinischen Bahnstrecke von Düsseldorf

Wiederaufbau des im April 1945 durch die Wehrmacht gesprengten Eisenbahnviadukts über die Ruhr bei Herdecke, 1952. (Privatarchiv Gerhard E. Sollbach)

Bau des Eisenbahnviadukts über die Ruhr zwischen Hagen und Herdecke, 1876–1878. (Privatarchiv Gerhard E. Sollbach)

nach Dortmund erfolgte weitgehend parallel zu der hier schon seit 1848 bestehenden Bergisch-Markischen Eisenbahnlinie. Auch stand bei diesem Vorhaben nicht die Personenbeförderung im Vordergrund, sondern der Gewinn bringende Transport der im Ruhrgebiet geförderten Steinkohle. Tatsächlich haben diese beiden Eisenbahngesellschaften mit der Erschließung des Ruhrgebiets ab Mitte des 19. Jahrhunderts eine entscheidende Voraussetzung für die industrielle Entwicklung und den wirtschaftlichen Aufstieg dieser Region geschaffen.

Der aus zwölf Bögen mit einer Spannweite von jeweils 20 Metern bestehende 313 Meter lange und etwa 30 Meter hohe Eisenbahnviadukt überspannt in einem weiten Bogen mit einem Radius von 380 Metern das Ruhrtal. Für dieses Meisterwerk der damaligen Ingenieurskunst wurden rund 24.400 Kubikmeter Bruchstein verbaut, bei dem es sich um den festen und wetterbeständigen so genannten Kohlensandstein handelt. Das gesamte für den Bau des Viadukts benötigte Steinmaterial wurde aus dem oberhalb der Dammaufschüttung sich anschließenden und für die Bahnlinie geschaffenen Felseinschnitt im Kaisberg gewonnen. Im Oktober 1878 war das Bauwerk fertig gestellt. Nach der Freigabe des Viadukts am 15. März 1879 konnte der Verkehr auf dieser neuen Rheinischen Bahnlinie aufgenommen werden.

In der Vergangenheit ist der Viadukt zweimal zerstört worden. Am 17. März 1943 unterspülte die Flutwelle der gesprengten Möhnetalsperre einen Pfeiler und brachte ihn zum Einsturz. Den wieder hergestellten Viadukt sprengten dann in der Nacht vom 12. auf den 13. April 1945 zurückgehende deutsche Truppen, wobei zwei Bögen einstürzten. Tatsächlich war eine Zerstörung des Viadukts bereits 1873 bei seinem Bau mit vorgesehen. Die Erteilung der Konzession der Bahnlinie hatte es auch zur Bedingung gemacht, dass der Viadukt im Kriegs- oder Mobilisierungsfall durch Sprengung auf mindestens 60 Metern Länge zerstört werden konnte. Zu diesem Zweck wurden in zwei nebeneinander stehenden Strompfeilern Minenvorrichtungen geschaffen, so dass bei einer Sprengung mindestens drei Bögen einstürzten und damit die vorgeschriebene Zerstörung auf einer Länge von 60 Metern sichergestellt war. Bei diesen Minenvorrichtungen handelte es sich um nach unten vertiefte Pulverkammern, die von einer an den beiden Pfeilern angebrachten Galerie erreichbar waren. Außerdem wurde in dem Böschungskegel des Widerlagers am rechtsseitigen Ruhrufer ein im Kriegsfall zu nutzendes Pulvermagazin eingebaut. Die im Viadukt eingebauten Sprengvorrichtungen sind dann knapp 70 Jahre später zum Einsatz gekommen. Allerdings haben die deutschen Truppen bei der Sprengung im April 1945 nur eine der zwei Sprengkammern benutzt, so dass nur ein Pfeiler und zwei Bögen zerstört wurden. Erst 1952 wurde der Viadukt wiederhergestellt. Doch dauerte es noch bis zum 25. Juli 1957, dass auch der Zugverkehr über den Viadukt wieder aufgenommen werden konnte. Derzeit wird er von der zwischen Dortmund über Hagen nach Lüdenscheid verkehrenden Volmetalbahn benutzt.

▶ **WEITERE INFORMATIONEN** (Karte 1, S. 358)

Eisenbahnviadukt
Wetterstraße, 58313 Herdecke

Der Hauptbahnhof in Hagen. (Foto: Gerhard E. Sollbach)

101 *Der Hauptbahnhof in Hagen*

Mit dem Neubau des Hauptbahnhofs wurde die Stadt zu Beginn des 20. Jahrhunderts ihrer gestiegenen Bedeutung als Verkehrsknotenpunkt gerecht. Die Eröffnung des nach einem Entwurf des Architekten Walter Morin im neobarocken Stil erbauten Empfangsgebäudes erfolgte am 14. September 1910. Über dem Eingang, und dies ist eine Besonderheit unter den wenigen bis heute in alter Form erhalten gebliebenen Bahnhöfen, befindet sich das monumentale Glasgemälde „Der Künstler als Lehrer für Handel und Gewerbe" des niederländischen Künstlers Jan Thorn-Prikker, der zum Kreis um den Hagener Kunstmäzen Karl Ernst Osthaus gehörte.

Osthaus hatte sich mit seinem Vorschlag, einen Hauptbahnhof im „neuen Stil" zu errichten, nicht durchsetzen können. Die als Stahlkonstruktion von Heinrich Stephany entworfene, durch die „Aktiengesellschaft für Verzinkerei und Eisenkonstruktion Jacob Hilgers" in Rheinbrohl hergestellte zweischiffige Empfangshalle von 1910 ist die einzige noch überliefert gebliebene Hallenkonstruktion dieser Art in Westfalen, und es finden sich auch in Deutschland nur wenige vergleichbare Beispiele aus der Erbauungszeit. Der Hauptbahnhof gehörte am Beginn des 20. Jahrhunderts zu einer Reihe von Bauvorhaben in der damals aufstrebenden Stadt Hagen. Der Hauptbahnhof, das Rathaus von 1903, das Stadttheater von 1911 und die Planungen für eine Stadthalle standen für die Bedeutung und Prosperität der Stadt. Doch der Ausbruch des Ersten Weltkriegs im August 1914 bedeutete eine deutliche Zäsur und für lange Jahrzehnte auch das Ende eines Aufschwungs.

Die Stadt Hagen entstand in der Frühen Neuzeit am Schnittpunkt wichtiger Fernstraßen. Die verkehrsgünstige Lage von Hagen entwickelte sich seit dem 18. Jahrhundert immer mehr zu einem Standortvorteil. Sie war entscheidend mitverantwortlich für das Wirtschaftswachstum und den Bevölkerungsanstieg im Verlauf des 19. Jahrhunderts und besonders ab 1850. Damals war die Eisenbahn ein innovatives und hochtechnologisches Verkehrsmittel, das im Volksmund respektvoll als „Dampfroß" bezeichnet wurde. Am 20. März 1825 erschien unter dem Titel „Railroads" der erste deutschsprachige, von Friedrich Harkort verfasste Artikel über die Möglichkeiten der in Großbritannien entwickelten und mit der „Stockton and Darlington Railway" vor der Eröffnung stehenden Eisenbahn. 1833 publizierte der Verlag von A. Brune in Hagen das viel beachtete Buch Harkorts: „Die Eisenbahn von Cöln nach Minden". Schon 1829/30 ließ Harkort eine Eisenbahn zum Transport von Steinkohle zwischen der Zeche Schlehbusch in Silschede und der Fabrik Harkort in Haspe anlegen – eine der ersten funktionierenden Eisenbahnen in Deutschland. Die Eisenbahn erwies sich in den folgenden Jahrzehnten als ein Motor des Industriezeitalters, der Modernisierung und des Fortschritts.

Der 1910 eröffnete Hauptbahnhof in Hagen, um 1935. (Stadtarchiv Hagen)

Zehn Jahre nach dem Erscheinen von Harkorts Buch wurde in Köln die „Cöln-Mindener Eisenbahn-Gesellschaft" gegründet. Der Anschluss von Hagen an das Streckennetz der Bergisch-Märkischen Eisenbahn im Jahre 1848 machte die Stadt daraufhin zu einem wichtigen Knotenpunkt des Schienenfernverkehrs in Preußen. Die damals errichtete Bahnstation lag nahe der später nach Hagen eingemeindeten Gemeinde Wehringhausen. Erst 1875 wurde das neue Empfangsgebäude an die Stelle des heutigen Hauptbahnhofs verlegt.

Im September 1859 wurde die erste Teilstrecke Hagen–Limburg–Letmathe auf der bereits fünfzehn Jahre zuvor geplanten Ruhr-Sieg-Bahn in Betrieb genommen, die bis 1863 durch das Lennetal das Siegerland und weiter auch das Rhein-Main-Gebiet sowie Süddeutschland erreichte. In Vorhalle, das 1929 in die Stadt Hagen eingemeindet wurde, war ab 1872 aus einem bereits 1849 angelegten Haltepunkt ein großer Rangierbahnhof entstanden. Auch in Altenhagen, Eckesey und Hengstey wurden große Rangier- und Güterbahnhöfe angelegt. Der Verschiebe- und Rangierbahnhof Hagen-Vorhalle ist nach einer umfassenden Modernisierung 2004–2006 einer der neun wichtigsten Güterbahnhöfe in Deutschland.

Der Hauptbahnhof in Hagen ist heute ein bedeutendes Symbol des Eisenbahnzeitalters. Im Zweiten Weltkrieg wurden die meisten historischen Bahnhöfe im Rheinland und in Westfalen zerstört. Deshalb nimmt der Hagener Hauptbahnhof mit seinem architektonisch herausragenden Empfangsgebäude und der großen Hallenkonstruktion eine gewisse Sonderrolle im Schienennetz des Bahnverkehrs ein. Seine Lage auf zentralen Streckenführungen macht ihn darüber hinaus immer noch zu einem wichtigen Eisenbahnknotenpunkt für den Fern- und Nahverkehr.

▶ **WEITERE INFORMATIONEN** (Karte 9, S. 366)

Hauptbahnhof Hagen
Am Hauptbahnhof 16, 58089 Hagen

KARTEN

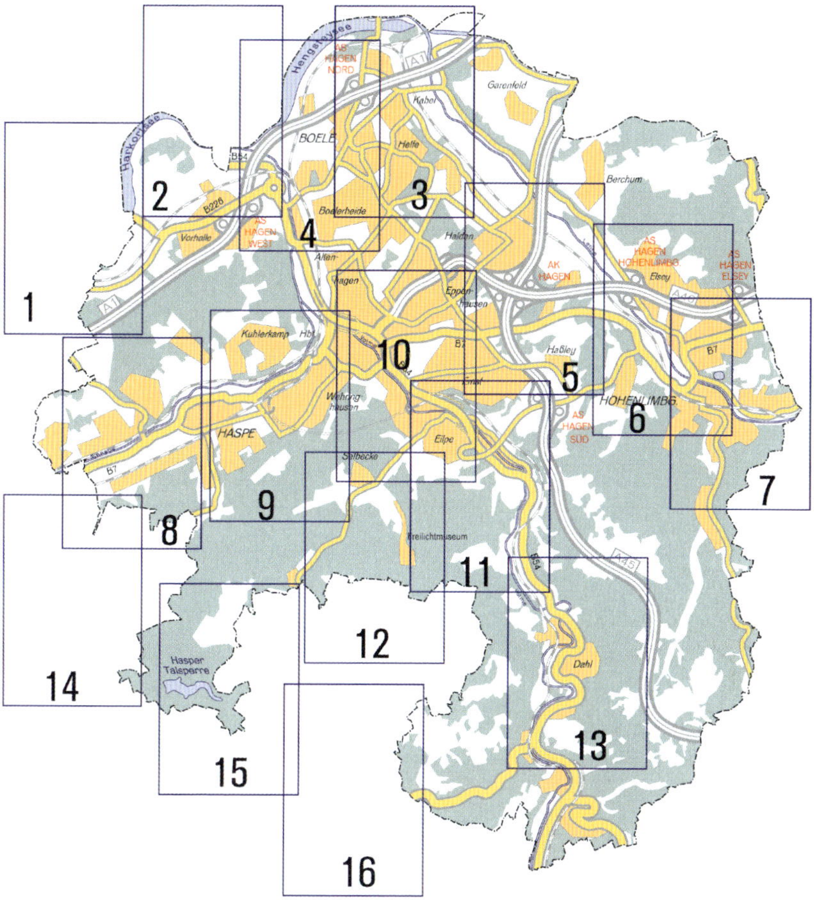

KARTENÜBERSICHT

Kartenausschnitte:
Stadt Hagen
Amt für Geoinformation und Liegenschaftskataster

geoinfo.kataster@stadt-hagen.de
www.geoinfo.hagen.de

Nähere Informationen zum Nutzungsrecht erhalten Sie unter der Telefonnummer 02331 / 207 31 22

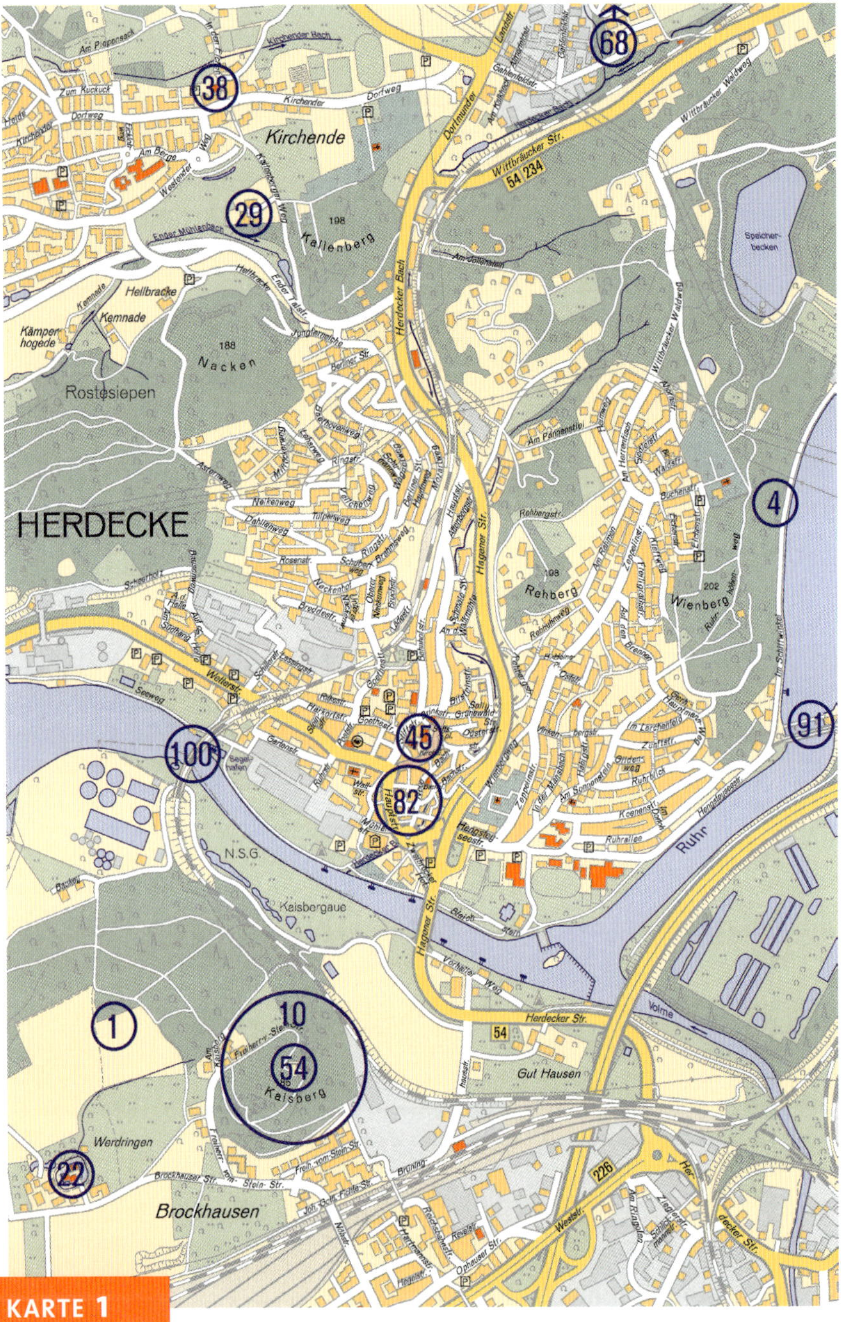
HERDECKE
Kirchende
Kallenberg
Nacken
Rostesiepen
Hellbracke
Kemnade
Kämper-
hogede
Rehberg
Wienberg
Speicher-
becken
Ruhr
Volme
Kaisbergaue
N.S.G.
Kaisberg
Gut Hausen
Werdringen
Brockhausen
Dortmunder Landstr.
Wittbräucker Str.
Wittbräucker Waldweg
Hagener Str.
Herdecker Str.
Herdecker Bach
Wetterstr.
Seeweg
Hengsteyseestr.
Vorhaller Weg
Brockhauser Str.
Westender Weg
Kirchender Dorfweg
Am Piepenseck
Zum Kuckuck
Berliner Str.
Ringstr.
Neilenweg
Tulpenweg
Dahlienweg
Rosenstr.
Goethestr.
Hauptstr.
Ruhrstr.
Gartenstr.
Am Sonnenstein
Im Lerchenfeld
Rehbergstr.
Am Pannenstiel
Freih.-v.-Stein-Str.
Joh.-Gottl.-Fichte-Str.
Ophauser Str.
Westfr.
54 234
54
226
1
4
10
22
29
38
45
54
68
82
91
100

KARTE 1

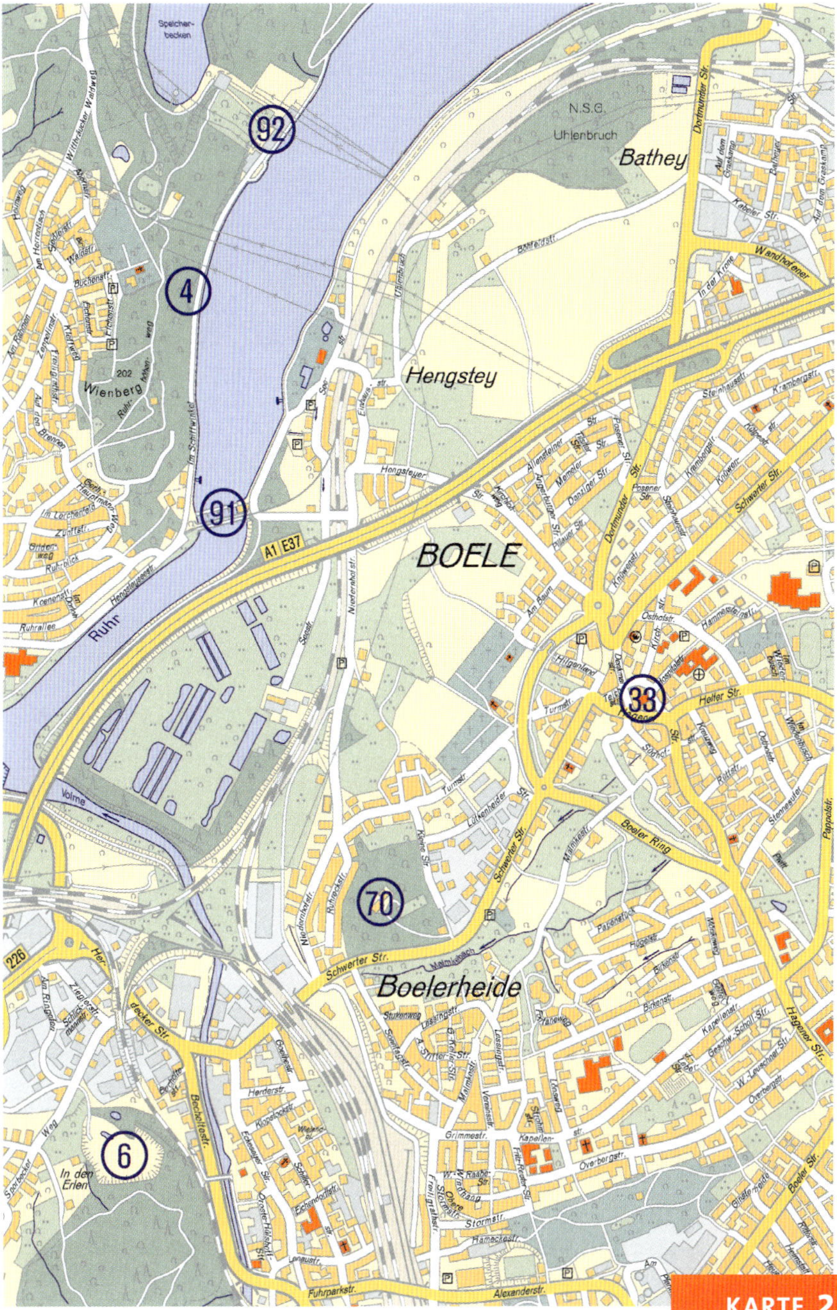

Speicherbecken
92
N.S.G.
Uhlenbruch
Bathey
Dortmunder Str.
Kabeler Str.
Wandhofener
In der Krone
Böhfeldstr.
4
Hengstey
Wienberg
202
Im Schiffwinkel
91
Hengsteyer
A1 E37
BOELE
Dortmunder Str.
Schwerter Str.
Ruhr
Ruhrallee
Volme
Helfer Str.
33
Boeler Ring
70
Schwerter Str.
Boelerheide
Malmkebach
226
6
In den Erlen
Hagener Str.
Boeler Str.
Overbergstr.
Stormstr.
Fuhrparkstr.
Alexanderstr.
Bechelteistr.
Pappelstr.

KARTE 2

Klusenberg
Bölsberg
N.S.G.
Ruhraue Syburg
Ruhr
Lenne
Ruhrtalstr.
Bathey
Dortmunder Str.
Wandhofener
Hansalinie
Schwerter Str.
Kabel
Helfe
Fley
N.S.G.
Lenneaue
Kabel
Feldmühlenstr.
Helfer Str.
Pappelstr.
Hagener Str.
Boeler Ring
Knippschildstr.
Weidekampstr.
Buschmühlenstr.
Verbandsstr.
Steinhausstr.
Krambergstr.
Hohensyburgstr.
Schultenstr.
Am Bügel
Schieferstr.
Bickenstück
Posener Str.
Danziger Str.
Hammacherstr.
Hohe Leye

KARTE 3

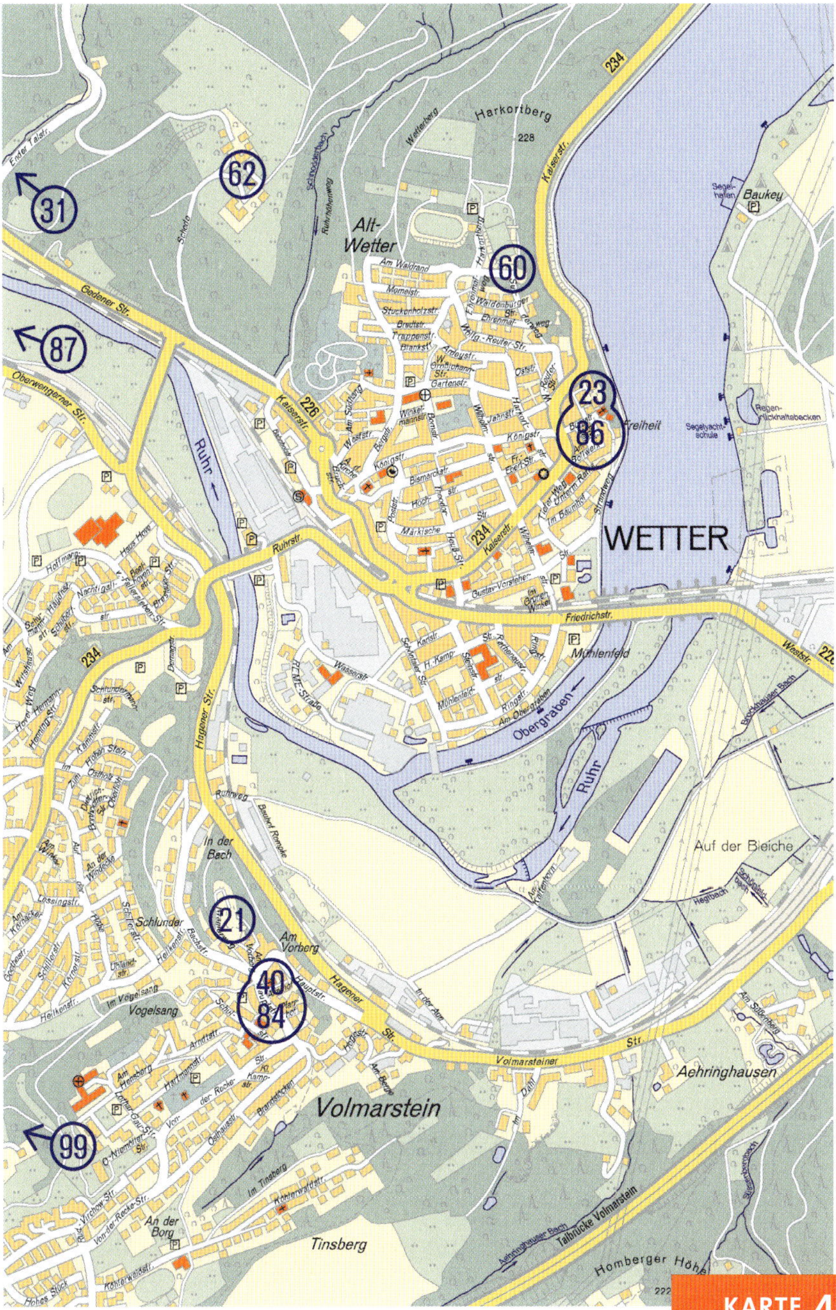
WETTER
Alt-Wetter
Harkortberg
Volmarstein
Aehringhausen
Tinsberg
Mühlenfeld
Auf der Bleiche
Vogelsang
Schlunder
In der Bach
Am Vorberg
An der Borg
Homberger Höhe
Ruhr
Obergraben
Friedrichstr.
Kaiserstr.
Hagener Str.
Volmarsteiner Str.
Gedener Str.
Oberwengerner Str.
Ruhrstr.
Freiheit
Baukey
Talbrücke Volmarstein
62
31
87
60
23
86
21
40
84
99

KARTE 4

64
24
27
9
77
74
Halden
Herbeck
Emst
Haßley
Berchum
Lenneaue
N.S.G.
Lenne
Gut Herbeck
Am Hammacher
Am Tüßfeld
Mastberg
247
Donnerkuhle
Ochsen-
kamp
A46
A45
Sauerlandlinie
7
Verbandsstr.
Industriestr.
Bandstahlstr.
Werkzeugstr.
Sauerlandstr.
Südfeldstr.
Hohenlimburger Str.
Eppenhauser Str.
Haßleyer Str.
Osthaus-Str.
Max-Planck-Str.
Zeppelinweg
Raiffeisenstr.
Schmalenbeckstr.
Hammacherstr.
Lennefährenweg
Wannebachstr.
Dolomitstr.
Lennetalbrücke
Klärteich
Rohrstr.
Berchumer Str.

KARTE 5

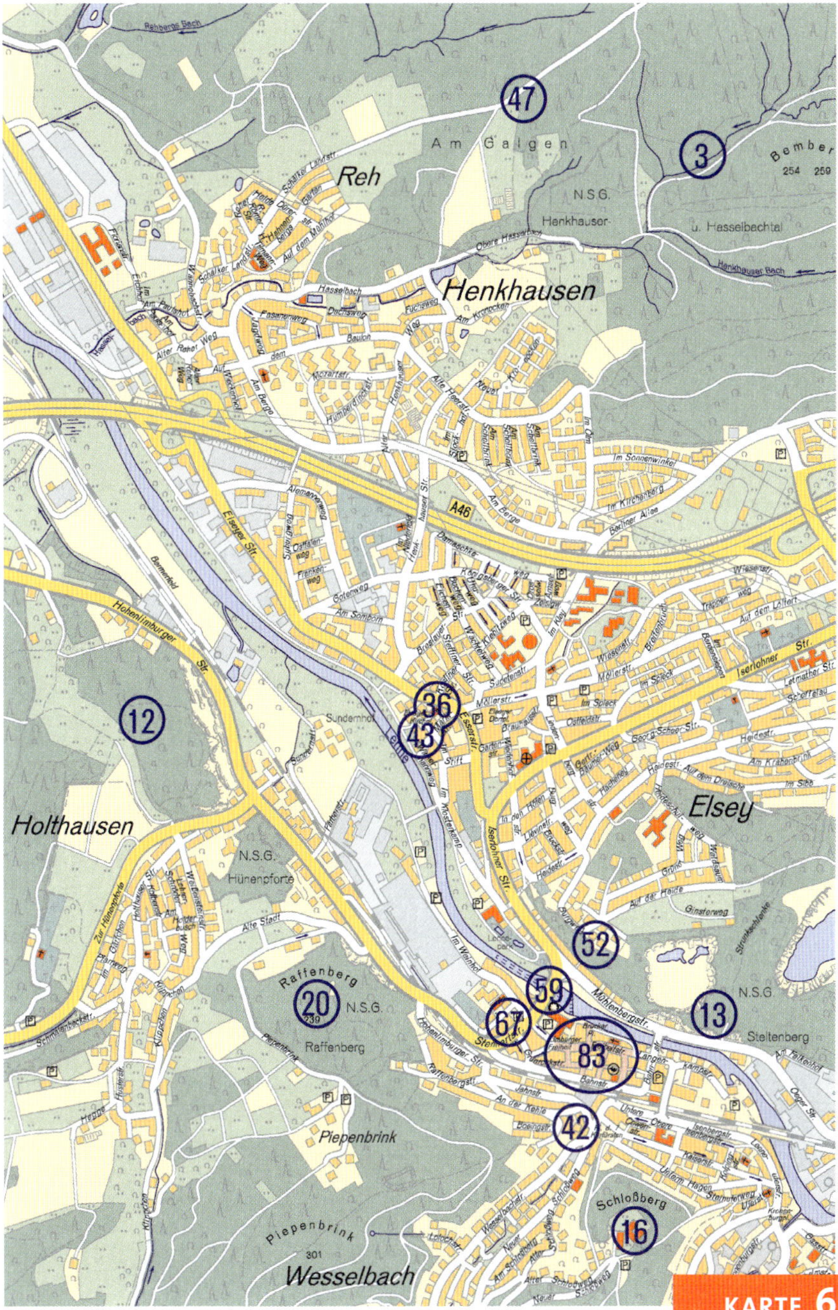
Reh
Am Galgen
N.S.G.
Henkhauser-
u. Hasselbachtal
Henkhausen
Bember
A46
Sundemhof
Holthausen
Elsey
N.S.G.
Hünenpforte
Raffenberg
N.S.G.
Raffenberg
Piepenbrink
Steltenberg
Schloßberg
Piepenbrink
Wesselbach
47
3
12
36
43
52
59
20
67
13
83
42
16

KARTE 6

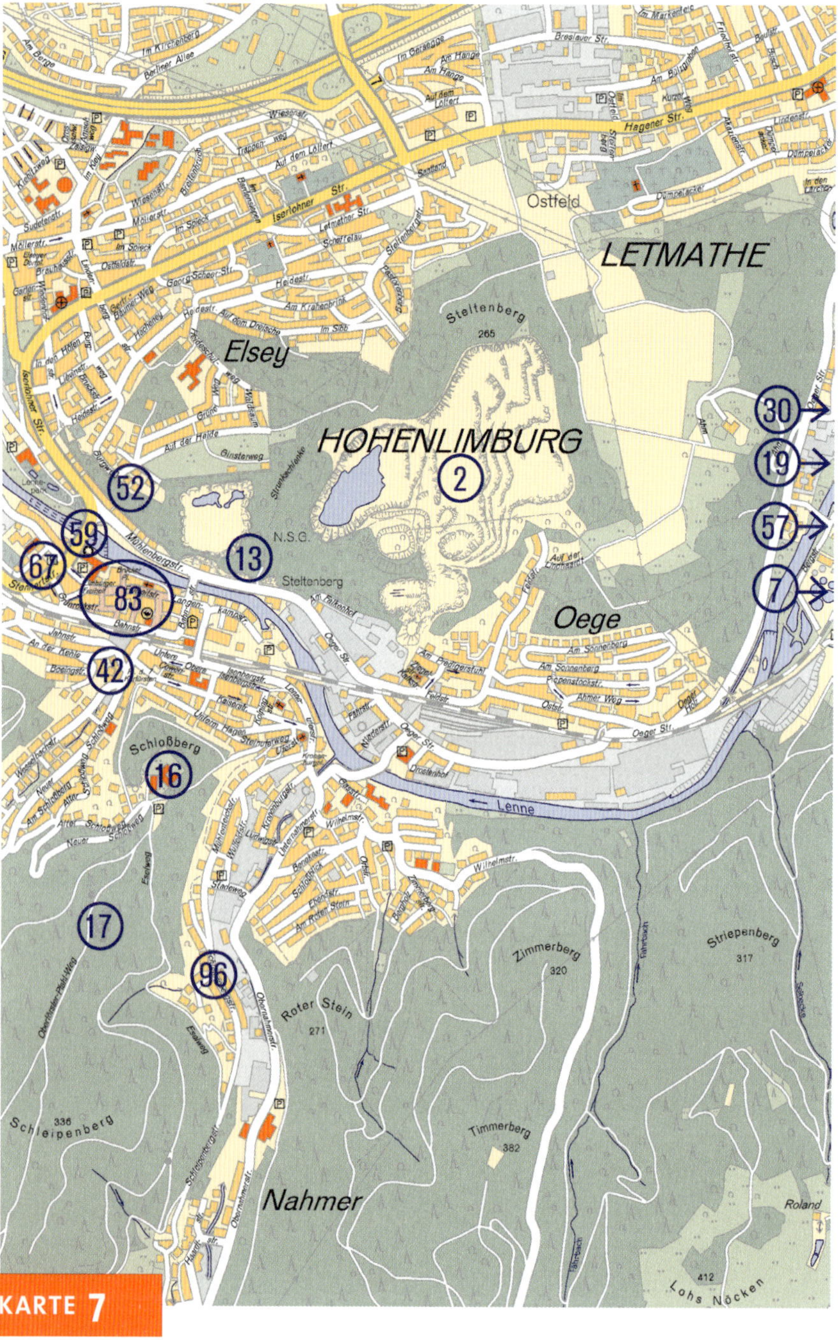
LETMATHE
Ostfeld
HOHENLIMBURG
Elsey
Oege
Nahmer
Steltenberg
265
Schloßberg
Lenne
Zimmerberg
320
Striepenberg
317
Roter Stein
271
Schleipenberg
336
Timmerberg
382
Lohs Nöcken
412
Roland
N.S.G.
Hagener Str.
Iserlohner Str.
Mühlenbergstr.
Oeger Str.
Wilhelmstr.
2
13
16
17
19
30
42
52
57
59
67
7
83
96

KARTE 7

Hasper Stadtwald
Schülinghausen
Kahling
Lumbeck
Heierhof
Spielbrink
Büdding
Quambusch
Kathage
Nachtigall
HASPE
Westerbauer
Vogelsang
Rönsel
N.S.G. Aske
Lockfinke
In der Breode
Heikingshardt
Bredder Kopf
311
In der Aske
69
95
72
66
7
Grundschötteler Str.
Hagener Str.
Enneper Str.
Kölner Str.
Kurt-Schumacher-Ring
Südhangweg
Schülinghauser Str.
Ruhrhöhenweg
Heiler Str.
Asker Str.

KARTE 8

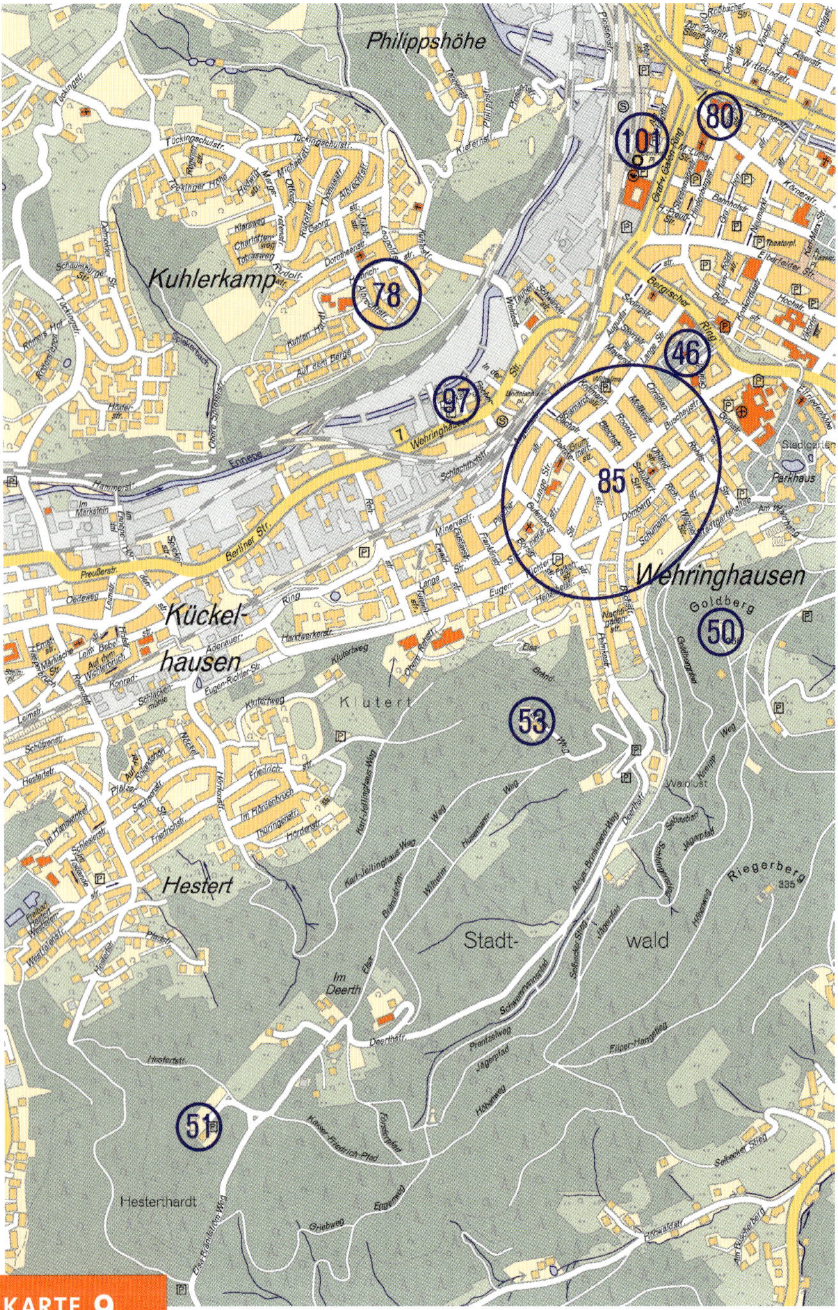
Philippshöhe
Kuhlerkamp
Wehringhausen
Kückel-
hausen
Hestert
Klutert
Goldberg
Riegerberg
335
Stadt-
wald
Im
Deerth
Hesterthardt
Waldlust
Stadtgarten
Parkhaus
Ennepe
Berliner Str.
Bergischer Ring
80
101
78
46
97
85
50
53
51

KARTE 9

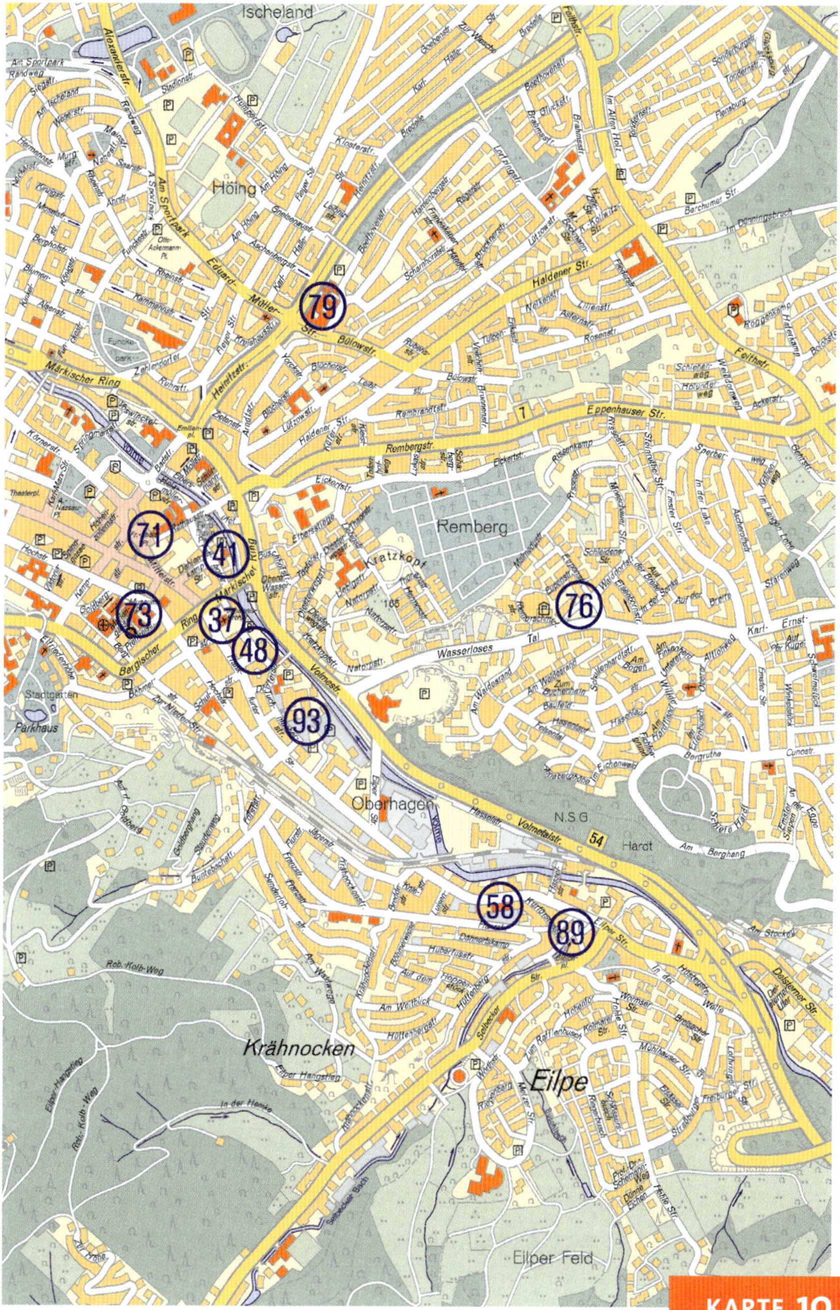
Ischeland
Höing
Remberg
Kratzkopf
Oberhagen
Krähnocken
Eilpe
Eilper Feld
Hardt
N.S.G
Stadtgarten
Parkhaus
Märkischer Ring
Bergischer Ring
Haldener Str.
Eppenhauser Str.
Bülowstr.
Volmestr.
Volmetalstr.
Feithstr.
Wasserloses Tal
Alexanderstr.
Am Sportpark
Rembergstr.
Eilper Str.
Rob.-Kolb-Weg
Elbersstr.
Selbecker Bach
79
71
41
73
37
48
93
76
58
89
7
54

KARTE 10

Bissingheim
Staplack
Eilpe
Delstern
Eilper Feld
Nockenwiese
Struckenberg
Kuhweide
Embe rg
273
Marienhof
Ambrock
Eilper Berg
381
Wammesberg
314
Volmetalstr.
Delsterner Str.
Herdt
N.S.G.
54
58
89
75
11
65
5

KARTE 11

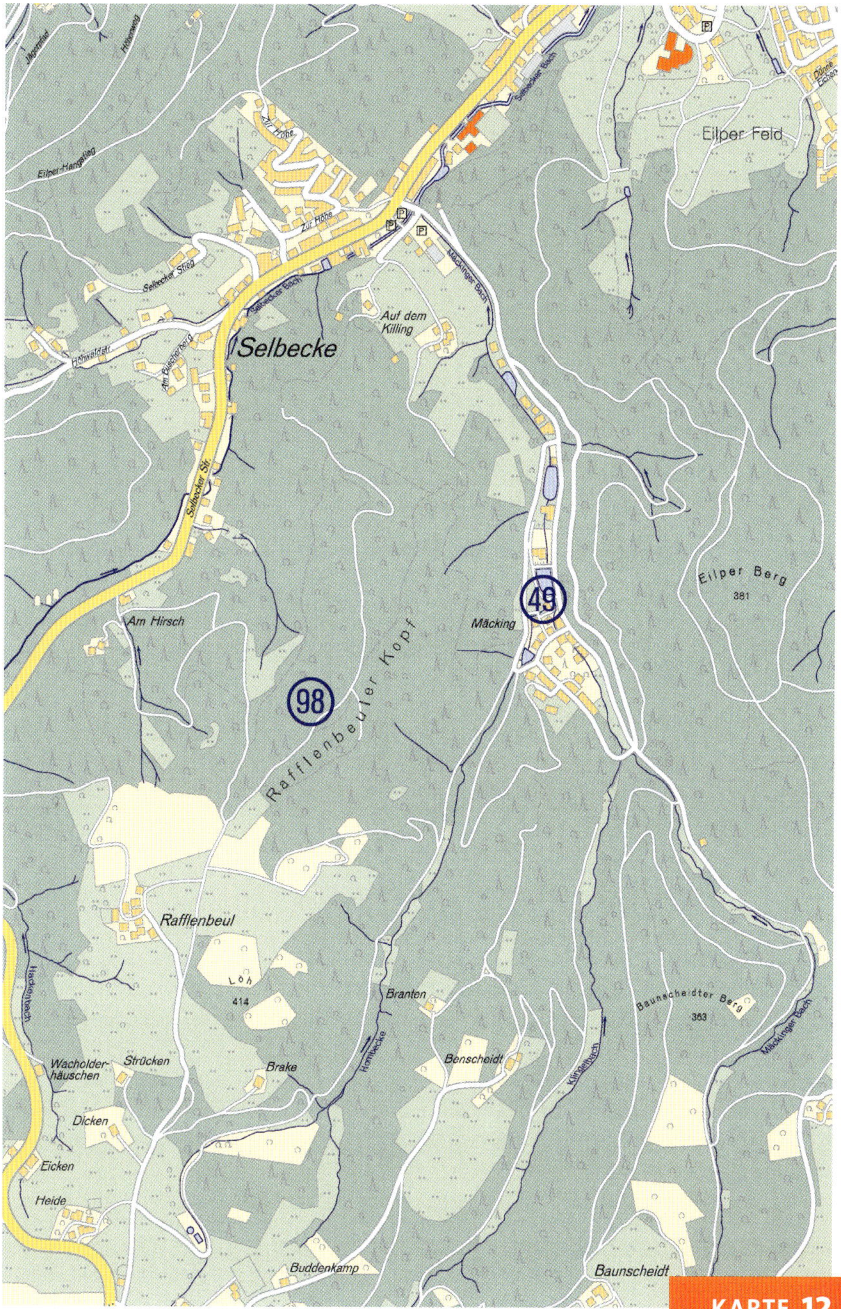
Eilper-Hangstieg
Zur Höhe
Selbecker Stieg
Selbecker Bach
Höhwaldstr.
Am Duscherberg
Selbecke
Auf dem Killing
Mäckinger Bach
Eilper Feld
Selbecker Str.
Am Hirsch
Mäcking
Eilper Berg
381
49
98
Rafflenbeuler Kopf
Rafflenbeul
Löh
414
Branten
Baunscheidter Berg
363
Hackenbach
Wacholder-
häuschen
Strücken
Brake
Hornbecke
Benscheidt
Klingebach
Mäckinger Bach
Dicken
Eicken
Heide
Buddenkamp
Baunscheidt

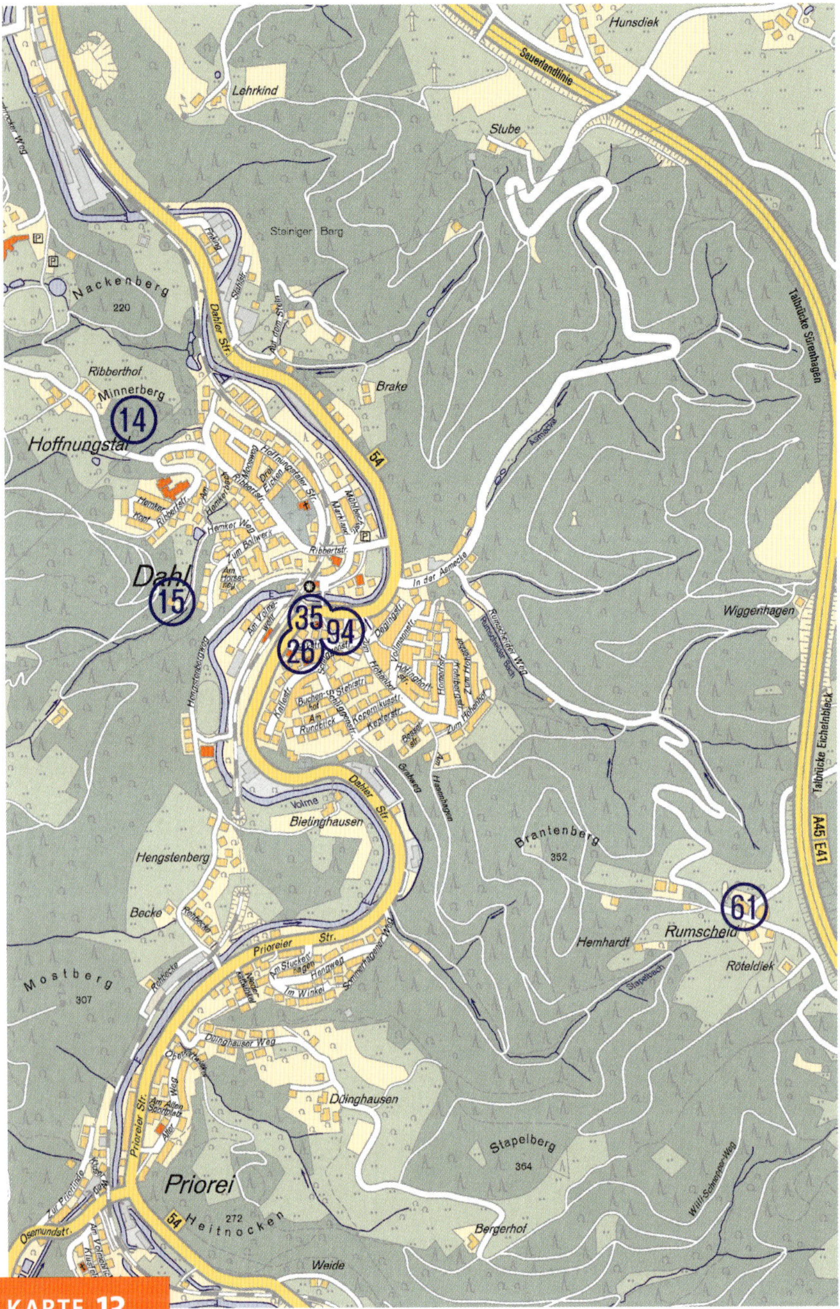
Hunsdiek
Sauerlandlinie
Lehrkind
Stube
Steiniger Berg
Nackenberg
220
Dahler Str.
Brake
Ribberthof
Minnerberg
14
Hoffnungstal
54
Asmecke
Talbrücke Sürenhagen
Dahl
15
35
94
26
In der Asmecke
Wiggenhagen
Rumscheider Weg
Volme
Bietinghausen
Hengstenberg
Brantenberg
352
A45 E41
61
Rumscheid
Hemhardt
Röteldiek
Becke
Prioreier Str.
Mostberg
307
Düinghauser Weg
Düinghausen
Stapelberg
364
Priorei
Heitnocken
272
Bergerhof
Weide
Osemundstr.

KARTE 13

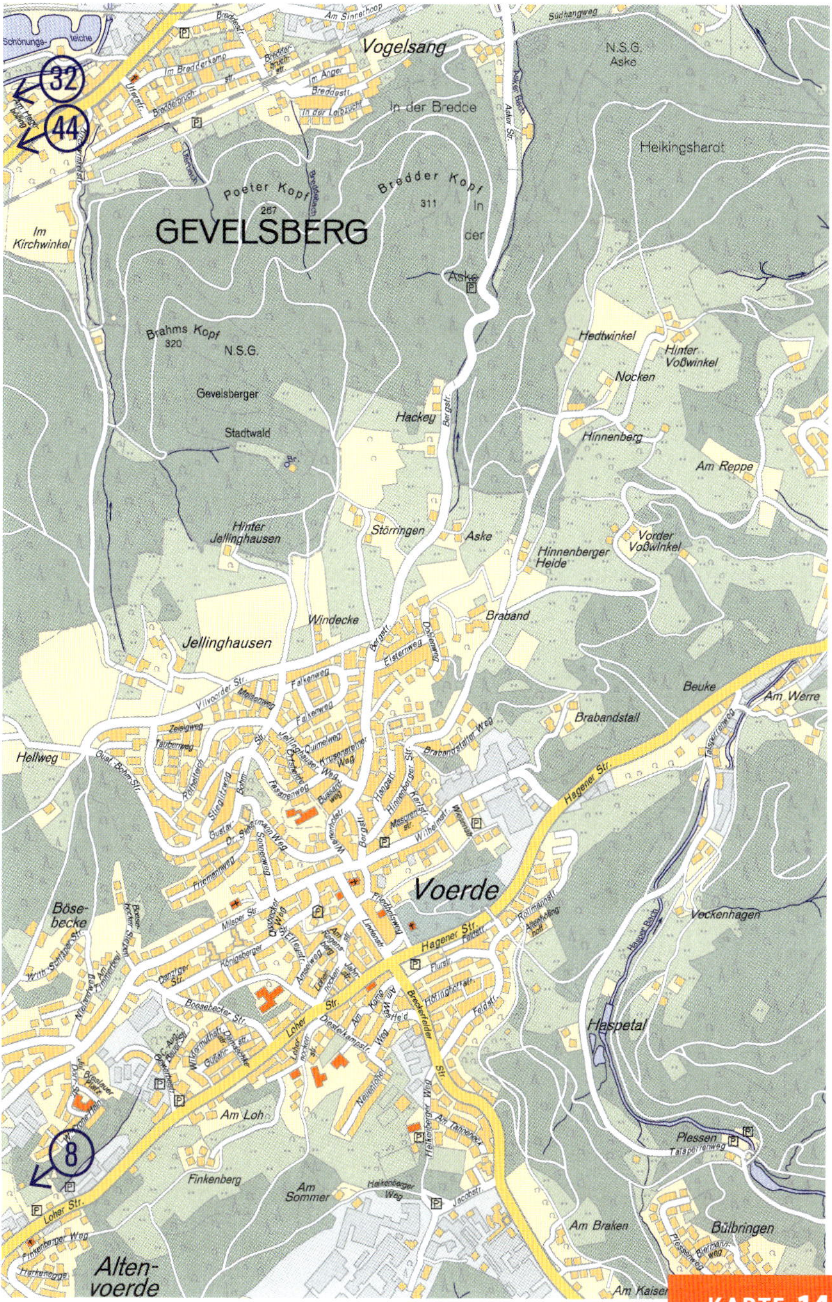
GEVELSBERG
Vogelsang
In der Bredde
N.S.G.
Aske
Heikingshardt
Poeter Kopf
267
Bredder Kopf
311
In der Aske
Im Kirchwinkel
Brahms Kopf
320
N.S.G.
Gevelsberger
Stadtwald
Hedtwinkel
Hinter Voßwinkel
Nocken
Hackey
Hinnenberg
Am Reppe
Hinter Jellinghausen
Störringen
Aske
Hinnenberger Heide
Vorder Voßwinkel
Windecke
Braband
Jellinghausen
Beuke
Am Werre
Brabandstall
Hellweg
Hagener Str.
Voerde
Böse-becke
Veckenhagen
Haspetal
Am Loh
Plessen
Finkenberg
Am Sommer
Am Braken
Büllbringen
Alten-voerde
Am Kaiser
Loher Str.
32
44
8

KARTE 14

Klingelbach
Voßloh
Egge
Hahngericht
Kötting
Hütte
Ikshardt
Walpertshardt
Hof Tempel
Roland
Wahl
Pedding-hausen
Am Neuenhause
Auf dem kahlen Platz
Stall
Am losen Knapp
Vorwerk
Sürk
63
Hasper
90
Talsperre
Hemker Bach
Siepen Kopf
410
N.S.G. Hasper Bach
Siepen
Ober-kotthausen
Hasper Bach
Kotthausen
In der Lieth
Breckerfelder Str.
Steherberg
Kohlstadt
Strünkelnberg
Hasenkehr
Neuenhaus
Siepenbach
Pfade
Siepen
Hammachers-heide

KARTE 15

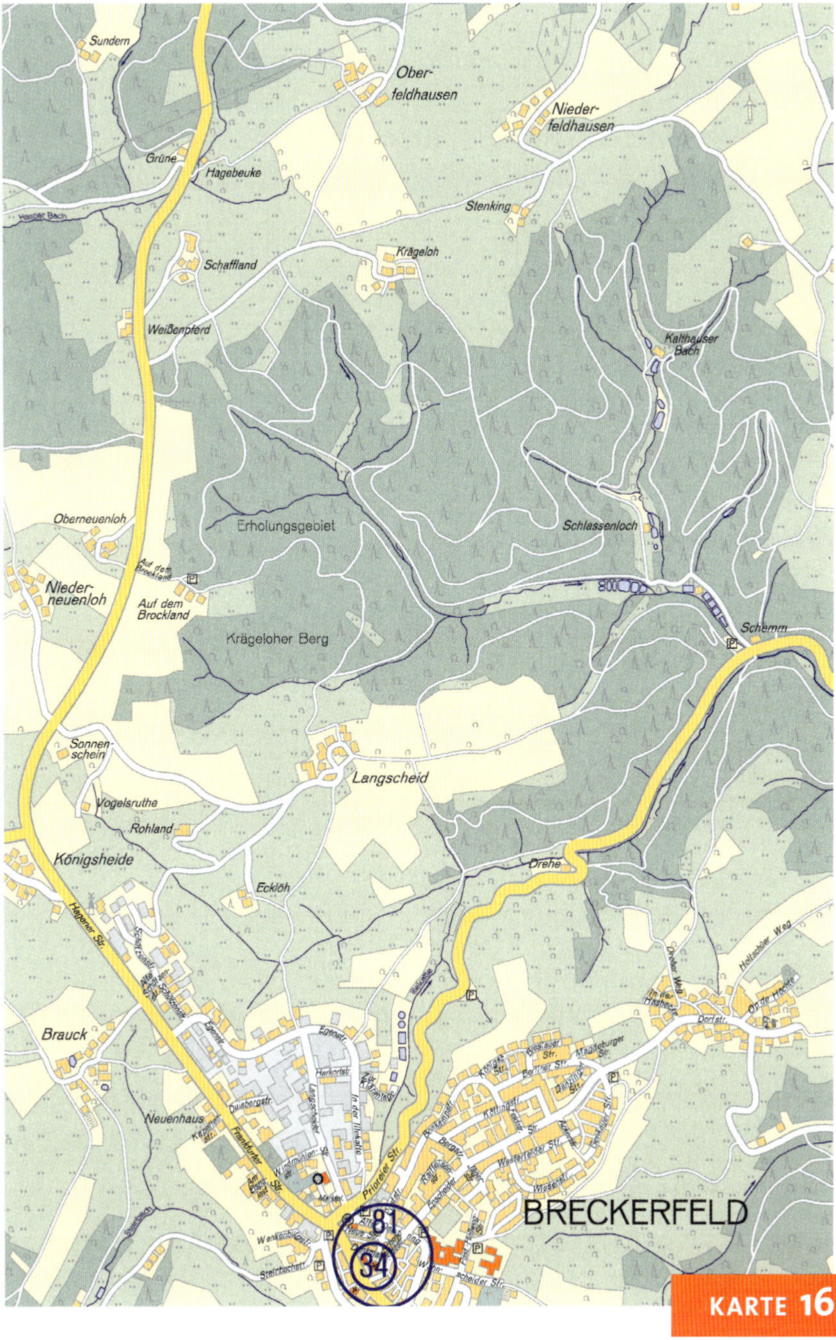
Sundern
Ober-
feldhausen
Nieder-
feldhausen
Grüne
Hagebeuke
Hasper Bach
Stenking
Krägeloh
Schaffland
Weißenpferd
Kalthauser
Bach
Erholungsgebiet
Schlassenloch
Oberneuenloh
Auf dem
Brockland
Nieder-
neuenloh
Auf dem
Brockland
Krägeloher Berg
Schemm
Sonnen-
schein
Langscheid
Vogelsruthe
Rohland
Königsheide
Drehe
Ecklöh
Hagener Str.
Holtschuer Weg
Dorfstr.
Brauck
Neuenhaus
Frankfurter Str.
Priorei Str.
Westerfelder Str.
Wiesenstr.
BRECKERFELD
81
34

Autorinnen und Autoren*

Die Einleitungstexte wurden von den Herausgebern verfasst.

Dr. Uwe Beckmann, Direktor des LWL-Freilichtmuseums Hagen – Westfälisches Landesmuseum für Handwerk und Technik: 49

Dr. Ralf Blank, M. A., Fachdienstleiter für Wissenschaft, Museen und Archive (Geologie, Archäologie, Geschichte); Fachbereich Kultur der Stadt Hagen: 10, 13, 14, 19, 20, 22, 36, 41, 52, 57, 58, 59, 60, 67, 71, 80, 88, 89, 95, 96, 97, 99, 101

Dr. Eva Cichy, M. A., Wissenschaftliche Referentin, Außenstelle Olpe der LWL-Archäologie für Westfalen: 9

Johannes Englert, M. A., Artemus GmbH, Frechen: 9

Ina Hanemann, M. A., Leiterin der Unteren Denkmalbehörde; Fachbereich Stadtentwicklung, -planung und Bauordnung der Stadt Hagen: 85,93

Lothar Kruse, Arbeitskreis Kluterthöhle e. V., Ennepetal: 8

Dr. Stephanie Marra, M. A., Leiterin des Universitätsarchivs der Technischen Universität Dortmund, Fachreferentin für Kultur-, Kunst- und Humanwissenschaften an der Universitätsbibliothek Dortmund: 16, 17, 18, 21, 23, 30, 39, 42, 43, 47, 55, 56

Dr. Elisabeth May, M. A., Museumspädagogin im Fachdienst Bildung und Vermittlung; Fachbereich Kultur der Stadt Hagen: 75

Dr. Stefan Niggemann, Betriebsleitung Dechenhöhle und Deutsches Höhlenmuseum Iserlohn: 7

PD Dr. Jörg Orschiedt, M. A., DFG-Projekt Blätterhöhle, Universität Köln: 12

Dr. Birgit Schulte, Fachdienstleiterin für Wissenschaft, Museen und Archive (Kunst und Kunstgeschichte); Fachbereich Kultur der Stadt Hagen: 73, 74, 76, 77

Antje Selter, Dipl.-Geologin, GeoTouring Agentur, Hagen: 1, 2, 3, 4, 5, 6

Prof. Dr. Gerhard E. Sollbach, Professor i. R. für spätmittelalterliche und neuere Geschichte an der Technischen Universität Dortmund: 11, 14, 15, 21, 23, 24, 25, 26, 27, 28, 29, 31, 32, 33, 34, 35, 37, 38, 40, 44, 45, 46, 48, 50, 51, 53, 54, 61, 62, 63, 64, 65, 68, 69, 70, 79, 81, 82, 83, 84, 86, 87, 88, 90, 91, 92, 94, 98, 100

* Die Ziffern beziehen sich auf die von den jeweiligen Autoren beschriebenen historischen Denkmale und Stätten. Diese Ziffern finden sich sowohl im Inhaltsverzeichnis, in den Überschriften als auch in den Karten wieder.

Literatur

75 Jahre Hasper Talsperre, Hagen 1979.
Aders, Günter/Horstmann, H./Hulshoff, Adam Lambert u. a.: Die Geschichte der Grafen und Herren von Limburg und Limburg-Stirum und ihrer Besitzungen 1200–1550, Teile I–III, Bde 1–9, Assem/Amsterdam/Münster 1961–1976 [= Geschiedenis der Graven van Limburg Stirum 1–3].
Aleweld, Norbert: Der Sakralbau im Kreis Iserlohn vom Klassizismus bis zum Ende des Historismus, Altena 1989 [= Altenaer Beiträge 18].
Baales, Michael/Blank, Ralf/Orschiedt, Jörg (Hg.): Archäologie in Hagen. Eine Geschichtslandschaft wird erforscht, Essen 2010.
Baales, Michael/Cichy, Eva/Schubert, Anna-Helena (Hg.): Archäologie in Südwestfalen, Münster 2007 [= Jubiläumsheft zum 25jährigem Bestehen der Außenstelle Olpe der LWL-Archäologie für Westfalen].
Bärtling, Richard: Geologisches Wanderbuch für den niederrheinisch-westfälischen Industriebezirk, Stuttgart 1913.
Bergman, Jens: Stadtteile im Wandel. Haspe – eine Zeitreise. Hagen 2008.
Bierhoff, Otto: Zur Geschichte der Herren Fridag von Grevel und der Herren von Laer auf den Häusern Husen bei Westhofen und Herbeck und ihrer Besitzungen in der Grafschaft Limburg, in: Hohenlimburger Heimatblätter 25 (1964), T. 1–7, S. 4–10, 22–29, 66–74, 51–58, 70–79, 88–96, 103–111, 129–135.
Blank, Ralf/Marra, Stephanie/Sollbach, Gerhard E.: Hagen. Geschichte einer Großstadt und ihrer Region, Essen 2008.
Blank, Ralf/Marra, Stephanie: „Helden der Heimat". Aspekte der bürgerlichen Gedenkkultur in der Grafschaft Mark im 19. und 20. Jahrhundert. In: Preußen – Aufbruch in den Westen. Geschichte und Erinnerung – die Grafschaft Mark zwischen 1609 und 2009, hg. von Eckard Trox, Lüdenscheid 2009, S. 185–200.
Blank, Ralf/Marra, Stephanie: Art. Synagogen-Gemeinde Hagen, Art. Synagogen-Gemeinde Hohenlimburg, in: Historisches Handbuch der jüdischen Gemeinden und Gemeinschaften in Westfalen und Lippe, hg. von Frank Göttmann, Karl Hengst, Franz-Josef Jakobi und Peter Johanek, Münster 2013 [= Veröffentlichungen der Historischen Kommission für Westfalen XLV: Quellen und Forschungen zur jüdischen Geschichte in Westfalen].
Blank, Ralf: Bürokraten, Polizisten und NS-Täter. Ein biographischer Exkurs zur Gestapo in Hagen, in: Westfälische Forschungen 59 (2009), S. 409–431.
Blank, Ralf: Zerstört und vergessen? Hagen, das Ruhrgebiet und das Gedächtnis des Krieges, in: Jörg Arnold/Dietmar Süß/Malte Thießen (Hg:): Die „Katastrophe" im euro-päischen Gedächtnis – Erinnerung an den Luftkrieg 1940–2000, Göttingen 2009 [= Beitraege zur Geschichte des 20. Jahrhunderts 10], S. 162–182.
Blank, Ralf: Hagen im Zweiten Weltkrieg. Bombenkrieg, Kriegsalltag und Rüstung in einer westfälischen Großstadt, Essen 2008.
Blank, Ralf: „Wer dort vorübergeht, der schaue hinauf und segne sein Andenken". Johann Friedrich Möller (1750–1807) und das regionalhistorische Gedächtnis, in: Hobein, Beate/ Osses, Dietmar (Hg.): „Bis in die fernste, fernste Zeit ...". Hagen und seine Denkmäler, Hagen 1996 [= Hagener Stadtgeschichte(n) 6], S. 31–42.
Blank, Ralf: Art. Fundplätze Reingsen, Wandhofen, Herbeck, in: Günther, Klaus (Hg.); Alt- und mittelsteinzeitliche Funde in Westfalen, Bd. 2. Münster 1986 [= Einführung in die Vor- und Frühgeschichte Westfalens 6].
Blank, Ralf: Art. Wallburg Ambrock, Burgberg Oestrich, Raffenburg, Schloss Werdringen, in: Landschaftsverband Westfalen-Lippe (Hg.): Burgen AufRuhr. Unterwegs zu 100 Burgen, Schlössern und Herrensitzen in der Ruhrregion, Essen 2010, S. 219–220, 272–274, 226–229, 230–232.
Blank, Ralf: Ein Fundplatz der endpälolithischen Stielspitzengruppe am nördlichen Mittelgebirgsrand, in: Archäologisches Korrespondenzblatt 15 (1985) H. 3, S. 287–297.

Blank, Ralf: Plattenhornsteinartefakte im südlichen Westfalen. Ein Beitrag zur Distribution süddeutscher Plattenhornsteine im Neolithikum Mitteleuropas, in: Archäologisches Korrespondenzblatt 23 (1993) H. 4, S. 29–39.
Bleicher, Wilhelm: 750 Jahre Hohenlimburg, Hagen 1979.
Bleicher, Wilhelm: Der Oestricher Burgberg. Iserlohns bedeutendster Fundplatz in vor- und frühgeschichtlicher Zeit, in: Iserlohner Jahrbuch 1977/78, S. 109–124.
Bleicher, Wilhelm: Die alte Industrie des Nahmertales bei Hohenlimburg, ein Forschungsbericht, in: Hohenlimburger Heimatblätter 36 (1975), S. 100–129.
Bleicher, Wilhelm: Die Bedeutung der eisenzeitlichen Höhlenfunde des Hönnetals. Ein Beitrag zur Ur- und Frühgeschichte des nördlichen Sauerlandes. Altena: 1991 [= Altenaer Beiträge 19].
Bleicher, Wilhelm: Hohenlimburg, Hagen 1975.
Bleicher, Wilhelm: Neue Funde vom Kaisberg, in: Heimatbuch Hagen und Mark 40 (1999), S. 251–255.
Bleicher, Wilhelm: Raffenberg – Piepenbink, Hagen 1979.
Bleicher, Wilhelm: Zur Ur- und Frühgeschichte im unteren Lenneraum, in: Hohenlimburger Heimatblätter 41 (1980), S. 181–200.
Bloemer, Werner: 125 Jahre Stadt Gevelsberg. Von Engelbert zum Ennepebogen. Geschichte und Geschichten unserer Stadt, Essen 2011.
Bockermann, Dirk (Hg.): Hasper Gold. Ein Lesebuch zur Geschichte der Hasper Hütte, Hagen 1997.
Brandt, Karl: Die Öger-Höhle bei Hohenlimburg, in: Karst und Höhlen 2 (1961), S. 285–290 [= Hagener Beiträge zur Geschichte und Landeskunde 3].
Brandt, Peter/Hobein, Beate (Hg.): 1746/1996. Beiträge zur Geschichte der Stadt Hagen, Essen 1996.
Brauckmann, Carsten/Schöllmann, Lothar/Sippel, Wolfgang: Die fossilen Insekten, Spinnentiere und Eurypteriden von Hagen-Vorhalle, Münster 2003 [= Geologie und Paläontologie in Westfalen 59].
Braun, Franz-Josef: Die Terrassen der mittleren Ruhr, in: Geologisches Jahrbuch 69 (1954), S. 391–400.
Brecker, Bernhard: Die Ender Dorfkirche: in: Die Ender Dorfkirche – Die Geschichte der Kirche und der Kirchengemeinde; hg. von der Evangelischen Kirchengemeinde Ende anlässlich des Jubiläums 250 Jahre Erneuerung des Kirchenschiffs der Ender Dorfkirche 1759–2009. Herdecke 2009, S. 114–153
Brink-Kloke, Henriette: Art. Haus Husen, in: Landschaftsverband Westfalen-Lippe (Hg.): Burgen AufRuhr. Unterwegs zu 100 Burgen, Schlössern und Herrensitzen in der Ruhrregion, Essen 2010, S. 67–69.
Brocksieper, Caspar: Das alte westphälische Sachsenland, die Ruine Hohensyburg a. d. Ruhr und der Heerführer Wittekind, Hagen 1853.
Brune, Gerhard: Amerikanischer Landsitz und französisches Schloss; in: Herdecker Blätter H. 1 (1992), S. 7–9
Bruns, Alfred (Bearb.): Die Straßen im südlichen Westfalen, Münster 1992.
Clemens, Oskar (Bearb.): 50 Jahre Accumulatoren -Fabrik Aktiengesellschaft Berlin, Hagen, Wien, 1888–1938, Berlin 1938.
Darpe, Franz: Geschichte der Stadt Hagen, Münster 1910.
Die Regesten der Erzbischöfe von Köln im Mittelalter, Bde. 1–12, Bonn / Düsseldorf 1901–2001 [= Publikationen der Gesellschaft für rheinische Geschichtskunde 21].
Die Tagebücher des Ludwig Freiherrn von Vincke 1789–1844, hg. vom Verein für Geschichte und Altertumskunde Westfalens, Abt. Münster, der Historische Kommission für Westfalen und dem Landesarchiv NRW, Bd 1 (2009): 1789–1792, Bd. 2 (2011): 1792–1793, Bd. 5 (2009): 1804–1810, Münster 2009 ff.
Döhner, Otto Herbert: Geschichte der Eisendrahtindustrie, Berlin 1925.
Duchardt, Heinz: Stein. Eine Biographie, Münster 2007.
Eckhoff, Michael: 100 Jahre Hagener Krematorium - Ein früher Entwurf von Peter Behrens, Kunstdialoghagenwest, Heft 5, Hagen 2008.

Esser, Hermann: Der Alaunbergbau, in: Hohenlimburger Heimatblätter 1 (1927), S. 161–168.
Esser, Hermann: Die Limburger Drahtzieherei, Teil 1–2, in: Hohenlimburger Heimatblätter 3 (1929), S. 33–64.
Esser, Hermann: Die Limburger Juden, in: Hohenlimburger Heimatblätter 4 (1930), S. 161–176.
Esser, Hermann: Galmei (Bergbau und Verhüttung), in: Hohenlimburger Heimatblätter 3 (1929), S. 129–144.
Esser, Hermann: Haus Berchum. Aufstieg und Niedergang, in: Hohenlimburger Heimatblätter 2 (1928), S. 145–160.
Esser, Hermann: Hohenlimburg und Elsey. Ein Beitrag zur westfälischen Orts- und Territorialgeschichte, Dortmund 1907.
Fehr, Michael/Wolf, Falk (Hg.): Landschaftsbauhütte Ruhrtal. Ein künstlerisch-wissenschaftliches Gutachten zum Kaisberg in Hagen, Essen2002.
Felka, Widbert: „Kaltwalzer“ und „Warmwalzer“ - Wahrzeichen Hohenlimburgs, in: Hohenlimburger Heimatblätter, 52. Jahrgang (1991) S. 409–433.
Felka, Widbert: Das Hohenlimburger Rathaus - vor 50 Jahren entstanden als unvollendeter Mittelpunkt des neuen Stadtkerns, in: Hagener Heimatbuch 46 (2004), S. 219–255.
Felka, Widbert: Erinnerung an Femegericht und Femelinde vor Schloß Hohenlimburg, in: Hohenlimburger Heimatblätter 57 (1996) S. 112–114.
Felka, Widbert: Ferdinand Freiligrath, der Bentheimer und der Bauverein, in: Hohenlimburger Heimatblätter 62 (2001), S. 426–430.
Felka, Widbert: Hohenlimburger Stadtführer, Hagen 1985.
Felka, Widbert: Zur Restaurierung des Möllerdenkmals, in: Hohenlimburger Heimatblätter 57 (1996) S. 400–409.
Felka, Widbert: Zur Verleihung der Städteordnung an die Titularstadt Hohenlimburg und zur Bildung des Amtes Letmathe-Oestrich im Jahre 1903, in: Hohenlimburger Heimatblätter 64 (2003), S. 441–454, 465–469, Jg. 65 (2004), S. 1–11.
Festschrift zur Einweihung des neuen Justizgebäudes. Hagen (Westf.) 28.11.1925
Finke, Alfred/Liebau, Werner/Stein, Erwin (Hg.): Die Stadt Hagen, Berlin-Friedenau 1928 [= Monographien deutscher Städte 26].
Flebbe, Hermann (Bearb.): Levold von Northof. Die Chronik der Grafen von der Mark, Münster/Köln 1955 [= Die Geschichtsschreiber der deutschen Vorzeit 99].
Flebbe, Hermann: Über den Beitritt der Limburger Kratzendrahtzieher zum Iserlohner Stapel 1744 ff. Nach Akten im Burgarchiv zu Altena, Teil 1–2, in: Hohenlimburger Heimatblätter 18 (1957), S. 33–36, 91–96.
Foedrowitz, Michael: „So verließ ich den Ort des Grauens auf schnellstem Wege“. Der Bombenvolltreffer auf den Bunker Körnerstraße, in: Hagener Jahrbuch 5 (2000), S. 158–182.
Fricke, Eberhard: Das Limburger Vemeverfahren gegen den Herzog von Geldern (1436), in: Hohenlimburger Heimatblätter 31 (1970), S. 239–245.
Fricke, Eberhard: Die Verurteilung des Herzogs Heinrich von Bayern-Landshut durch das Frei- und Vemegericht Limburg (1429), Teil 1–2, in: Hohenlimburger Heimatblätter 40 (1979), S. 101–112, 121–131.
Fuchs, Ralf-Peter: Recht und Unrecht im Verfahren Lackum - Ein Kriminalfall mit Widerhall, in: Griesebner, Andrea/Scheutz, Martin/Weigl, Herwig (Hg.): Justiz und Gerechtigkeit. Historische Beiträge (16.–19. Jahrhundert), Innsbruck 2002 [= Wiener Schriften zur Geschichte der Neuzeit 1], S. 149–168.
Fuhlrott, Carl: Die Höhlen und Grotten in Rheinland-Westphalen. Nebst Beschreibung und Plan der neu entdeckten prachtvollen Dechen-Höhle, Iserlohn 1869.
Gase, Barbara: Die Geschichte der Juden in Hagen, Hagen 1986 [= Hagener Hefte 14].
Geologischer Dienst NRW (Hg.): Geologie erleben. Museen, Schauhöhlen, Besucherbergwerke, Lehr- und Wanderpfade in NRW und Umgebung, Krefeld 2006.
Gleim, Carl Otto: Viaduct der Rheinischen Eisenbahn über das Ruhrthal (II); in: Zeitschrift für Baukunde, Bd. IV (1881), S. 183–210.

Goebel, Stephan: Forging the industrial home front in Germany. Iron-nail memorials in the Ruhr', in: Jenny Macleod / Pierre Purseigle (Hg.); Uncovered fields. Perspectives in First World War studies, Leiden / Boston 2004, S. 159–178.
Gorißen, Stefan: Vom Handelshaus zum Unternehmen. Sozialgeschichte der Firma J. C. Harkort 1720–1820, Göttingen 2002 [= Bürgertum. Beiträge zur europäischen Gesellschaftsgeschichte 21].
Gruner, Justus: Meine Wallfahrt zur Ruhe und Hoffnung oder Schilderung des sittlichen und bürgerlichen Zustandes Westphalens am Ende des achtzehnten Jahrhunderts, Frankfurt am Main 1802/03.
Grzegorczyk, Detlef/Lanser, Klaus-Peter/Schöllmann, Lothar: Versteinerte Schätze Westfalens. Fossilien aus 450 Millionen Jahren Erdgeschichte, Münster 2006.
Günther, Klaus (Hg.); Alt- und mittelsteinzeitliche Funde in Westfalen, 2 Bde., Münster 1986 [= Einführung in die Vor- und Frühgeschichte Westfalens 6].
Hackler, Cornelia: Art. Haus Rochholz, in: in: Landschaftsverband Westfalen-Lippe (Hg.): Burgen AufRuhr. Unterwegs zu 100 Burgen, Schlössern und Herrensitzen in der Ruhrregion, Essen 2010, S. 116–119.
Hagener Geschichtsverein (Hg.): „Sie starben, damit wir leben". Der Kapp-Putsch 1920 und das Märzgefallenendenkmal in Hagen, Hagen 1997 [= Hagener Geschichtshefte 3].
Hagener Heimatbund (Hg.): Hagen einst und jetzt. Die Hagener Stadtbezirke, Bd. I (Boele), II (Altenhagen, Eckesey, Vorhalle), III (Eppenhausen, Emst, Bissinghein, Haßley), IV (Eilpe, Delstern, Selbecke), V (Wehringhausen), VI (Hohenlimburg = Bleicher: Hohenlimburg), VII (Die Lennegemeinden), VIII (Hagen – Eine Stadt und ihre Bürger), IX (Haspe), X (Links und rechts der Volme), XI (Eintausend Jahre Hagener Heimatgeschichte. Eine synchronoptische Darstellung), Hagen 1976–1986.
Hammerschmidt, Elmar/Niggemann, Stephan: Führer zur Dechenhöhle, Iserlohn 2007 [= Schriften zur Karst- und Höhlenkunde in Westfalen 1].
Hanemann, Ina/Holtmann, Petra: Hagener Architektur, Hagen 1996.
Harkort, Friedrich: Die Eisenbahn von Minden nach Cöln, Hagen 1833.
Harkort, Friedrich: Die Zeiten des ersten westphälischen (sechzehnten) Landwehrregiments. Ein Beitrag zur Geschichte der Befreiungskriege 1813, 1814, 1815, Essen 1842.
Hartmann, Elmar: Kirchen und Synagoge in Hohenlimburg, Hagen 1990.
Häßler, Hans-Jürgen (Hg.): Sachsen und Franken in Westfalen. Zur Komplexität der ethnischen Deutung und Abgrenzung zweier frühmittelalterlicher Stämme, Oldenburg 1999 [=Studien zur Sachsenforschung 12].
Heidelberger, Doris/Koch, Lutz: Gastropoda from the Givetian „Massenkalk" of Schwelm and Hohenlimburg (Sauerland, Rheinisches Schiefergebirge, Germany), Marburg 2006 [= Geologica et Palaeontologica, Sonderband 4].
Hendricks, Alfred (Hg.): Als Hagen am Äquator lag. Die Fossilien der Ziegeleigrube Hagen-Vorhalle, Münster 2005.
Hesse-Frielinghaus, Herta: Karl Ernst Osthaus. Leben und Werk, Recklinghausen 1971.
Hieber, Margit: Das Baudenkmal Gut Rocholz in Gevelsberg; in: Gevelsberger Berichte; hg. vom Gevelsberger Heimatverein e. V. (2003), S. 50–61.
Hildenbrand, Hanswerner: Die strukturelle Entwicklung von Wirtschaft und Bevölkerung im Stadtkreis Hagen von 1945 bis 1967, Hagen 1970 [= Hagener Beiträge zur Geschichte und Landeskunde 7].
Hilka, Alfons (Hg.): Die Wundergeschichten des Caesarius von Heisterbach, 3 Bde, Bonn 1937 (Übersetzung von Karl Langosch, Münster und Köln 1955).
Hirschberg, Hermann: Der ehemalige barocke Kanzelaltar in der evangelischen Johanneskirche zu Hagen, in: Hohenlimburger Heimatblätter 57 (1996) S. 394–399.
Hobein, Beate / Osses, Dietmar (Hg.): „Bis in die fernste, fernste Zeit ..." Hagen und seine Denkmäler, Hagen 1996 [= Hagener Stadtgeschichte(n) Bd. 6].
Höher, Peter (Red.): Feuer! Stadtbrand in Westfalen, Münster 1990.
Holz, Walter K.B.: Ein Jahrtausend Raum Hagen, Hagen 1947.
Hömberg, Albert K.: Kirchliche und weltliche Landesorganisation (Pfarrsystem und Gerichtsverfassung) in den Urpfarrgebieten des südlichen Westfalen, Münster 1965

[=Veröffentlichungen der Historischen Kommission Westfalens 22,10: Geschichtliche Arbeiten zur westfälischen Landesforschung 10].
Hömberg, Philipp R.: Burgen des frühen Mittelalters in Westfalen, in: Westfälisches Museum für Archäologie; Hinter Schloss und Riegel. Burgen und Befestigungen in Westfalen, Münster 1997, S. 120–159, hier S. 132–135.
Hömberg, Philipp R.: Der Burgberg bei Letmathe-Oestrich, in: Heimatblätter für Hohenlimburg 33 (1972), S. 291–300.
Hömberg, Philipp R.: Die Hohensyburg, kreisfreie Stadt Dortmund, Münster 2000 [= Frühe Burgen in Westfalen 15].
Honselmann, Wilhelm: Eine bisher ungedruckte Urkunde des Kölner Erzbischofs Siegried für Hagen von 1276, in Westfälische Zeitschrift 115 (1965), S. 508–513.
Honselmann, Wilhelm: Zur Geschichte des Hauses Nieder-Herbeck, in: Hohenlimburger Heimatblätter 25 (1964), T 1–3, S. 113–122, 145–156, 161–173.
Horn, Heinz Günter (Hg.): Neandertaler + Co. Eiszeitjägern auf der Spur – Streifzüge durch die Urgeschichte Nordrhein-Westfalens, Mainz 2006 [= Führer zu archäologischen Denkmälern im Rheinland 4].
Horn, Heinz Günter/Hellenkemper, Heinzgerd/Isenberg, Gabriele/Kunow, Jürgen (Hg.): Von Anfang an. Archäologie in Nordrhein-Westfalen, Mainz 2005.
Hövel, Friedrich von: Geognostische Bemerkungen über die Gebirge in der Grafschaft Mark. Nebst einem Durchschnitte der Gebirgslagen, welche das dortige Kohlengebirge mit der Grauwacke verbinden, Hannover 1806.
Hymmen, Reinhard von: Geschichtlich-statistische Beschreibung des früheren Kreises Hagen, jetzt Stadt- und Landkreis Hagen, sowie Kreis Schwelm, Hagen 1889.
Hymmen, Reinhard von: Geschichtlich-statistische Beschreibung des früheren Kreises Hagen, jetzt Stadt- und Landkreis Hagen, sowie Kreis Schwelm, Hagen 1889.
Jacobi, Ludwig Hermann Wilhelm: Das Berg-, Hütten- und Gewerbe-Wesen des Regierungs-Bezirks Arnsberg in statistischer Darstellung, Iserlohn 1857.
Jansen, Fritz: Beinahe Hagens „Hyde Park". Die Springe zu Hagen und ihre Geschichte; in: Hagener Heimatkalender 11.Jg.(1970), S.84–90
Janßen, Johann: Der alte Heer- und Postweg nach Breckerfeld im Streckenabschnitt Hagen-Selbecke (Mäckingerbachtal) bei Zurstraße; in: Hohenlimburger Heimatblätter für den Raum Hagen 43. Jg. (1982), S. 172–176.
Janßen, Johann: Die Wallburg Ambrock bei Dahl, in: Hohenlimburger Heimatblätter 39 (1978), S. 202–205.
Jockenhövel, Albrecht: Der Schwerthortfund vom „Kaisberg" bei Hagen-Vorhalle. Mit einem Beitrag von Ruth Tegethoff, in: Bérenger, Daniel (Hg.): Archäologische Beiträge zur Geschichte Westfalens (Festschrift für Klaus Günther), Rahden 1997 [= Internationale Archäologie, Studia honoraria 2], S. 133–154.
Kaiser, Sandra I.: Mass extinctions, climatic and oceanographic changes at the Devonian/Carboniferous boundary, Bochum 2005 (Univ.-Diss. an der Fakultät für Geologie der Universität Bochum; URL: http://www-brs.ub.ruhr-uni-bochum.de/netahtml/HSS/Diss/KaiserSandraIsabella/diss.pdf)
Kastorff-Viehmann, Renate/ Michalski, Heinz Bernd: Materialien zu Albert Vögler. Dortmund 1999, S. 119–123
Kaufhold, Karl Heinrich: Das Metallgewerbe der Grafschaft Mark im 18. und frühen 19. Jahrhundert, Dortmund 1976.
Kessler, Wolfgang: Mit Dampf in luftiger Höhe; in: Herdecker Blätter H. 2 (1992), S. 16–25.
Kierdorf, Alexander: Industriellenwohnsitze im Ruhrgebiet 1900–1914. Köln 1996, S. 137–149
Kießling, Gotthard: Art. Haus Mallinckrodt, in: Landschaftsverband Westfalen-Lippe (Hg.): Burgen AufRuhr. Unterwegs zu 100 Burgen, Schlössern und Herrensitzen in der Ruhrregion, Essen 2010, S. 134–137.
Killing, Fritz: Der kölnische Hof zu Hagen i.W., Münster 1929.
Kindlinger, Nikolaus: Geschichte der Familie und Herrschaft von Volmestein. Ein Beytrag zur Geschichte des Bauern- und Lehnwesens, und der Staatsverfassung, Osnabrück 1801.

Kirnbauer, Thomas: Geologische Exkursionen in den Nationalen GeoPark Ruhrgebiet, Essen 2008.
Klueting, Edeltraut: Das (freiweltliche) adelige Damenstift Elsey. Geschichte, Verfassung und Grundherrschaft in Spätmittelalter und Frühneuzeit, Altena 1980 [= Altenaer Beiträge 14].
Klueting, Edeltraut: Elsey - Prämonstratenserinnen, in: Hengst, Karl (Hg.): Westfälisches Klosterbuch. Teil 1, Münster 1992, S. 285–88.
Klueting, Edeltraut: Gevelsberg – Zisterzienserinnen, in: Ebd., S. 350–354.
Klueting, Edeltraut: Herdecke – Benediktinerinnen, in: Ebd., S. 400–404.
Klueting, Harm (Hg.): Das Herzogtum Westfalen, Bd. 1, Münster 2009.
Klueting, Harm: „Daß sie ein Absplíß von der Grafschaft Mark ist, daran ist kein Zweifel". Die Grafschaft Limburg vom 13. bis zum 19 Jahrhundert, in: Jahrburch des Vereins für Orts-und Heimatkunde in der Grafschaft Mark 93/93 (1995), S. 63–126.
Klueting, Harm: Politik, Wirtschaft und Gesellschaft in der Grafschaft Limburg [Ausstellungskatalog der Dresdner Bank AG]. o.O., o.J. [Hagen 1980].
Kneppe, Cornelia: Burgen und Städte als Kristallisationspunkte von Herrschaft zwischen 1100 und 1300, in: Klueting, Harm (Hg.): Das Herzogtum Westfalen, Bd.1, Münster 2009, S. 203–234.
Koch, Lutz: Aus Devon, Karbon und Kreide. Die fossile Welt des nordwestlichen Sauerlandes, Hagen 1984.
Koch, Lutz: Das Gebirge in Rheinland-Westphalen und die Entstehung der Erde. Werke von Johann Jakob Nöggerath im Stadtarchiv Schwelm, in: Beiträge zur Heimatkunde der Stadt Schwelm und ihrer Umgebung 54 (2005), S. 7–26.
Koch, Lutz: Das Klutert-Buch, Hagen 1992.
Korthals, Andreas: Die Raffenburg. Eine fast vergessene westfälische Höhenburg, in: Jahrburch des Vereins für Orts-und Heimatkunde in der Grafschaft Mark 98 (1998), S. 67–83.
Köster, Julius: Die Iserlohner Revolution und die Unruhen in der Grafschaft Mark, Mai 1849. Nach amtlichen Akten und Berichten von Zeitgenossen, Berlin 1899.
Krabbe, Wolfgang: Wachsende Stadt - schrumpfender Stadtkreis. Die Eingemeindungen der Stadt Hagen von 1876 bis 1975, in: Brandt, Peter / Hobein, Beate (Hg.): 1746/1996. Beiträge zur Geschichte der Stadt Hagen. Essen 1996, S. 39–52.
Kratzsch, Gerhard: Friedrich Harkort, ein märkischer Liberaler. Bemerkungen zur regionalen Bedingtheit und sozialen Funktion seiner politischen-sozialen Gedankenwelt, in: Westfälische Forschungen 22 (1969/70), S. 63–77.
Krumbholtz, Robert (Bearb.): Urkundenbuch der Familien von Volmerstein und von der Recke. Bis zum Jahre 1437, Münster 1913.
Kuchenbuch, Ludolf: „Zukünfftig bessere Verwalltung". Die Stadtwerdung Hagens im Spiegel ausgewählter Schriftzeugnisse (1713–1747/48), in: Brandt, Peter / Hobein, Beate (Hg.): 1746/1996. Beiträge zur Geschichte der Stadt Hagen, Essen 1996, S. 18–38.
Lacomblet, Theodor Joseph (Hg.): Urkundenbuch für die Geschichte des Niederrheins oder des Erzstifts Cöln, der Fürstenthümer Jülich und Berg, Geldern, Meurs, Cleve und Mark, und der Reichsstifte Elten, Essen und Werden, Bde. 1–4, Düsseldorf 1840–1858.
Lambers, Hanno: Die Revolutionszeit in Hagen. Die politische Entwicklung von 1917–1924 in Hagen und Haspe, Hagen 1963.
Landschaftsverband Westfalen-Lippe (Hg.): Burgen AufRuhr. Unterwegs zu 100 Burgen, Schlössern und Herrensitzen in der Ruhrregion, Essen 2010.
Leidinger, Paul: Die Grafen von Werl und Werl-Arnsberg (ca. 980–1124), in: Klueting, Harm (Hg.): Das Herzogtum Westfalen, Bd.1, Münster 2009, S. 119–170.
Lemmermann, Heinz: Vor- und frühgeschichtliche Funde am Hagener Kaisberg, in: Hohenlimburger Heimatblätter 52 (1991), S. 109–124, 133–137.
Lotz, Rouven: Der Hagener Hohenhof. Das Landhaus für Karl Ernst Osthaus von Henry van de Velde, Hagen 2009.
Luckhardt, Jochen (Bearb.): Westfalia Picta. Erfassung westfälischer Ortsansichten vor 1900, Bd. II: Ennepe-Ruhr-Kreis, Märkischer Kreis, Stadt Hagen, Bielefeld 1987.

Ludorff, Albert: Die Bau- und Kunstdenkmäler des Kreises Hagen – Land, Münster 1910.
Ludorff, Albert: Die Bau- und Kunstdenkmäler des Kreises Hagen – Stadt, Münster 1910.
LWL-Freilichtmuseum Hagen (Hg.): Museumsreif! Als Handwerk und Technik ins Freilichtmuseum kamen (= Forschungsbeiträge zu Handwerk und Technik 21), Hagen 2010.
LWL-Museum für Archäologie (Hg.): Ritter, Burgen und Intrigen. AufRuhr 1225! Das Mittelalter an Rhein und Ruhr, Mainz 2010.
Mallinckrodt, Dietrich von: Das Rittergut Mallinckrodt und die Grundherrschaft der von Mallinckrodt, in: Jahrbuch des Vereins für Orts- und Heimatkunde in der Grafschaft Mark 71 (1973), S. 1–125.
Mallinckrodt, Arnold (Hg.): Der Pfarrer von Elsey. Das Interessanteste aus dem Nachlaße Johann Friedrich Möllers, Dortmund 1810.
Marra, Stephanie (Hg.): 400 Jahre Grafschaft Mark - Aspekte der landesgeschichtlichen Forschung, in: Westfälische Forschungen 59 (2009), S. 293–351.
Marra, Stephanie: „Das Rädern, Köpfen und Hencken, jedes vor eine Loisdor ...". Von Scharfrichtern und Abdeckern in der Grafschaft Limburg, in: Westfälische Zeitschrift 151/152 (2001/2002), S. 243–256.
Marra, Stephanie: Allianzen des Adels. Dynastisches Handeln im Grafenhaus Bentheim im 16. und 17. Jahrhundert, Köln/Weimar/Wien 2007.
Marra, Stephanie: Art. Burg Volmarstein, Burg Wetter, Schloss Hohenlimburg und die ‚Sieben Gräben', Haus Letmathe, in: Landschaftsverband Westfalen-Lippe (Hg.): Burgen AufRuhr. Unterwegs zu 100 Burgen, Schlössern und Herrensitzen in der Ruhrregion, Essen 2010, S. 142–145, 146–148, 221–225, 269–271.
Marra, Stephanie: Art. Grafen von der Mark (Dynastien), Herzöge von Kleve-Mark (weltliche Reichsfürsten), in: Höfe und Residenzen im spätmittelalterlichen Reich. Ein dynastisch-topographisches Handbuch, hg. von Werner Paravicini, bearb. von Jan Hirschbiegel und Jörg Wettlaufer, Teilbd. 1: Dynastien und Höfe; Teilbd. 2: Residenzen, Ostfildern 2003 [= Residenzenforschung 15,I, 1–2], hier Teilbd. 1, S. 160–166 (Mark), 820–826 (Kleve und Mark).
Marra, Stephanie: Art. Grafen von Tecklenburg, Grafen von Bentheim, Grafen von Limburg (Stammlinie Isenberg-Limburg, Nebenlinien Broich und Styrum), Grafen von Neuenahr, in: Höfe und Residenzen im spätmittelalterlichen Reich. Grafen und Herren, hg. von Werner Paravicini, Ostfildern 2012.
Marra, Stephanie: Die Hohensyburg als Standort unterschiedlicher Erinnerungs- und Denkmalsformen. Mittelpunkt einer westfälischen Erinnerungs-Landschaft?, in: Heimat Dortmund (2007), H. 2, S. 7–13.
Marra, Stephanie: Gräfin Johannetta Elisabeth von Bentheim (1592–1654). Witwenherrschaft und Vormundschaftsregierung im Dreißigjährigen Krieg, in: Schattkowsky, Martina (Hg.): Witwenschaft in der Frühen Neuzeit. Fürstliche und adlige Witwen zwischen Fremd- und Selbstbestimmung, Leipzig 2003 [= Schriften zur Sächsischen Geschichte und Volkskunde 6], S. 227–248.
Marra, Stephanie: Tod auf der Kirchmeß. Präsenz und Renitenz militärischer Truppen in der Grafschaft Limburg 1633–1636, in: Das Amt Wetter im Dreißigjährigen Krieg, hrsg. v. Dietrich Thier, Wetter 1998, S. 135–146.
May, Elisabeth: Der Buschey-Friedhof - Gegen das Vergessen: Eine kulturgeschichtliche Betrachtung. Hagen 2010
Meier, Anton: Geschichte und Urkundenbuch des Amtes Breckerfeld im Landkreise Hagen, Bd. 1, Breckerfeld 1900; Bd. 2, Hagen 1908.
Meier, Uta Maria: Ein mittelalterlicher Siedlungsplatz bei Hagen-Delstern, Nordrhein-Westfalen, in: Offa 56 (1999), S.93–104.
Meinecke, Franz: Geologische Heimatkunde für das Nordwest-Sauerland um Hagen. Ein geologisches Wanderbuch, Hagen 1962 [= Veröffentlichungen der Naturwissenschaftlichen Vereinigung Hagen 3].
Mohr, Julius: Viaduct der Rheinischen Eisenbahn über das Ruhrthal (I); in: Zeitschrift für Baukunde Bd. IV (1881), S. 8–26.
Möller, Johann Friedrich: Ueber Hohensyburg, die altsächsische Feste, das nachmalige

Schloß, dessen Trümmern und andere Alterthümer daselbst. Mit Rücksicht auf die ältere Erdkunde und Geschichte der Nachbarschaft, Dortmund 1804.
Möller, Manfred: 100 Jahre Talsperren im Raum Hagen; in: Heimatbuch Hagen + Mark 45. Jg. (2004), S. 47–54.
Möller, Manfred: 75 Jahre Hasper Talsperre; 2004
Mügge, Vera: Von Korallenriffen, Schachtelhalmen und dem Alten Mann, Essen2005.
Mulher, Detmar: Annales Tremonsienses. Kurze Chronik des Kaufmanns Detmar Mulher 1601 – 1611. Mit Zusätzen von H. G. Hiltrop, bearb. v. E. Frhr. v. Weichs, in: Beiträge zur Geschichte Dortmunds und der Grafschaft Mark 68 (1973), S. 5 – 182.
Müller, Adolf (Hg.): 25 Jahre der Accumulatoren Fabrik Aktiengesellschaft. 1883 bis 1913, Berlin 1913.
Mustafa, Hakam: Beiträge zur Devonflora I–IV. Argumenta Palaeobotanica 4 (1975), S. 101–133; 5 (1978a), S. 31–56; 5 (1978b), S. 91–132; 6 (1980), S. 115–132.
Neumann, Eberhard G.: Der adlige Profanbau in Groß-Dortmund; in: Beiträge zur Geschichte Dortmunds und der Grafschaft Mark 67 (1971), S. 286–311, hier S. 298f. und 309
Nieden, Heinrich W. zur: Die Kirche zu Hagen. Ein Beitrag zur Kirchengeschichte der Grafschaft Mark, Gütersloh 1904.
Niggemann, Stephan: Mehrphasige Höhlen- und Flußentwicklung im nordwestlichen Sauerland, in: Dortmunder Beiträge zur Landeskunde 36/37 (2003), S. 17–54.
Nordmar, Erich: Schloß Hohenlimburg. Die Baugeschichte einer westfälischen Höhenburg, Hagen 1960 [=Hagener Beiträge zur Geschichte und Landeskunde 14].
Ochs, Eva: Der Hagener Gestapoprozeß. Ein Beispiel für die justizielle Vergangenheitsbewältigung in der Bundesrepublik Deutschland der 50er Jahre, in: Brandt, Peter/Hobein, Beate (Hg.), 1746/1996. Beiträge zur Geschichte der Stadt Hagen, Essen 1996, S. 224–235.
Orschiedt, Jörg/Kegler, Jan/Gehlen, Birgit/Schön, Werner/Gröning, Flora: Die Blätterhöhle in Hagen-Holthausen (Westfalen). Vorbericht über die ersten archäologischen Untersuchungen. Archäologisches Korrespondenzblatt 38 (2008), S. 13– 32.
Osses, Dietmar: „Zum ewigen Gedächtnis dessen, was Heldensinn eines Mannes vermag." Der Freiherr-vom Stein-Turm auf dem Hagener Kaisberg als nationalliberales Denkmal; in: „Bis in die fernste, fernste Zeit..." Hagen und seine Denkmäler; hg. von Beate Hobein und Dietmar Osses im Auftrag der Stadt Hagen. Hagen 1996 (=Hagener Stadtgeschichte(n) Bd. 6), S. 55–66.
Osses, Dietmar: Flammende Mahnzeichen für den eisernen Kanzler. Der Hagener Bismarckturm. Von der reichsweiten-Bismarck-Säulen-Bewegung bis zum Wahrzeichen der Stadt; in: „Bis in die fernste, fernste Zeit..." Hagen und seine Denkmäler; hg. von Beate Hobein und Dietmar Osses im Auftrag der Stadt Hagen. Hagen 1996 (= Hagener Stadtgeschichte(n) Bd. 6), S. 73–83.
Overmann, Anton: Die Entwicklung der Leinen-, Woll- und Baumwollindustrie in der ehemaligen Grafschaft Mark unter der Regierung Brandenburg-Preussens, besonders im 18. Jahrhundert, Münster 1908 [= Münstersche Beiträge zur Geschichtsforschung 31].
Polenz, Hartmut: Hinter Schloss und Riegel. Burgen und Befestigungen in Westfalen, Münster 1997.
Rau, Reinhold (Beab.): Quellen zur karolingischen Reichsgeschichte; 1: Die Reichsannalen. Einhard Leben Karls des Großen, Darmstadt 1987 [=Ausgewählte Quellen zur deutschen Geschichte des Mittelalters 5].
Recke-Volmestein, Konstantin von der: Geschichte der Herren von der Recke, Breslau 1878.
Reininghaus, Wilfried (Bearb.): Das Archiv der Familie Harkort und Firma Johann Caspar Harkort zu Hagen-Harkorten im Westfälischen Wirtschaftsarchiv Dortmund. Münster 1991 [= Inventare der nichtstaatlichen Archive Westfalens NF, Bd. 11].
Reininghaus, Wilfried/Conrad, Horst (Hg.): Für Freiheit und Recht. Westfalen und Lippe in der Revolution 1848/49, Münster 1999.
Reininghaus, Wilfried: Die historischen Arbeiten des Elseyer Pfarrers Johann Friedrich Möller. Ein Beitrag zur westfälischen Landesgeschichtsforschung um 1800, in: Westfälische Zeitschrift 144 (1994), S. 135–165.
Reininghaus, Wilfried: Vom „Literarischen Verein für die Grafschaft Mark" zur „Gesell-

schaft der Freunde der Burg Altena". Geschichtskultur im südlichen Westfalen 1816 bis 1943; in: Der Märker 49 (2000), S. 101–114.
Reininghaus, Wilfried: Vor der Renovierten Bergordnung. Zwei Quellen zum Steinkohlenbergbau in der Grafschaft Mark aus den 1720er Jahren, in: Beiträge zur Geschichte Dortmunds und der Grafschaft Mark 83/84 (1992/93), S. 307–325.
Remy, Winfried/Remy, Renate: Die Floren des Erdaltertums. Einführung in die Morphologie, Anatomie, Geobotanik und Biostratigraphie der Pflanzen des Paläophytikums, Essen 1977.
Richter, Dieter: Ruhrgebiet und Bergisches Land. Zwischen Wupper und Ruhr, Berlin-Stuttgart 1996 [= Sammlung Geologischer Führer 55].
Richtering, Helmut: Friedrich Alexander von Hövel. Lebensbild eines märkischen Adeligen, Verwaltungsbeamten und Publizisten, in: Beiträge zur Geschichte Dortmunds und der Grafschaft Mark 66 (1970), S. 5–44.
Riechers, Walter (Bearb.): Hagen. Berichte und Bilder aus der Geschichte und dem Leben der Stadt. Dokumente konstruktiver Wiederaufbauarbeit. Industrie, Handel, Gewerbe und Verkehr im Raum Hagen, Hagen 1957.
RWE Power (Hg): 75 Jahre Pumpspeicherkraftwerk Herdecke, Essen 2005.
Sälter, Fritz: Entwicklung und Bedeutung des Chaussee- und Wegebaus in der Provinz Westfalen unter ihrem ersten Oberpräsidenten Ludwig Freiherrn von Vincke, in: Märkisches Jahrbuch für Geschichte 30 (1915/16), S. 1–112.
Sauerland, Heinrich Volbert: Geschichte der Stadt und Gemeinde Hagen, Dortmund 1872.
Schäfer, Dirk-Jürgen: Die Bundesautobahn „Sauerlandlinie" im Bereich des Landschaftsverbandes Westfalen-Lippe, in: Hohenlimburger Heimatblätter 28 (1967), S. 254–264.
Schanzmann, Karl-Heinz: Die Dorfkirche zu Kirchende; in: Herdecker Blätter H. 2 (1995), S. 42
Schmidt, Hans-Günther: Von Bischöfen, Hörigen, Heiligen und Landherren. Hagen im Mittelalter, Essen 1992 (= Hagener Stadtgeschichte(n) 2].
Schmidt, Hermann/Pleßmann, Werner: Sauerland, Berlin-Stuttgart 1961 [= Sammlung Geologischer Führer 39].
Schneider, Reinhold: Von der Wasserburg zum Bürgerhaus. Die wechselvolle Geschichte des Hauses Letmathe, in: Der Märker (2003), S. 101–108.
Schnettler, Otto: Ein Steuerstreit im ehemaligen Amt Wetter am Ende des Dreißigjährigen Krieges. Mit genauen Bestandsaufnahmen und älteren Steuerlisten fast aller Höfe und Kotten der früheren Kreise Hagen und Schwelm und einem Faksimile, Hattingen 1932.
Schnettler, Otto: Alt Volmarstein. Freigrafschaft-Freiheit und Kirchspiel. Hagen 1961, S. 81–112
Schoppmeyer, Heinrich: Was war die Grafschaft Mark?, in: Märkisches Jahrbuch für Geschichte 101 (2001), S. 9–36.
Schreiner, Ludwig: Wilhelm Tappe. Ein Architekturtheoretiker des 19. Jahrhunderts, in: Nachrichten der Deutschen Kunstgeschichte 9 (1970), S. 195–234.
Schulte, Birgit (Hg.): Auf dem Weg zu einer handgreiflichen Utopie. Die Folkwang-Projekte von Bruno Taut und Karl Ernst Osthaus, Hagen 1994.
Schulte, Birgit (Hg.): Die Bildhauerin Milly Steger 1881–1948. Die Grenzen des Frauseins aufheben, Hagen 1998.
Schulte, Birgit (Hg.): Henry van de Velde in Hagen, Hagen 1992.
Schulte, Birgit: „Ein Stützpunkt künstlerischen Lebens". Vom Folkwang-Museum zum Osthaus Museum Hagen, in: Kunstquartier Hagen. Osthaus Museum, hg. von Dieter Nellen, Tayfun Belgin und Alexander Klar, Hagen 2009, S. 19–44.
Schulte, Birgit: Der Hohenhof in Hagen. Wohnhaus, Gesamtkunstwerk und Knotenpunkt eines europäischen Kulturnetzwerkes, in: Birgit Schulte (Hrsg.): ... für den neuen Stil kämpfen ... . Henry van de Veldes Beitrag zum Start in die Moderne vor 100 Jahren, Hagener Hefte zur Kunst & Kulturgeschichte 5, Hagen 2003, S. S. 91–106.
Schulte, Birgit: Diese Räume stehen als Beispiel ... . Karl Ernst Osthaus' Hohenhof in Hagen als Programm der Versöhnung von Kunst und Leben, in: Ein Haus für ein Unter-

nehmen. Thyssen und Schloss Landsberg, hg. von Uta Hassler und Norbert Nussbaum, Mainz/Zürich 2007, S. 42–51.
Schulte, Birgit: Henry van de Velde in Hagen, Hagen 1992
Schulte, Birgit: Karl Ernst Osthaus, Folkwang and the ‚Hagener Impuls': transcending the walls of the museum, in: Oxford Journal of the History of Collections, Vol. 21, No. 2, 2009, S. 213–220.
Schulte, Birgit: Mekka und Himmelszeichen im westlichen Deutschland. Karl Ernst Osthaus und die Moderne im Hagener Folkwang-Museum, in: Birgit Schulte (Hg.): Werke der klassischen Moderne aus dem Karl Ernst Osthaus Museum, Hagen 2006, S. 9–18.
Schulte, Birgit: Zwischen Theben und Hagen. Else Lasker-Schülers Begegnung mit Karl Ernst Osthaus, Milly Steger und Christian Rohlfs, in: Hagener Impuls (1995), H. 11, S. 7–15.
Schwager, Johann Moritz: Bemerkungen auf einer Reise durch Westphalen bis an und über den Rhein, Leipzig/Elberfeld 1804.
Scotti, Johann Josef (Hg.): Sammlung der Gesetze und Verordnungen, welche in dem Herzogthum Cleve und in der Grafschaft Mark über Gegenstände der Landeshoheit, Verfassung, Verwaltung und Rechtspflege ergangen sind. Vom Jahre 1418 bis zum Eintritt der Königlich Preußischen Regierungen im Jahre 1816, Bde. 1–5, Düsseldorf 1826.
scriptum, Auf den Spuren des Bergbaus in Dortmund-Syburg. Forschungen und Grabungen am Nordwesthang des Sybergs von 1986–2005, Bd. 15/2007
Sellmann, Adolf: Der Stein-Turm auf dem Kaisberg; in: Der Kaisberg und Freiherr vom Stein – Anlässlich des 100jährigen Todestages des Freiherrn vom Stein hg. vom Hagener Heimatbund e. V. Hagen 1931, S. 6–11.
Sellmann, Adolf: Michael Christian Göring. Ein friderizianischer Beamter in Hagen, 1744–1763, Hagen 1940.
Simon, Dietmar: Hagen und der Eisenbahnbau. Strukturpolitik und Wirtschaftsentwicklung im 19. Jahrhundert, in: Brandt, Peter / Hobein, Beate (Hg.): 1746/1996. Beiträge zur Geschichte der Stadt Hagen, Essen 1996, S. 76–87.
Simon, Paul: Ein deutsch-amerikanischer Dichter (Caspar Butz, Hagen), Münster 1919.
Sinzel, Andrea: Die Idee aber will weiter wachsen." Planung und Bau der Hagener Arbeitersiedlung ‚Walddorf' durch Richard Riemerschmid, , Hagener Hefte zur Kunst und Kulturgeschichte 3, Hagen 2002.
Sinzel, Andrea: Ein stiller Moderner – J.L.M. Lauweriks in Hagen, Hagener Hefte zur Kunst und Kulturgeschichte 4, Hagen 2003.
Slizewski, A. (2008): Die Steinartefakte des Mittelpaläolithikums bis Neolithikums vom „Barmer Baum" in Hagen-Herbeck. Archäologische Informationen 30 (2007), 103–106.
Soeding, Ellen: Die Harkorts, Bd. 1–2, Münster 1957.
Sollbach, G. E.: Das Kriegsende in Herdecke; in: Herdecker Blätter H. 7 (1995), S. 27–31.
Sollbach, Gerhard E. (Hg.): Hagen 1939–1948. Krieg- und Nachkriegszeit, Hagen 1994 [= Hagener Stadtgeschichte(n) 4].
Sollbach, Gerhard E.: Das Kriegsende 1945 an der mittleren Ruhr und im Großraum Dortmund, in: Westfälische Forschungen 55 (2005), S. 471–517.
Sollbach, Gerhard E.: Der gewaltsame Tod des Erzbischofs Engelbert I. von Köln am 7. November 1225. Ein mittelalterlicher Kriminalfall, in: Altenberger Blätter 30 (2005), S. 5–34.
Sollbach, Gerhard E.: Der Oberhof Schöpplenberg der Abtei Werden an der Ruhr, in: Beiträge zur Geschichte Dortmunds und der Grafschaft Mark 87 (1996), S. 299–328.
Sollbach, Gerhard E.: Die Anlage des Hengsteysees 1926–1928; in: HagenBuch (2007), S. 51–59.
Sollbach, Gerhard E.: Die Eroberung der Sigiburg 775 - ein in der Reichsgeschichtsschreibung Karls des Großen festgehaltenes Ereignis des Sachsenkrieges, in: Heimatbuch Hagen und Mark 46 (2004), S. 209–217.
Sollbach, Gerhard E.: Heimat ade! Kinderlandverschickung in Hagen 1941–1945, Hagen 1998 [= Hagener Stadtgeschichte(n) 7].
Sollbach, Gerhard E.: Leben in märkischen Frauenklöstern und adeligen Damenstiften in Mittelalter und Neuzeit. Herdecke, Clarenberg und Gevelsberg, Bochum 1995.

Sollbach, Gerhard E.: Schule am Vorabend der industriellen Revolution : die Schulerhebung in der Grafschaft Mark 1798/99, Bochum 1997 [= Dortmunder Arbeiten zur Schulgeschichte und zur historischen Didaktik 24].
Sollbach, Gerhard E.: Früheste urkundliche Erwähnungen von mittelalterlichen Siedlungsplätzen im Süden der Stadt Hagen – Nordrand des Sauerlandes; in: Märkisches Jahrbuch für Geschichte, 106. Bd. (2006), S. 103–113
Sollbach, Gerhard E.: Straßenbaufinanzierung im 19. Jahrhundert. Die verzögerte Planung der Volmetal-Chaussee zwischen Hagen und Lüdenscheid; in: Westfälische Forschungen 52 (2009), S. 329–351.
Sönnecken, Manfred: Die mittelalterliche Rennfeuerverhüttung im märkischen Sauerland. Ergebnisse von Geländeuntersuchungen und Grabungen, Münster 1971 [= Siedlung und Landschaft in Westfalen 7].
Sönnecken, Manfred: Frühmittelalterliche Scherbenfunde in der Wallburg Ambrock bei Dahl im Volmetal, in: Der Märker 5 (1956), S. 180–181.
Sönnecken, Manfred: Schatzfund römischer Münzen bei Rummenohl im Volmetal, in: Der Märker 6 (1957), S. 29–30.
Spetzler, Oskar/Strobel, Hans: Der Hengsteysee im neugestalteten Ruhrtal als Erholungsstätte und Kraftquelle, Essen 1930.
Spohn, Thomas: „Sollen recht ordentlich bauen sonder Resoniren. F[riedrich] W[ilhelm]". Hausbau und Stadtplanung unter preußischem Einfluß, dargelegt am Wiederaufbau der märkischen Städte und Flecken im 18. Jahrhundert, in: Der Märker 39 (1990), S. 191–206, S. 250–261.
Spohn, Thomas: Die Gebäude der Familie Harkort auf Schede und in Westerbauer. Über die kulturelle Orientierung der gewerblichen Führungsschicht im 17. und 18. Jahrhundert, in: Projekte- Friedrich-Harkort-Gesellschaft Wetter 2 (1996) S. 9–42.
Stadtarchiv Hagen: Adressbücher der Stadt Hagen. 1884–1915.
Stadt Hagen (Hg.): Der Landkreis Hagen und die kommunale Neugliederung, Hagen 1928.
Stadt Hagen (Hg.): Gedenkbuch zum tragischen Schicksal unserer jüdischen Mitbürger. Erinnerung und Achtung, Anklage, Mahnung und Verpflichtung, Hagen 1961.
Stadt Hagen (Hg.): Hagen baut auf. Querschnitt durch den Wiederaufbau der Stadt Hagen 1945–1954, Hagen 1955.
Stadt Hagen (Hg.): Hagen und die kommunale Neugliederung in Nordrhein-Westfalen, Teil 1–4, Hagen 1968.
Stadt Hagen (Hg.): Hagener Rathaus 1965. Festschrift zur Einweihung, Hagen 1965.
Stadt Hagen (Hg.): Architekturführer Hagen. Hagen 2005, S. 36
Stadt Herdecke (Hg.): Historischer Herdecke Altstadtbummel. 4. Aufl. Herdecke 2010
Stadtentwässerung Hagen (Hg.) Der Drei-Kaiser-Brunnen in seiner ganzen Schönheit ..., 2004.
Stamm, Rainer (Hg.): Karl Ernst Osthaus. Reden und Schriften, Köln 2002 [= Kontext 3].
Stamm, Rainer: Kein Museum, das dasteht und wartet. Der Hagener Folkswang-Impuls im Kontext der Sammlungs- und Vermittlungsgeschichte, in: Brandt, Peter/Hobein, Beate (Hg.): 1746/1996. Beiträge zur Geschichte der Stadt Hagen, Essen 1996, S. 238–251.
Steinen, Johann Diederich: Westphälische Geschichte, I. Teil, IV. Stück; Historie des Gerichts Hagen, Lemgo 1755.
Steinen, Johann Diederich: Westphälische Geschichte, IV. Teil, XXXI. Stück; Entwurf einer Historie von der Grafschaft Limburg, Lemgo 1760.
Stelbrink, Wolfgang: Die Kreisleiter der NSDAP in Westfalen und Lippe - Versuch einer Kollektivbiographie mit biographischem Anhang, Münster 2003.
Stieren, A. (1929): Kr. Iserlohn, Oestrich. In: Ein Bericht über die Grabungen und Funde für die Jahre 1925 bis 1928. Bodenaltertümer Westfalens 1. Münster, 47–50.
Stöcker, Rainer: Tatort Hagen 1933–1945. Geschichte der Hagener Arbeiterbewegung, Bd. 3, Essen 1993.
Stöters, Friedhelm: Rheinische Eisenbahn. Vom Niederrhein ins Ruhrgebiet. Bühl 1988.
Stremmel, Ralf: Die Akkumulatoren-Fabrik Varta und ihre Arbeiter, in: Der Märker 50 (2001), S. 67–77.

Stressig, Peter/Buekschmitt, Justus: Karl Ernst Osthaus – der Planer und Bauer, in: Herta Hesse-Frielinghaus (Hg.): Karl Ernst Osthaus. Leben und Werk, Recklinghausen 1971, S. 345–384.
Strotdrees, Gisbert: Hofgeschichten. Westfälische Bauernhöfe im historischen Porträt, Münster 2003.
Syberg, Friedrich von: Urkunden und Nachrichten aus meinem Archive, o O. [Hagen] 1819.
Temme, Jodokus Donatus Hubertus: Erinnerungen, Leipzig 1883.
Teschenmacher, Werner: Clivia, Julia, Montia, Marchia, Ravensburgia antiquae et modernae, Arnheim 1638.
Thiebes, Josef: Der zweite Rathausbau in Hagen, in: Westfalenland, H. 9 (1933), S. 129–142.
Thier, Dietrich: 900 Jahre Burg Volmarstein, in: Heimatbuch Hagen und Mark 42 (2000), S. 65–79.
Thier, Dietrich: Das Amt Wetter im 30jährigen Krieg, Wetter 1996 [= Kleine Schriften zur Geschichte der Stadt Wetter 11].
Thier, Dietrich: Die märkische Freiheit Wetter, Hagen 1989.
Thier, Dietrich: Werdringen, lebendige Geschichte im Ruhrbogen. Die Bauakte des Wasserschlosses Werdringen von 1799/1800 der Freiherren von der Recke, Hagen 1991.
Thiersch, Bernhardt: Vervemung des Herzogs Heinrich des Reichen von Baiern durch die heimliche Acht in Westphalen. Ein vollständiger Vemprozeß nach neuentdeckten Urkunden, Essen 1835.
Thümmler, Hans: Die älteste Pfarrkirche in Hagen. Ergebnisse der im Jahre 1950 durchgeführten Grabung in der Johanniskirche, in: Thümmler, Hans: Zur Architektur und Skulptur des Mittelalters, Münster 1998 [= Beiträge zur Kunstgeschichte des Mittelalters und der Renaissance 7], S. 307–311.
Tiggemann, Rolf: Gebietsreform und regionale Wirtschaftspolitik. Neugliederungsmaßnahme Hagen/Hohenlimburg, in: Städte- und Gemeinderat 29 (1975), S. 121–132.
Timm, Willy: Die Stadtwerdung Hagens und die preußische Städtereform des 18. Jahrhunderts in der Grafschaft Mark, Hagen 1975 [= Hagener Hefte 1].
Timm, Willy: Freikorps „Sauerland". Südwestfalens letztes Aufgebot 1944/45, Unna 1993 [= Schriftenreihe zur Geschichte Unnas und der Grafschaft Mark 12].
Timm, Willy: Lilie und Eichbaum. Von Wappen und Siegeln der Stadt Hagen, Hagen 1976 [= Hagener Hefte 5].
Timm,Willy: Haus Busch und die Sybergs. Zur Geschichte eines märkischen Adelssitzes, in: Heimatbuch Hagen und Mark 17 (1976), S. 123–126.
Tober, Holger: Linksliberalismus im Kaiserreich. Eugen Richter als Hagener Reichstagsabgeordneter, in: Brandt, Peter / Hobein, Beate (Hg.): 1746/1996. Beiträge zur Geschichte der Stadt Hagen, Essen 1996, S. 152–160.
Trox, Eckhard (Hg.): Preußen im südlichen Westfalen. Wirtschaft, Gesellschaft und Staat, insbesondere im Gebiet der Grafschaft Mark bis 1870/71, Lüdenscheid 1993.
Trox, Eckhard (Hg.): Preußen und Wir. Wirtschaftsbürgertum und Alltag im südlichen Westfalen 1800–1918, Lüdenscheid 1998.
Tummers, Nicolaus H.M.: Der Hagener Impuls. Das Werk von J.L.M. Lauweriks und sein Einfluß auf Architektur und Formgebung um 1910, Hagen 1972 [= Hagener Beiträge zur Geschichte und Landeskunde, G.R. 15].
Vahrenhold-Huland, Uta: Grundlagen und Entstehung des Territoriums der Grafschaft Mark, Dortmund 1968.
Van Haaren, Bettina/Welzel, Barbara (Hg.): Kunst und Wissenschaft vor Ort. Der Hohenhof in Hagen, Dortmund 2011 [= Dortmunder Schriften zur Kunst - Kataloge und Essays 10].
Voigt, Stefan/Koch, Lutz/Kruse, Lothar: Höhlen und Karst in Ennepetal. Erdgeschichte, Kulturgeschichte, Erforschungsgeschichte, Ennepetal 2010.
Voye, Ernst: Geschichte der Industrie im märkischen Sauerland, Bd. 1 (Kreis Hagen), Hagen 1909.
Wagner-Kyora, Georg: Bauer und Schmied. Die Hagener Sensenarbeiter und die Industrieregion Märkisches Sauerland 1760–1820, Bielefeld 2000.

Weddigen, Peter Florenz: Historisch-statistische Nachrichten von dem Zustande der Städte der Grafschaft Mark im Jahre 1719, in: Westphälisches Magazin zur Geographie, Historie und Statistik 2 (1785) H. VI, S. 120–123 [Vom Zustand der Märkichen Städte: Hagen].
Weiß, Gisela/Dethlefs, Gerd (Hg.): „Zerbrochen sind die Fesseln des Schlendrians". Westfalens Aufbruch in die Moderne, Münster 2002 [= Katalog zur gleichnamigen Ausstellung im Westfälischen Landesmuseums für Kunst- und Kulturgeschichte, Münster, 27.10.2002–16.3.2003].
Westfalia Judaica. Quellen und Regesten zur Geschichte der Juden in Westfalen und Lippe, hg. vom Institutum Judaicum Delitzschianum an der Westfälischen Wilhelms Universität Münster, Bde. 1–3, Münster 1992 ff.
Westfälische Lehnbücher, Bd. 1: Die ältesten Lehnbücher der Grafen von der Mark (1392–1393), hg. von Margret Westerburg-Frisch, Münster 1967 [= Veröffentlichungen der Historischen Kommission Westfalens XXVIII}, Bd. 2: Die Lehnsregister der Bischöfe von Münster bis 1379, bearb. von Hugo Kemkes, Gerhard Theuerkauf und Manfred Wolf, Regensberg 1995 [= Veröffentlichungen der Historischen Kommission für Westfalen XXVIII].
Westfälisches Freilichtmuseum Hagen (Hg.): Westfälisches Freilichtmuseum Hagen – Landesmuseum für Handwerk und Technik, Hagen 2005.
Westfälisches Urkundenbuch. Fortsetzung von Erhards Regesta Historiae Westfaliae, hrsg. von dem Vereine für Geschichte und Altertumskunde Westfalens, hier Bd. V: Die Papst-Urkunden Westfalens bis zum Jahre 1378, bearb. von H. Finke, Münster 188; Bd. VII: Die Urkunden des Kölnisches Westfalens von 1200–1300, bearb. vom Staatsarchiv Münster, Münster 1908; Bd. XI: Die Urkunden des Kölnischen Westfalens 1301–1325, Lieferung 2: 1311–1320, bearb. von Manfred Wolf, Münster 2000.
Winkhaus, Eberhard: Wir stammen aus Bauern- und Schmiedegeschlecht. Genealogie eines süderländischen Sippenkreises und der ihm angehörenden Industriepioniere, Görlitz 1932.
Zabel, Hermann (Hg.): Hohenlimburg unterm Hakenkreuz. Beiträge zur Geschichte einer Kleinstadt im Dritten Reich, Essen 1998.
Zabel, Hermann (Hg.): Mit Schimpf und Schande aus der Stadt, die ihnen Heimat war. Beiträge zur Geschichte der jüdischen Gemeinde Hagen, Hagen 1994.
Zimmermann, Birgitta: Vor 70 Jahren vollendet. Die Cunosiedlung auf dem Kuhlerkamp, in: Heimatbuch Hagen und Mark 39 (1997), S. 79–88.
Zolper, Andreas: „Das Denkmal des deutschen Liberalismus". Der Eugen-Richter-Turm; in: „Bis in die fernste, fernste Zeit..." Hagen und seine Denkmäler; hg. von Beate Hobein und Dietmar Osses im Auftrag der Stadt Hagen. Hagen 1996 (= Hagener Stadtgeschichte(n) Bd. 6), S. 95–100
Zolper, Andreas: „Die Aufregung steigt von Stunde zu Stunde". Die Revolution 1848/49 in Hagen und Hohenlimburg, Hagen 1999 [= Hagener Stadtgeschichte(n) 8].
Zolper, Andreas: Ein würdiges Denkmal für den Kaiser. Der Kaiser-Friedrich-Turm auf der Hesterthardt; in: „Bis in die fernste, fernste Zeit..." Hagen und seine Denkmäler; hg. von Beate Hobein und Dietmar Osses im Auftrag der Stadt Hagen. Hagen 1996 (= Hagener Stadtgeschichte(n) Bd. 6), S. 101–107.

Impressum

1. Auflage Mai 2013

Lektorat und Redaktion:
Juliane Jung, Velbert

Satz und Gestaltung:
Volker Pecher, Essen

Bildnachweis:
Die Abbildungen stammen, sofern nicht anders angegeben,
von den Autoren der jeweiligen Beiträge.

Umschlagbilder:
Stephanie Marra, Gerhard E. Sollbach, Stadtarchiv Hagen, Stefan Ziese

Druck und Bindung:
Werbedruck GmbH Horst Schreckhase, Spangenberg

ISBN 978-3-8375-0871-0